Rheinland SÜD

15 Sonntagsausflüge an Rhein | Erft | Sieg

Hartmut Schönhöfer

traum touren

Stadt, Land, Fluss – kaum eine andere Region bietet so vielfältige Ausflugsmöglichkeiten mit dem Fahrrad wie das südliche Rheinland. E-Bikes erschließen neben den Flusstälern auch die Höhenzüge für Freizeitradler und vergrößern den Aktionsradius erheblich. Die Strecken sind so gewählt, dass für jeden Anspruch etwas dabei ist. Jede Tour verknüpft die schönsten Natur-, Kultur- und Genusserlebnisse zu einem herrlichen Ausflug – und enthält Tipps für besondere Aussichten, kurzweilige Abstecher und empfehlenswerte Einkehrmöglichkeiten.

Da nicht alle Routen als Themenradweg mit einem Logo markiert sind, empfiehlt sich zur sicheren Orientierung die Nutzung unserer GPS-Daten auf einem Bike-Navi oder Smartphone.

ideemedia

Inhalt

Übersichtskarte

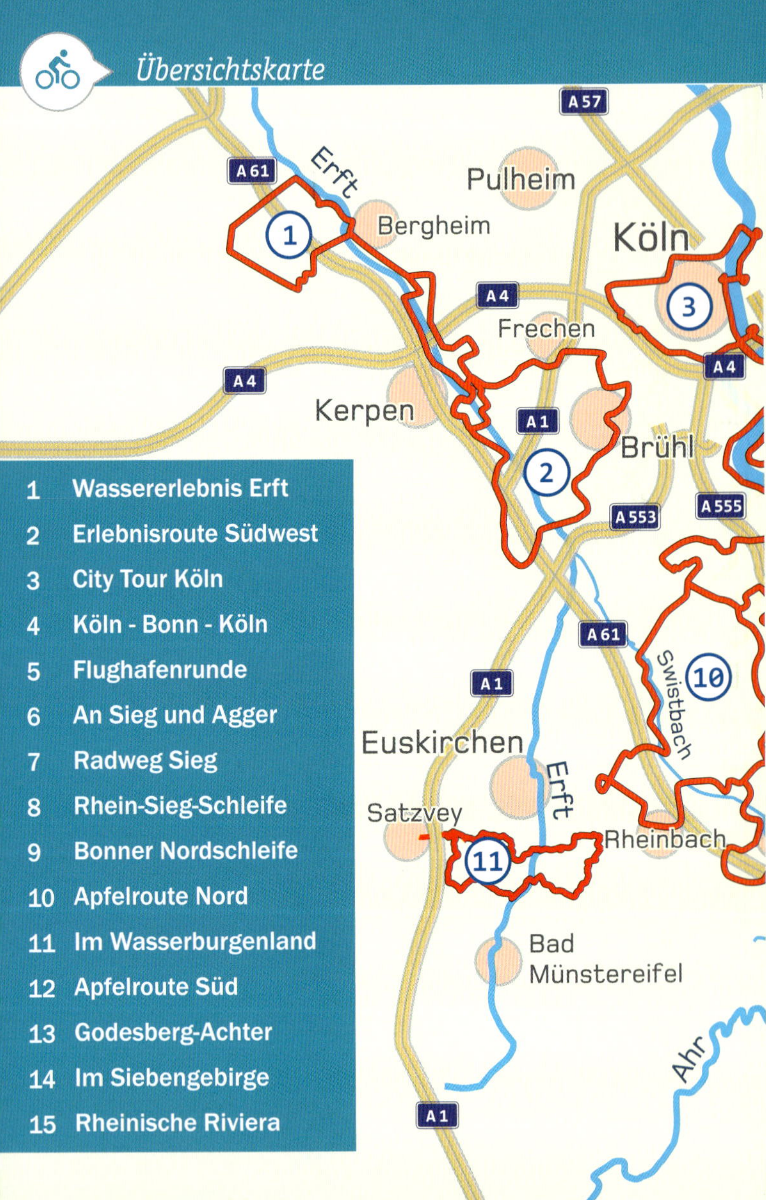

1 Wassererlebnis Erft
2 Erlebnisroute Südwest
3 City Tour Köln
4 Köln - Bonn - Köln
5 Flughafenrunde
6 An Sieg und Agger
7 Radweg Sieg
8 Rhein-Sieg-Schleife
9 Bonner Nordschleife
10 Apfelroute Nord
11 Im Wasserburgenland
12 Apfelroute Süd
13 Godesberg-Achter
14 Im Siebengebirge
15 Rheinische Riviera

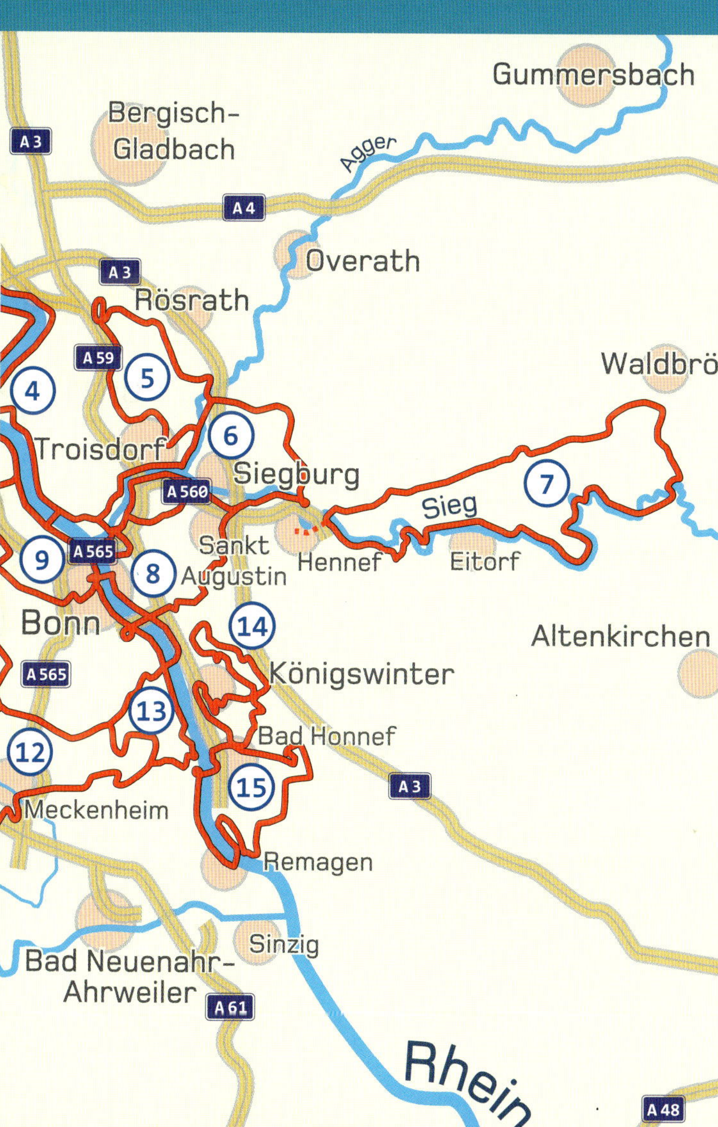
Gummersbach
Bergisch-
Gladbach
A 3
Agger
A 4
Overath
A 3
Rösrath
A 59
5
4
Waldbröl
6
Troisdorf
Siegburg
A 560
7
Sieg
Sankt
Augustin
Hennef
Eitorf
9
A 565
8
14
Bonn
Altenkirchen
Königswinter
A 565
13
Bad Honnef
12
15
A 3
Meckenheim
Remagen
Sinzig
Bad Neuenahr-
Ahrweiler
A 61
Rhein
A 48

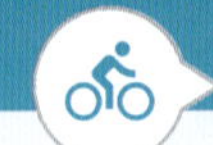

Gut zu wissen

In der Sonderausgabe 2023 wurden zwei Ahrtal-Touren der Erstausgabe durch Alternativtouren ersetzt. Hintergrund ist die Flutkatastrophe im Jahr 2021. Im Ahrtal wird der Aufbau der Infrastruktur längere Zeit dauern. Wegen dem ständigen Wandel in diesem Zusammenhang müssen wir vorübergehend auf Tourenempfehlungen im Ahrtal verzichten.

Viele Touren des Buches bieten neben der Hauptroute ebenso schöne kürzere Streckenvarianten. Die Tourenauswahl reicht dabei von „ganz einfach“ bis „richtig sportlich“. Die Zeitangaben basieren, unabhängig von der Topografie, auf einer Durchschnittsgeschwindigkeit von 12 km/h. Für Pausen und Besichtigungen sollte man zusätzlich genug Zeit einplanen.

Um die Orientierung möglichst einfach zu halten, folgen die Strecken ausgeschilderten (Themen) Radwegen. Einige nicht als Radweg ausgewiesene Passagen lassen sich jedoch nicht vermeiden. Es empfiehlt sich auf allen Touren der Gebrauch eines Bike-Navis oder Smartphones mit einer geeigneten Navigations-App. Bei der Orientierung hilft auch das Knotenpunktnetz der RadRegionRheinland und ermöglicht „Radeln nach Zahlen“.

Die GPX-Tracks jeder Tour (inkl. Kurzstrecken und TourTipps) stehen online zum download bereit. Via QR-Code kann der Startpunkt der Tour in Google-Maps angezeigt werden. Aktuelle Tracks stehen in der Regel bis zu drei Jahre nach Buchveröffentlichung zur Verfügung.

Die TourTipps wurden sorgfältig recherchiert und überprüft, unterliegen jedoch gerade in Zeiten nach der Pandemie und Flutkatastrophe einem ständigen Wandel. Erfragen Sie zur Sicherheit bitte bei den genannten Adressen vorab die Öffnungszeiten oder reservieren Sie Plätze.

Viel Spaß und Genuss beim Radfahren im südlichen Rheinland!

Tipp GPS-Daten

Mit den TourCodes am Ende jedes Kapitels können die Routen als *.gpx-Track für Navigationsgeräte geladen werden. Die Tracks enthalten neben der Route auch die meisten Infos aus den TourTipps. In kostenlosen Programmen (wie BaseCamp) können die Infos reduziert und die Wegstrecken individuell bearbeitet werden. Ausführliche Anleitung siehe Seite 178.

Zeichen im Buch

Zeit für die Tour (bei ø 12 km/h)

Höhenmeter (auf/ab)

1 Radler – ganz einfach

2 Radler – relativ leicht

3 Radler – mittelschwer

4 Radler – anspruchsvoll

5 Radler – richtig sportlich

Radweg

Variante

Parkplatz

Bahnhof

Fähre

Anfahrt

Start/Ziel

Tourist-Information

Einkehren

Fahrradhändler/-werkstatt

Badesee/Schwimmbad/Thermalbad

Burg/Schloss

Knotenpunkt

Besondere Sehenswürdigkeit

[1] Besonderer Streckenpunkt

Telefonnummer

Internet-Adresse

QR-Code = Startpunkt laden

Familienfreundliche Tour

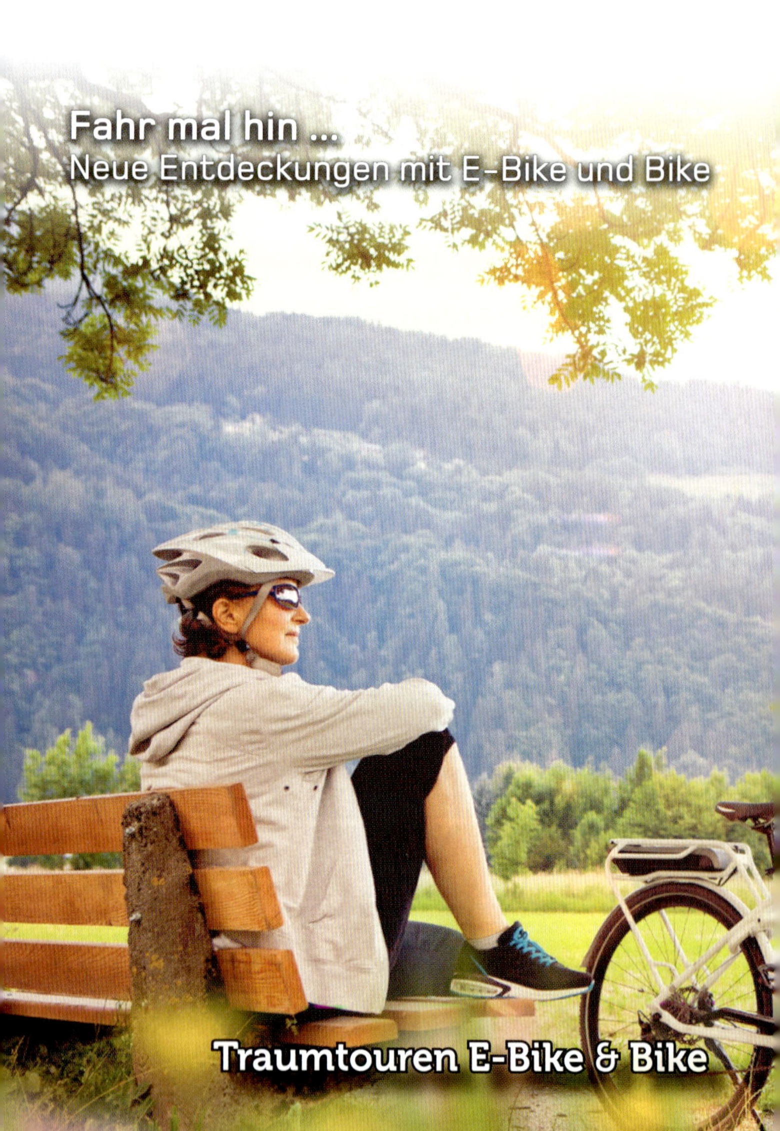
Fahr mal hin ...
Neue Entdeckungen mit E-Bike und Bike
Traumtouren E-Bike & Bike

01 Wassererlebnis Erft

Die Kurzstrecke folgt dem Radweg Wasser.Erlebnis.Erft und bietet Wasserkultur pur mit Auwäldern, Mühlen, Wasserschlössern und Kanälen. Auf der Langstrecke führen uns der Erft-Radweg und der :terra nova Speedway zusätzlich nach Bergheim und zum Braunkohletagebau Hambach.

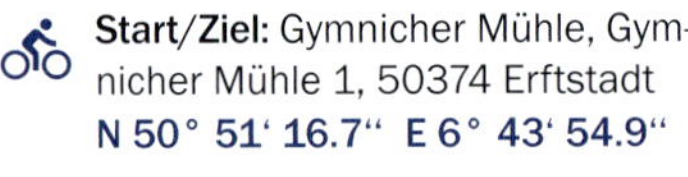

Start/Ziel: Gymnicher Mühle, Gymnicher Mühle 1, 50374 Erftstadt
N 50° 51' 16.7" E 6° 43' 54.9"

Anfahrt: A 61 Richtung Koblenz bis Ausfahrt 21 Türnich, B 264 Richtung Düren/Blatzheim folgen (A 61 Richtung MG wegen Fahrbahnteilung B 264 Richtung Türnich folgen, U-Turn im Kreisverkehr), im Kreisverkehr Richtung Erftstadt/Gymnich ausfahren, nach 1,5 km links abbiegen

Parkplatz: Siehe Start/Ziel

Zug: RE 1, RE 9, S 12, S 13, S 19 und RB 38 bis Bahnhof Horrem und bei P 8 in die Tour einsteigen

Knotenpunkte:
47 - 41 - 14 - 13 - 12 - 10 - 42

Variante kurz:

33.9 km 2h 50min 120 ↑ ↓ 120

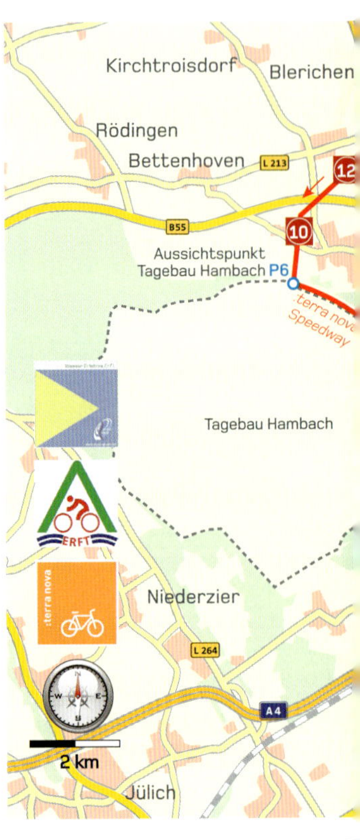

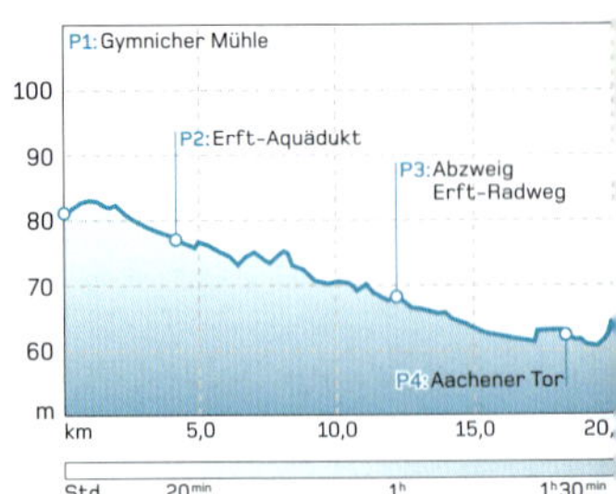

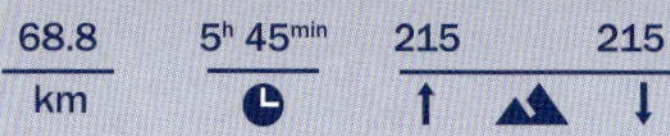
68.8
km
5h 45min
215
215

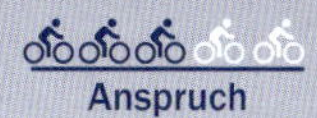
Anspruch

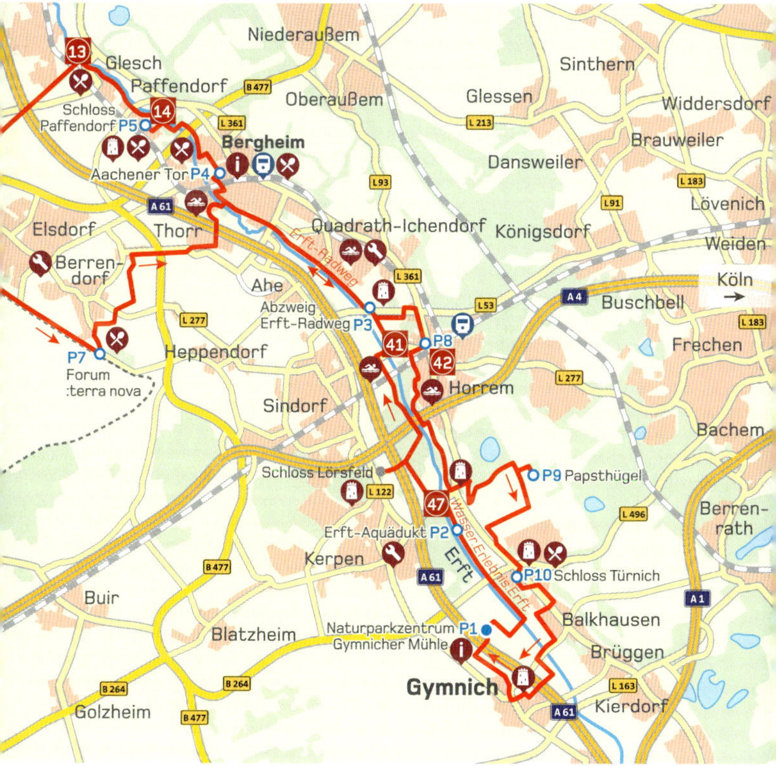

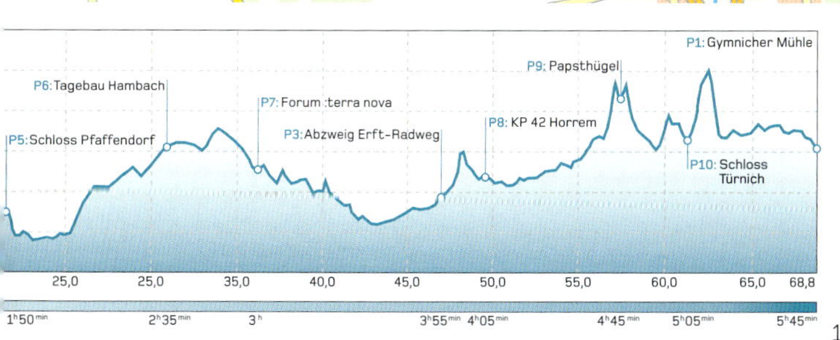
P1: Gymnicher Mühle
P9: Papsthügel
P6: Tagebau Hambach
P7: Forum :terra nova
P8: KP 42 Horrem
P3: Abzweig Erft-Radweg
P5: Schloss Pfaffendorf
P10: Schloss Türnich
25,0
25,0
35,0
40,0
45,0
50,0
55,0
60,0
65,0
68,8
1h50min
2h35min
3h
3h55min
4h05min
4h45min
5h05min
5h45min

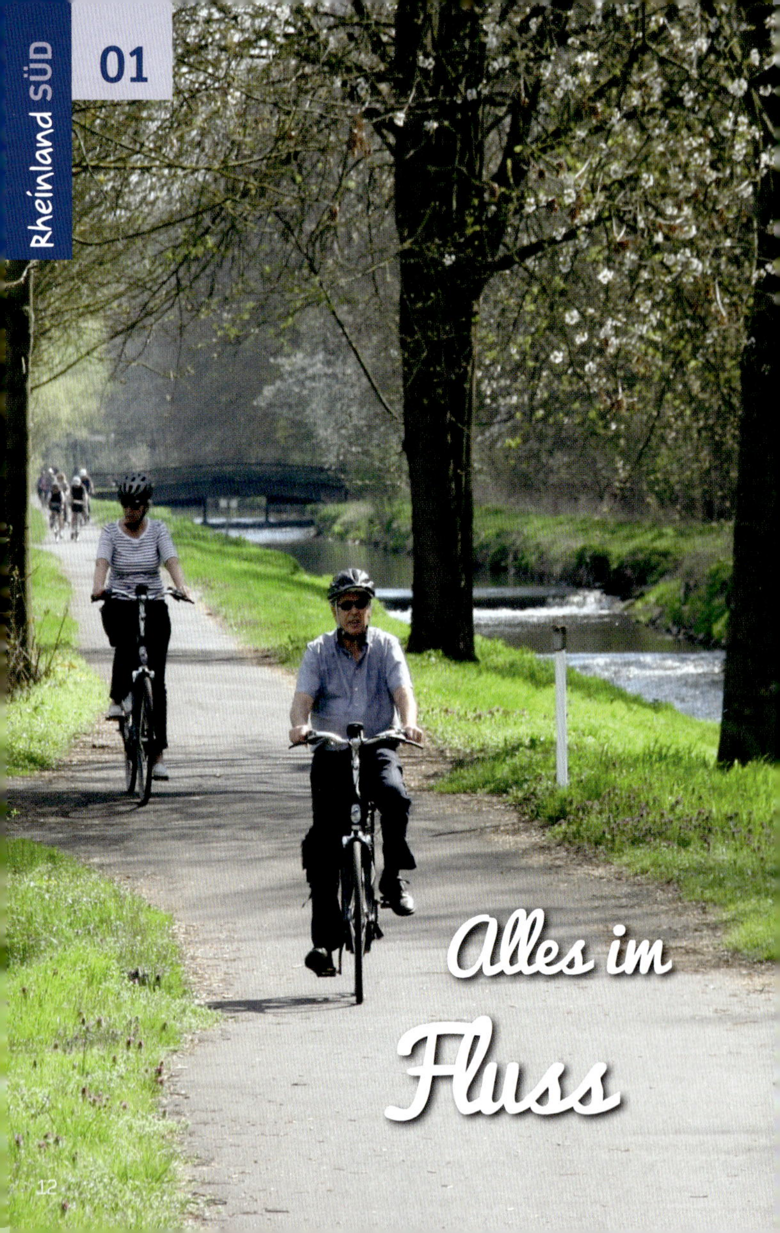
Rheinland SÜD
01
Alles im
Fluss

P1
Start

Los geht es am Naturparkzentrum **Gymnicher Mühle (P 1)**. Wir folgen der RegioGrün Route Wasser.Erlebnis.Erft durch die Erftaue zum Erftflutkanal. Er wurde 1866 angelegt, um die Versumpfung der Erftaue zu beseitigen und dadurch zusätzliche Flächen landwirtschaftlich nutzbar zu machen. Der Radweg führt am Kanal entlang, der sich wie mit dem Lineal gezogen durch die Landschaft zieht. Wehre, Flutschleusen, Überlaufschwelle und ausgewiesene Überschwemmungsgebiete dienen heute dem Hochwasserschutz.

P2
4.3 km
20 min

Das **Aquädukt (P 2)**, auf dem die Kleine Erft über den Erftflutkanal geleitet wird, ist eine wasserbauliche Besonderheit. Danach queren wir die Kölner Straße und erreichen den Knotenpunkt 47. Nach ein paar Metern entlang der Kölner Straße biegen wir in Richtung Naturschutzgebiet Kerpener Parrig ab. Dort ist ein Teil des ursprünglichen Auwaldes der Erft mit Eichen, Hainbuchen, Erlen und Eschen erhalten geblieben. An einer Wegkreuzung nahe des Autobahnkreuzes Kerpen können wir, über die A 61 hinweg, einen Abstecher zu Schloss Lörsfeld unternehmen.

Zurück an der Kreuzung durchquert der Radweg Wasser. Erlebnis.Erft den Parrig, bis wir die Erft erreichen. Entlang des Flusses passieren wir eine „Engstelle“, an der unter einer Autobahnbrücke unser Hin- und Rückweg nur durch die Erft getrennt sind. Beim Knotenpunkt 41 überqueren wir die Erftstraße (Achtung: Gefahrenstelle) und setzen unsere Tour durch die weite Feldfläche fort. Beim **Abzweig** des **Erft-Radweges (P 3)** können wir zwischen **Kurz-** und **Langstrecke** wählen.

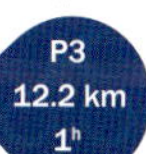

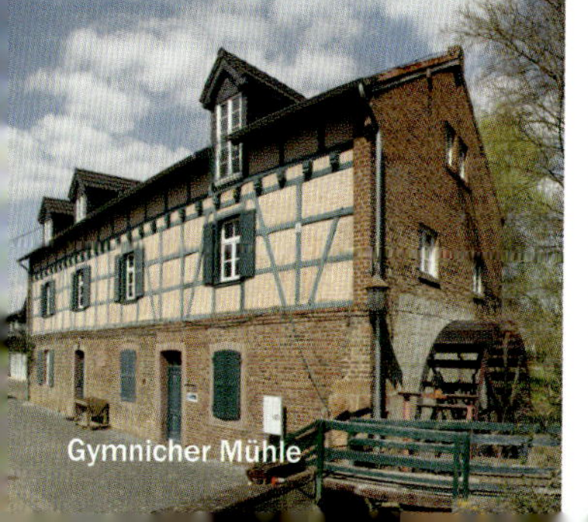
Gymnicher Mühle

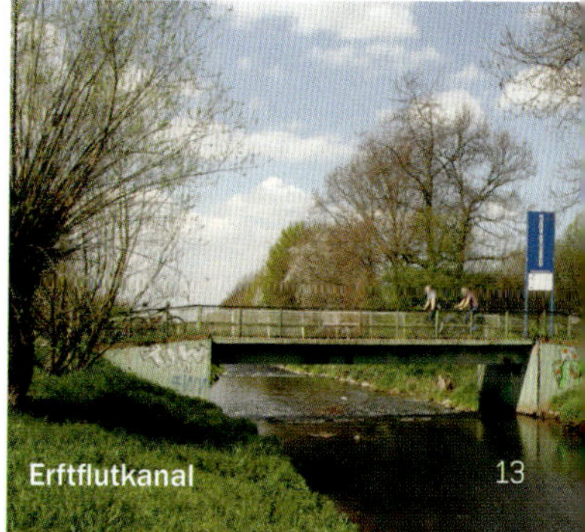
Erftflutkanal

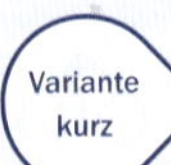

Variante kurz

Kurzstreckenfahrer *biegen rechts ab und bleiben auf dem Radweg Wasser. Erlebnis.Erft.*

Auf der **Langstrecke** zweigen wir links auf den Erft-Radweg ab. Dieser folgt dem schnurgeraden Verlauf des Flusses vorbei am Ortsrand von Quadrath-Ichendorf und dem Freizeitpark Erftaue nach Bergheim.

Durch Renaturierungsmaßnahmen ist entlang der Erft eine eindrucksvolle Auenlandschaft mit naturnaher Uferbepflanzung entstanden. Sogar ehemalige Mäanderbögen des Flusses sind wieder belebt worden.

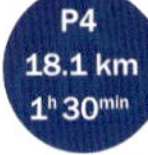

P4
18.1 km
1h 30min

Beim **Aachener Tor (P 4)**, dem Wahrzeichen Bergheims, lohnt sich ein Abstecher durch die Fußgängerzone. Mit dem Café Verweilchen, dem Eiscafé Marino oder dem Cafe Extrablatt mit Terrasse an der Kleinen Erft bietet sich Bergheim für eine gemütliche Verpflegungspause an. In der Hauptstraße kommen wir auch an der Tourist-Info und dem Museum Bergheimat vorbei.

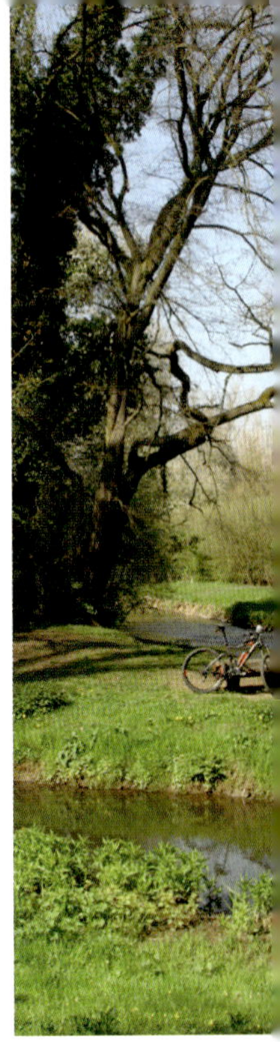

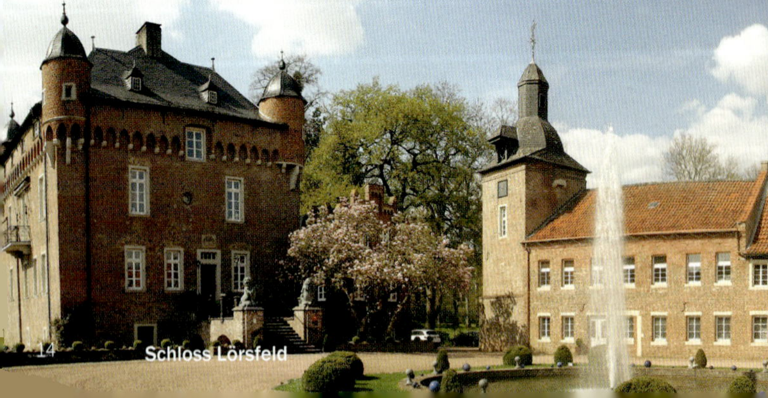

Schloss Lörsfeld

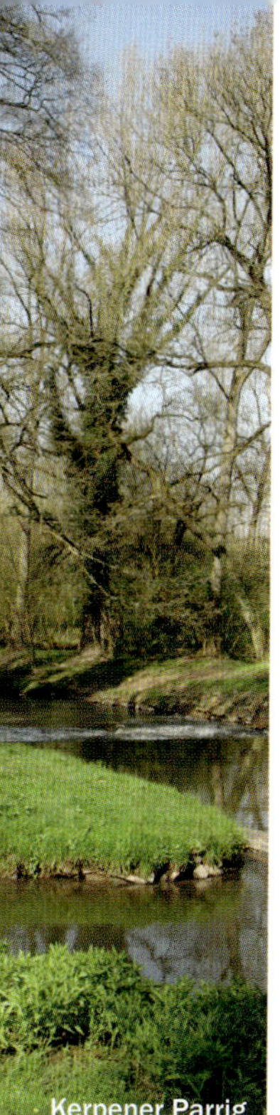
Kerpener Parrig

Der beschleunigte Ausstieg aus Braunkohleabbau und -verstromung trifft die Region massiv. Als erste Kommune im rheinischen Revier hat Bergheim ein Stadtentwicklungskonzept für die Zeit nach der Braunkohle beschlossen. Vom Aachener Tor kommen wir durch ein Wohngebiet zurück an die Erft. Vor der Erftbrücke bei der Zievericher Mühle zweigt der Erft-Radweg rechts ab und folgt dem Flussufer zum Knotenpunkt 14. Hier dürfen wir uns den Abstecher zu **Schloss Paffendorf (P 5)** nicht entgehen lassen. Vorbei am Schlosspark erreichen wir den Parkplatz mit E-Bike Ladestation. Zu Fuß betreten wir den geräumigen Innenhof, der im Sommer für Konzerte genutzt wird.

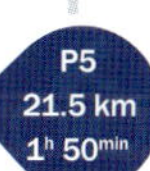
P5
21.5 km
1h 50min

Der Blick von der Terrasse der Brasserie Schloss Paffendorf auf das zweigeschossige Herrenhaus ist herrlich. Ein prima Ort zum Verschnaufen. Das heutige Wasserschloss im neugotischen Stil stammt aus dem 19. Jahrhundert und befindet sich im Eigentum der RWE Power AG. Im Schloss können die Dauerausstellung Braunkohleindustrie im Rheinland und wechselnde Ausstellungen besucht werden.

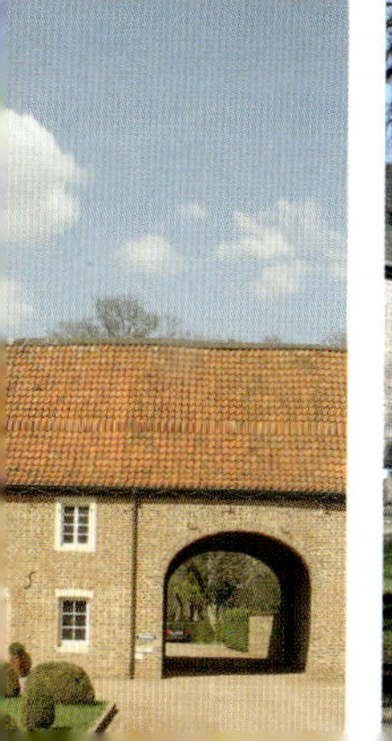

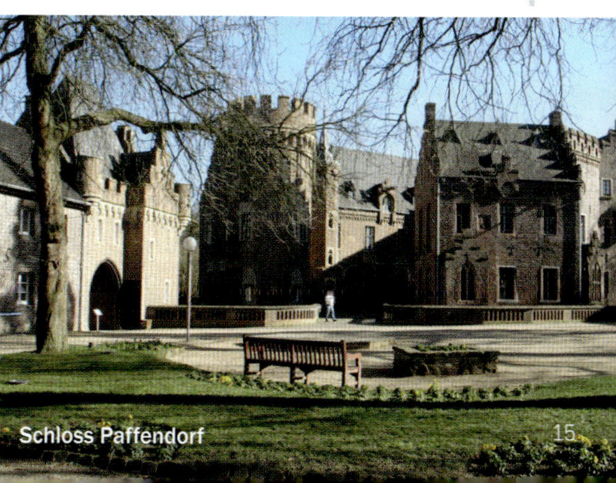
Schloss Paffendorf

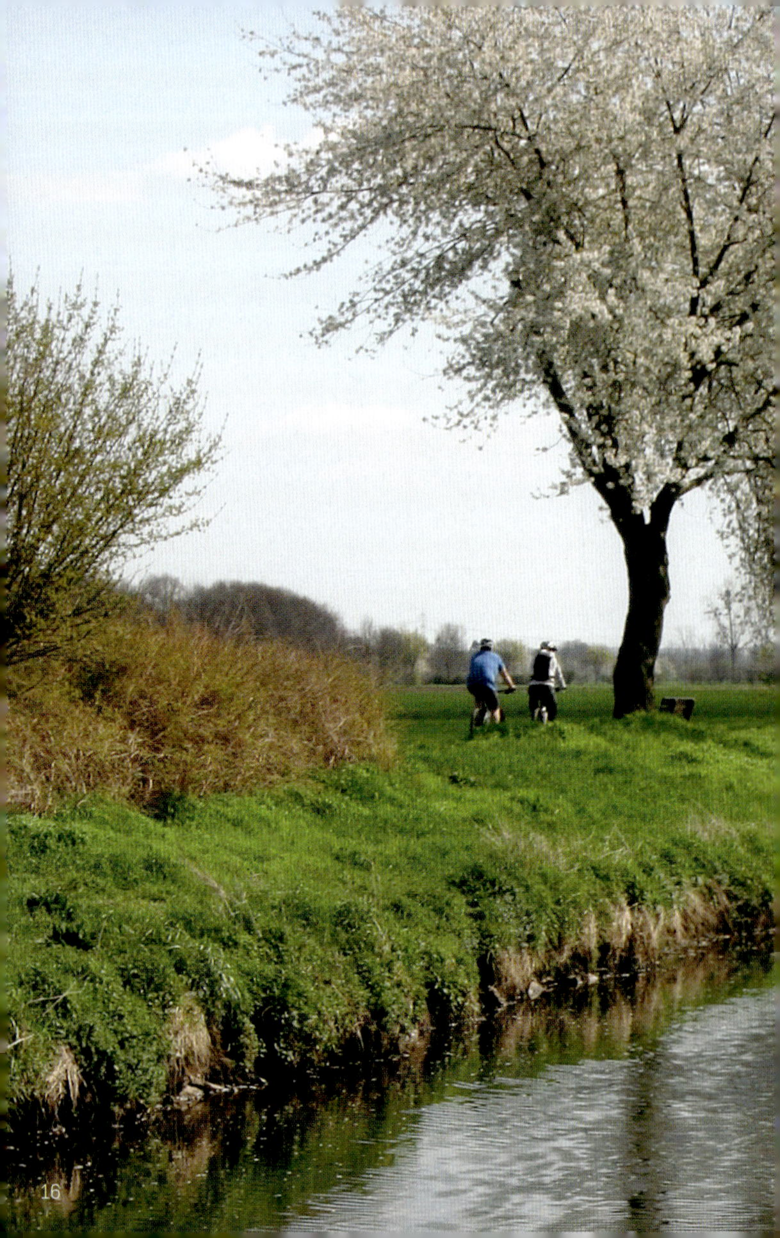

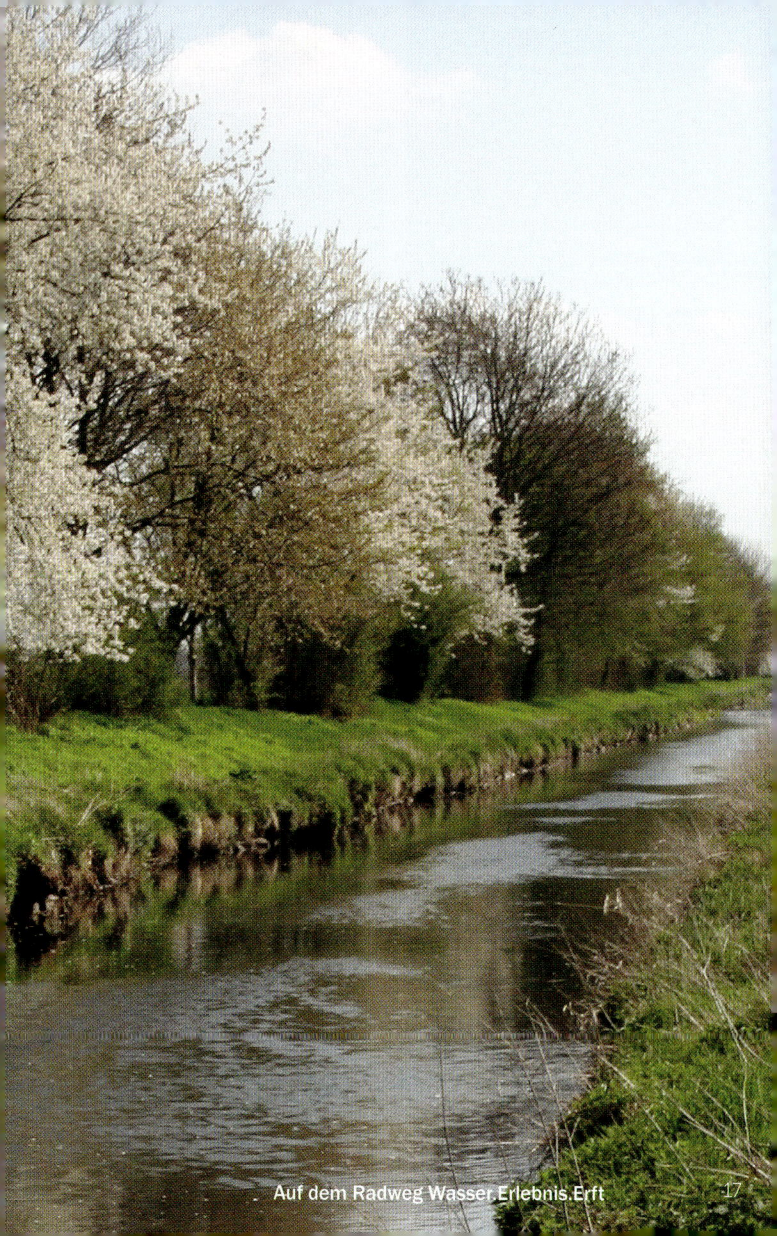
Auf dem Radweg Wasser.Erlebnis.Erft

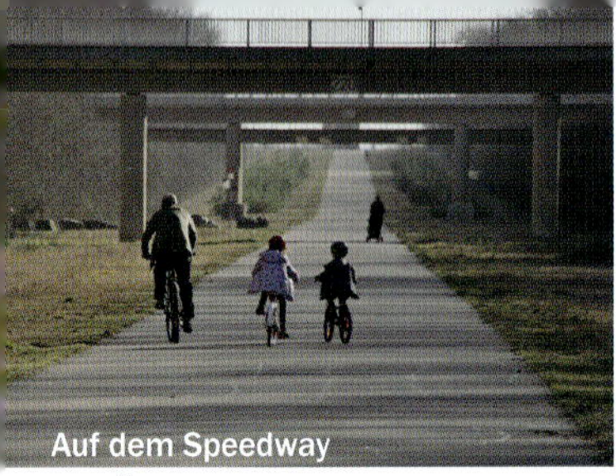
Auf dem Speedway

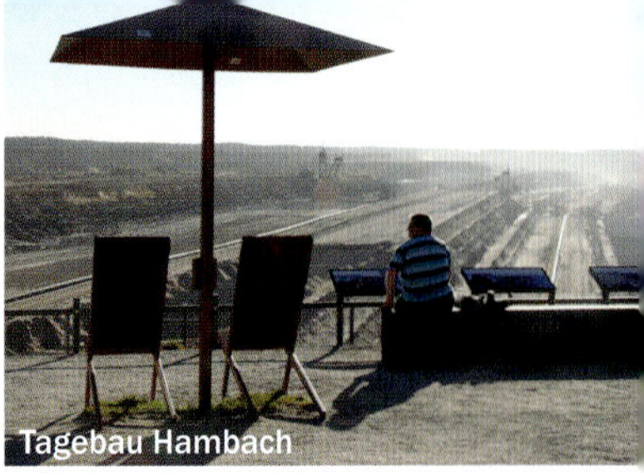
Tagebau Hambach

Zurück am Knotenpunkt 14 setzen wir unsere Fahrt entlang der Erft fort. Linker Hand lädt das Restaurant Empore zur Einkehr ein, bevor wir zum Knotenpunkt 13 gelangen. Hier verlassen wir den Erft-Radweg und wechseln auf den :terra nova Speedway. Vor uns liegt ein kerzengerades 6,4 km langes Asphaltband mit einem Linksknick nach 4,8 km. Wir sind auf der ehemaligen Abraumbandtrasse unterwegs, die den früheren Tagebau Bergheim mit dem Tagebau Hambach verband. Auf dem Speedway passieren wir die Knotenpunkte 12 und 10 und erreichen schließlich die Abbaukante des **Tagebaus Hambach (P 6)**. Dort erwartet uns eine Aussichtsplattform direkt am „Kraterrand".

P6
31.0 km
2h 35min

Der jüngste Tagebau des Rheinischen Braunkohlereviers wurde 1978 aufgeschlossen. Aus bis zu 400 Meter Tiefe wird auf einem 85 Quadratkilometer großen Abbaufeld mit den größten Baggern der Welt Braunkohle abgebaut. Wir blicken auf eine riesige „Mondlandschaft". Doch im Zuge der Energiewende ist der Braunkohleausstieg beschlossen, und der Tagebau Hambach wirkt inzwischen wie ein Fossil aus einer anderen Zeit.

P7
36.1 km
3h

Der Radweg führt an weiteren Ausssichtspunkten entlang zum Informationszentrum **Forum :terra nova (P 7)**, dessen Zukunft ungewiss ist. Nach einem letzten Blick von der Aussichtsplattform auf das riesige Abbaufeld geht es weiter. Auf dem :terra nova Speedway, nun ein „normaler" Radweg, fahren wir durch Berrendorf am Lavendelhof vorbei. Durch die Ackerebene rollen wir danach über Grouven, Thorr und am Lukas-Podolski-Sportpark vorbei zurück an die Erft.

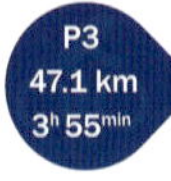

Das Verbindungsstück auf dem Erft-Radweg zurück zum **Abzweig** des **Erft-Radweges (P 3)** kennen wir bereits aus der

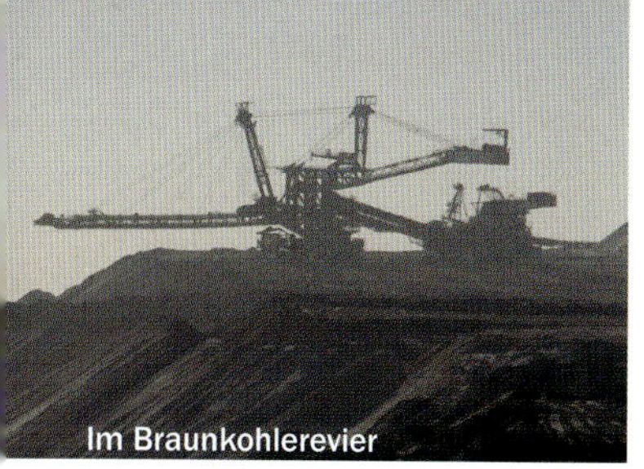
Im Braunkohlerevier

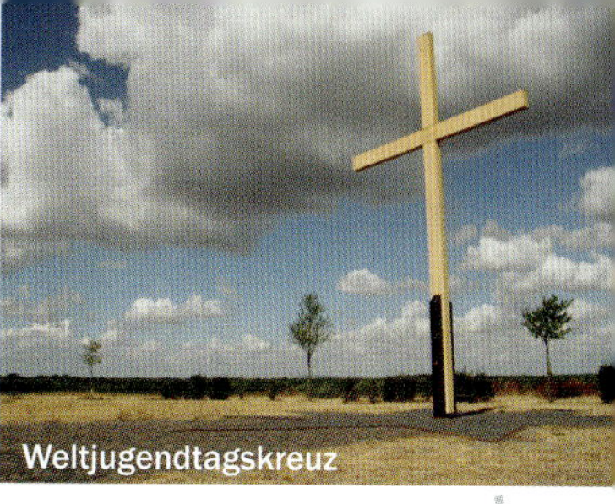
Weltjugendtagskreuz

Gegenrichtung. An der Weggabelung wechseln wir auf den Wasser.Erlebnis.Erft Radweg und pedalieren entlang der L 163 nach Horrem. Dort können wir einen Abstecher zur Burg Hemmersbach unternehmen. Ein früherer Bewohner der Burg war die Formel-1-Rennfahrerlegende Wolfgang Graf Berghe von Trips. Von außen sieht man jedoch wenig, und das Schloss ist für die Öffentlichkeit nicht zugängig.

Nach dem **Knotenpunkt 42 (P 8)** in Horrem erreichen wir die Kleine Erft. Es folgt ein wundervoller Streckenabschnitt durch den Auenwald der Kleinen Erft. Die Engstelle unter der Autobahnbrücke kennen wir schon von der Gegenseite. Wir rollen weiter durch die Erftaue mit weiten Wiesen- und Weideflächen. Ein verzweigtes Kanalnetz mit Wehranlagen durchzieht das Gebiet und bildet ein eindrucksvolles Gewässergewirr.

P8
49.4 km
4h 05min

Schließlich gelangen wir zur Kölner Straße, überqueren die L 163 und fahren an Burg Mödrath und dem Dressurstall Gut Mödrath vorbei. Geradeaus befand sich einst Alt-Mödrath. Der Ort wurde 1956 umgesiedelt und musste dem Tagebau Frechen weichen. Von Alt-Mödrath ist nur Burg Mödrath geblieben. Nach einer Schleife führt der Radweg durch die renaturierte Landschaft zum Marienfeld mit dem **Papsthügel (P 9)**.

P9
57.3 km
4h 45min

Hier feierte Papst Benedikt 2005 mit über einer Million Gläubigen aus fast 200 Nationen den Abschlussgottesdienst des XX. Katholischen Weltjugendtages. Das Marienfeld ist rund 20 Kilometer vom Kölner Dom entfernt. Während des Kölner Weltjugendtages führten Pilgerwege zum Papsthügel, und Hunderttausende übernachteten unter freiem Himmel. Der Abstecher den aufgeschütteten Hang hinauf zum Weltjugendtagskreuz, zu einem Altar und der kleinen Marienkapelle lohnt sich.

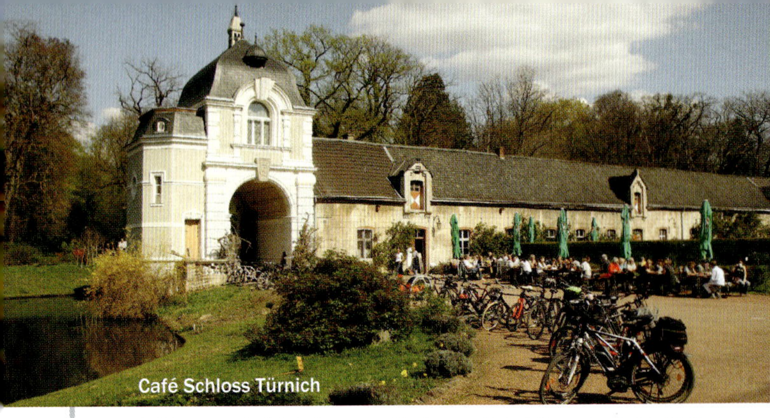

Café Schloss Türnich

Bei Gegenwind ist die anschließende Fahrt über die Ackerfläche des rekultivierten ehemaligen Braunkohletagebaus Frechen kein Zuckerschlecken. Nach einer Streckenpassage entlang der L 163 und der Heerstraße erreichen wir den Schlosspark Türnich (▶ **Tour 2**). Im Innenhof des Wasserschlosses können wir uns im Café Schloss Türnich eine Pause gönnen. **Schloss Türnich (P 10)** ist infolge von Bergschäden aufgrund des abgesenkten Grundwasserspiegels derzeit nicht bewohnbar. Nach Verlassen des Schlossparks radeln wir am kleinen Marktplatz von Türnich vorbei.

P10
61.3 km
5h 05min

Auf dem Weg nach Gymnich durchqueren wir die Erftaue und werden auf einer Brücke über die A 61 geführt. Am Ortsrand von Gymnich verläuft der Radweg Wasser.Erlebnis.Erft um den für die Öffentlichkeit nicht zugänglichen Park des Wasserschlosses herum. Vom Weg aus sieht man von Schloss Gymnich (▶ **Tour 2**) leider nur wenig. Anschließend rollen wir durch die weite Feldflur zurück zum Ausgangspunkt am **Naturparkzentrum Gymnicher Mühle (P 1)**. Die 1315 erstmals urkundlich erwähnte Wassermühle liegt genau am Stromkilometer 51. Deshalb trägt das Erftmuseum den Zusatz „KM 51“. Im Museum wird der Weg der Erft von der Quelle bis zur Mündung in den Rhein dargestellt.

P1/Ziel
68.8 km
5h 45min

Fazit

Die Kurzstrecke ist eine Genuss-Tour wie aus dem Bilderbuch und führt auf ebener Strecke durch den zauberhaften Landschaftspark Erftaue. Die Langstrecke bietet zudem den Gegensatz von idyllischer Flusslandschaft und der Industriekulisse des rheinischen Braunkohlereviers.

TourTipps

- Naturparkzentrum Gymnicher Mühle, Gymnicher Mühle 10, 50374 Erftstadt-Gymnich, ✆ 02237/6388020, ⓘ www.naturparkzentrum-gymnichermuehle.de
- Tourist-Info Bergheim und Museum Bergheimat, Hauptstraße 57-59, 50126 Bergheim, ✆ 02271/567975, ⓘ www.bergheim.de

- Café Verweilchen, Hauptstraße 106, 50126 Bergheim, ✆ 0178/4581433, ⓘ www.cafe-verweilchen.de
- P4 Eiscafé Marino Bergheim, Hauptstraße 76, 50126 Bergheim, ✆ 02271/45768, ⓘ www.eiscafe-marino.de
- Cafe Extrablatt, Hubert-Rheinfeld-Platz 3, 50126 Bergheim, ✆ 02271/9885430, ⓘ www.cafe-extrablatt.de
- Zieverícher Mühle, Zievericher Mühle 6, 50126 Bergheim, ✆ 02271/43143, ⓘ www.angelpark-bergheim.de
- P5 Brasserie Schloss Paffendorf, Burggasse, 50126 Bergheim-Paffendorf, ✆ 02271/75120090, ⓘ www.schlosspaffendorf.de
- Empore, Bedburger Straße 72a, 50126 Bergheim-Glesch, ✆ 02272/9787236, ⓘ www.empore-restaurant.de
- P7 Forum:terra nova, Kerpener Straße/ Nordrandweg, 50819 Elsdorf ✆ 02274/7057940, ⓘ www.forumterranova.de
- P10 Café Schloss Türnich, Schloss Türnich 1, 50169 Kerpen, ✆ 02237/974691, ⓘ www.schloss-tuernich.de

- Cube Store Radsport Lützeler, Kölner Straße 5, 50171 Kerpen, ✆ 02237/922276, ⓘ www.kerpen.cube-store.eu
- Andre's Bikeshop, Köln-Aachener-Straße 128, 50127 Bergheim, ✆ 02271/5689405,
- Erft Bike, Köln-Aachener Straße 203, 50189 Elsdorf, ✆ 02274/7068770, ⓘ www.erft-bike.de

- Erftlagune, Bruchhöhe 20, 50170 Kerpen, ✆ 02273/987200, ⓘ www.erftlagune.de
- Oleander-Freibad, Auf der Helle 32, 50127 Bergheim Quadrath-Ichendorf, ✆ 02271/79080, ⓘ www.bm-schwimmpool.de
- Sportparkbad Bergheim, Sportparkstraße 5, 50126 Bergheim-Zieverich, ✆ 02271/63792, ⓘ www.bm-schwimmpool.de
- Freibad Türnich, Heerstaße 134, 50169 Kerpen-Türnich, ✆ 02237/1204, ⓘ www.erftlagune.de

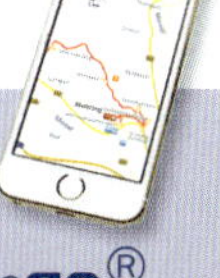

Tour Download: **BRLSX115** (für GPS-Geräte)

Startpunkte finden mit scan to go®

02 Erlebnisroute Südwest

Wir starten am Bahnhof Erftstadt und erleben auf der Erlebnisroute Südwest das Erfttal mit seinen Mühlen, Schlössern und Burgen, die fruchtbare Ackerlandschaft der Börde und das herrliche Wald- und Seengebiet der Ville-Seenplatte. Die Kurzstrecke nutzt den Erft-Radweg als Abkürzung.

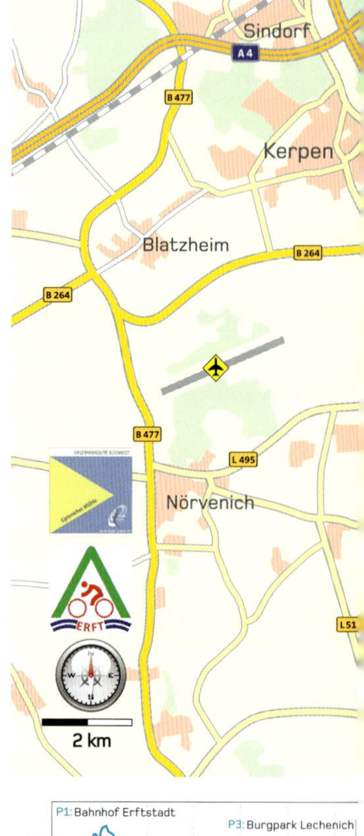

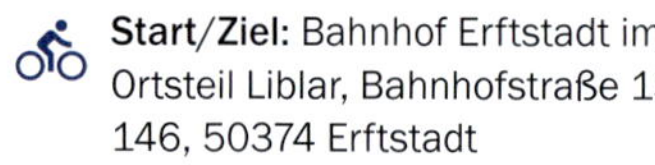

Start/Ziel: Bahnhof Erftstadt im Ortsteil Liblar, Bahnhofstraße 136-146, 50374 Erftstadt

N 50° 48‘ 26.0“ E 6° 49‘ 58.2“

Anfahrt: A 1 bis Ausfahrt 108 Erftstadt, B 265 Richtung Hürth/Liblar folgen, erste Ausfahrt E-Liblar (Parkplatz Ville ist ausgeschildert) rechts auf L 163, nach 1,5 km im Kreisverkehr Ausschilderung Bahnhof/Parkplatz Ville folgen. Nach 2,1 km ist der Bahnhof erreicht

Parkplatz: P&R Bahnhof Erftstadt

Zug: RE 22/RB 24 bis Bhf Erftstadt

Knotenpunkte: 61 - 60 - 67 - 69

Variante kurz:

43.2 km 3h 35min 305 ↑ ↓ 305

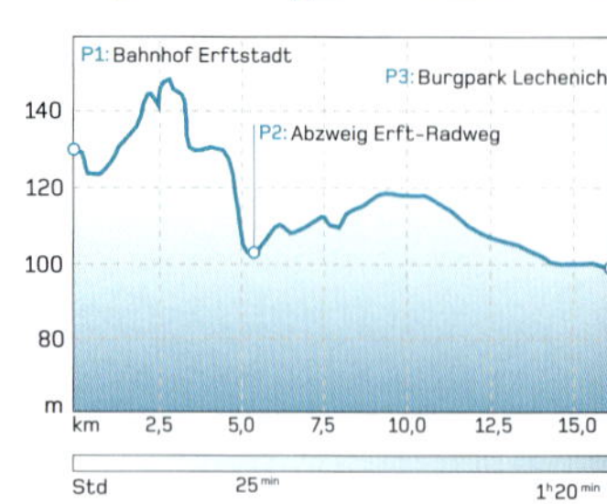

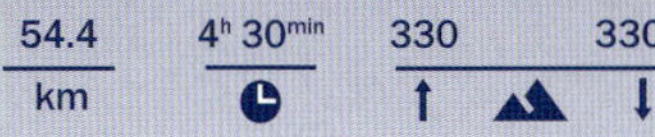
54.4
km
4h 30min
330
330

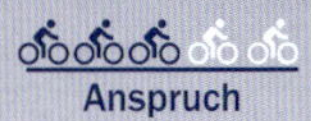
Anspruch

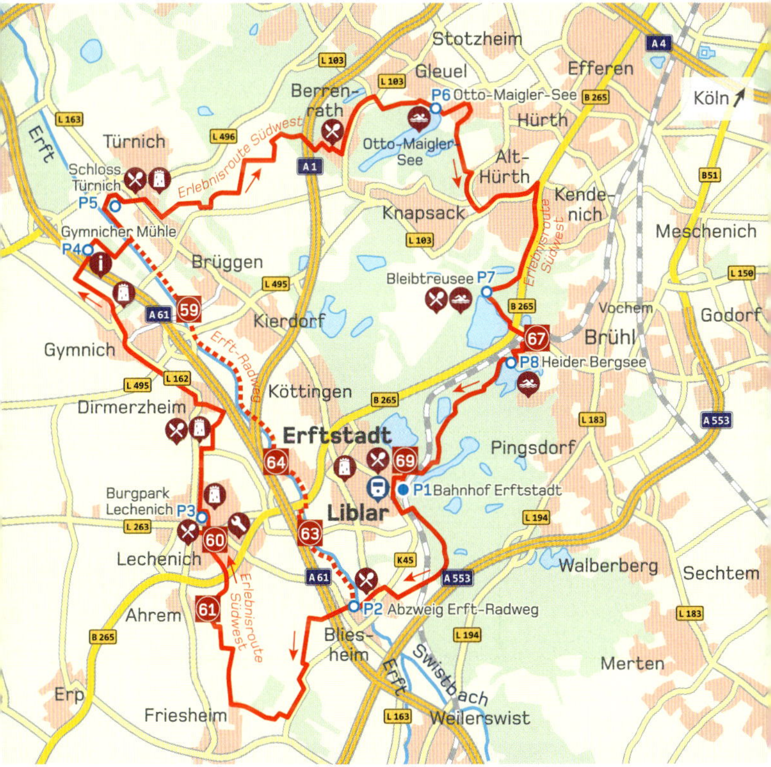

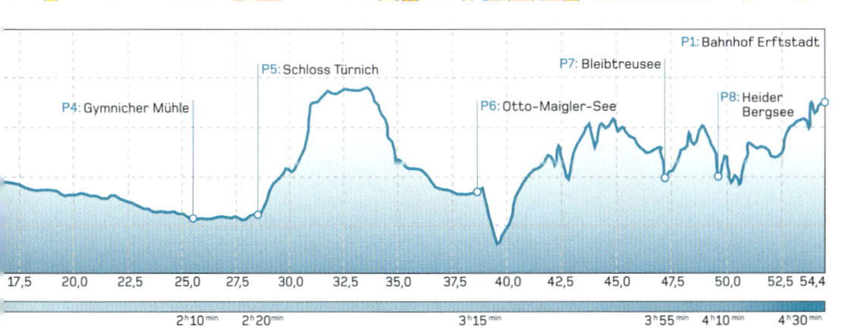
P1: Bahnhof Erftstadt
P5: Schloss Türnich
P7: Bleibtreusee
P4: Gymnicher Mühle
P6: Otto-Maigler-See
P8: Heider Bergsee
17,5
20,0
22,5
25,0
27,5
30,0
32,5
35,0
37,5
40,0
42,5
45,0
47,5
50,0
52,5
54,4
2h10min
2h20min
3h15min
3h55min
4h10min
4h30min

Schlösser und Seen

P1
Start

Wir verlassen den Bahnhof **Erftstadt (P 1)** über den P&R Parkplatz Ville Richtung Norden auf der Bahnhofstraße. Ich empfehle, die Runde im Uhrzeigersinn zu fahren, damit die Villeseenlandschaft mit mehreren Badegelegenheiten am Ende der Tour liegt. Bei der Einmündung des Grubenweges treffen wir auf den Radweg Erlebnisroute Südwest und fahren am Ortsrand entlang. Unter der Bahnlinie hindurch biegen wir anschließend in die Waldville ab und kommen durch einen Naturwald mit prächtigem Eichen-Buchen-Bestand, viel Totholz und im Frühjahr einem Teppich blühender Buschwindröschen.

Der Auftakt auf dem hügeligen Waldweg verrät, dass die Erlebnisroute Südwest kein durchgängig asphaltierter Radweg ist, sondern zum Teil über Stock und Stein führt. Nach dem Waldgebiet erreichen wir über offene Felder Bliesheim. Dort passieren wir nach einer Abfahrt an einer Straßenquerung (Achtung: Gefahrenstelle) die Bliesheimer Mühle mit angeschlossenem Hofladen. In der Ebene geht es danach über die Erftbrücke, wo wir den **Erft-Radweg (P 2)** kreuzen.

P2
5.3 km
25 min

Wer sich für die **Kurzstrecke** *entscheidet, zweigt auf den* **Erft-Radweg** *ab und folgt dem Flusslauf unter der A 1 hindurch vorbei an den* **Knotenpunkten 63, 64** *und* **59** *bis zum Abzweig bei Schloss Türnich. Dieser Streckenabschnitt des Erft-Radwegs wurde durch das Hochwasser im Juli 2021 beschädigt und wird peu á peu wieder aufgebaut*

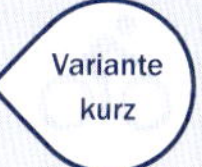

Auf der **Langstrecke** überqueren wir auf einer Brücke die A 61 und rollen durch freie Feldflächen zum Naturschutzgebiet Friesheimer Busch. Ein Zaun und hohe Hecken versperren jedoch die Sicht, bis wir zum Umwelt- und Naturparkzentrum Friesheimer Busch gelangen. Es ist werktags geöffnet. Das Naturschutzgebiet ist auf dem Gelände eines ehemaligen Munitionsdepots der belgischen Streitkräfte entstanden.

Am Ortsrand von Friesheim biegen wir rechts ab und radeln durch die Bördelandschaft im Links-rechts-Schwenk zum Laacherhof und dem Knotenpunkt 61. Leider ist die Beschilderung auf dieser Passage nicht optimal. Bei dem Pferdehof quert unsere Tour die antike Agrippastraße. Die römische Fernstraße führte einst von Köln über Trier bis Marseille. Anschließend folgen wir der Erlebnisroute Südwest entlang des Rotbachs und erreichen nach einer Kleingartenkolonie Lechenich. Beim Knotenpunkt 60 lohnt sich ein Abstecher durch das Bonner Tor in den historischen Ortskern.

Mit dem Eiscafé La Piazza, mehreren Bäckereien und dem Wein Bistro Cafè Will-kommen bieten sich am Marktplatz mehrere Einkehrmöglichkeiten. Zurück am Knotenpunkt 60 biegen wir nach 400 Metern entlang des Rotbachs in den **Burgpark Lechenich (P 3)** ein.

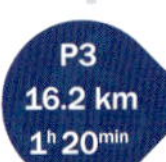

Die ehemalige Landesburg der Erzbischöfe und Kurfürsten von Köln befindet sich in Privatbesitz. Um von der mächtigen Burganlage etwas zu sehen, zweigen wir nach der Einfahrt in den Park links ab und folgen einem Pfad zum Burggraben. Es hat den Anschein, als ob die Burgruine langsam zuwächst.

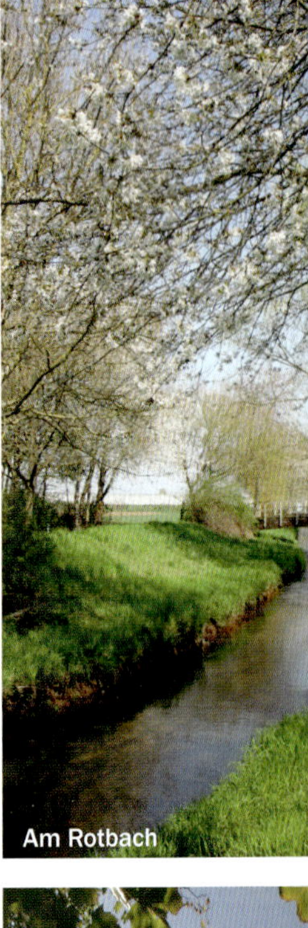
Am Rotbach

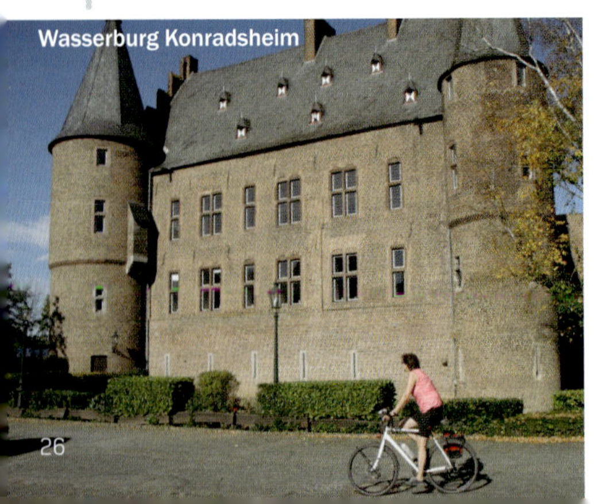
Wasserburg Konradsheim

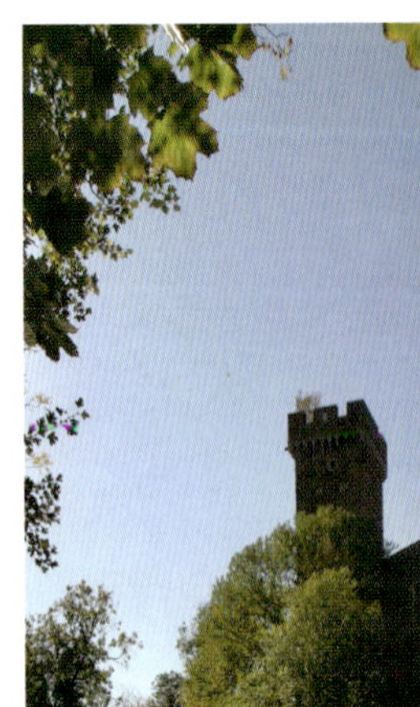

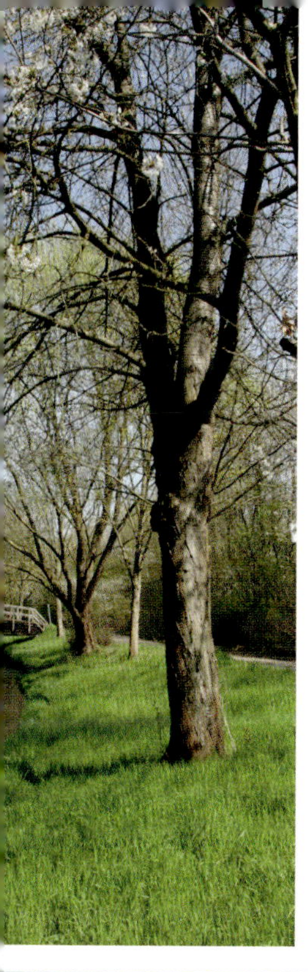

Vorbei an Schumachers Hofladen geht es nach Konradsheim. Hier empfiehlt sich ein Abstecher zur imposanten Wasserburg Konradsheim mit dem Landhaus Konradsheim. Die Terrasse der ehemaligen Remise lädt nicht nur Golfspieler zum Verweilen ein. Es folgt ein herrlicher Streckenabschnitt entlang des mit Bäumen bestandenen Rotbachs. Über Dirmerzheim führt uns die Erlebnisroute Südwest nach Gymnich. Bei der Kirche St. Kunibert liegt der Gymnicher Schlosspark vor uns.

Hier treffen mit der Erlebnisroute Südwest und der Radroute Wasser. Erlebnis.Erft (▶ **Tour 1**) zwei Regio-Grün Routen aufeinander. Nach einem Links-rechts-Schwenk (dem Verkehrsschild Schloss Gymnich folgen) erreichen wir das Haupttor von Schloss Gymnich. Das Schloss befindet sich in Privatbesitz, und wir bekommen leider nicht viel zu sehen. Schloss Gymnich blickt auf eine bewegte Geschichte zurück: einst Adelssitz, dann Gästehaus der Bundesregierung mit Besuchern

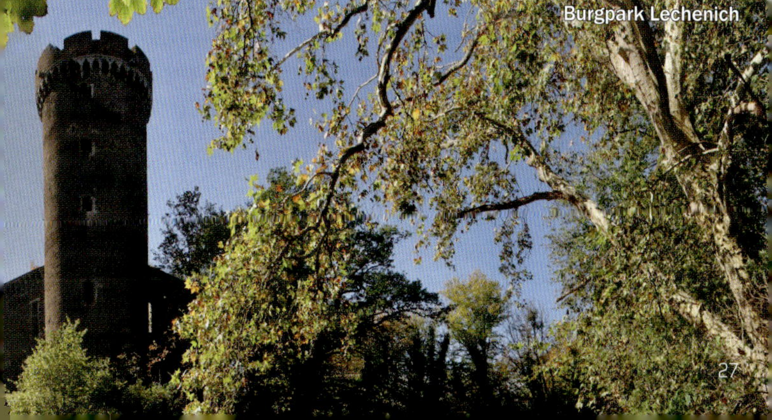

Burgpark Lechenich

P4
25.5 km
2h 10min

wie Queen Elizabeth und später Sitz der Kelly Family. Anschließend geht es über Felder und auf einer Brücke über die A 61 hinweg zur **Gymnicher Mühle (P 4)**, einem beliebten Ausflugsziel mit Naturparkzentrum, Erftmuseum und Wassererlebnispark (▶ **Tour 1**).

P5
28.4 km
2h 20min

Nach der Gymnicher Mühle treffen wir bei der Brücke über den Erftflutkanal auf die **Kurzstrecke**. Nach einem knappen Kilometer entlang der Erft zweigt die Erlebnisroute Südwest zum **Wasserschloss Türnich (P 5)** ab. Wir radeln durch den im 19. Jahrhundert angelegten Schlosspark und durch die Vorburg in den Innenhof des Barockschlosses. Das Herrenhaus selbst kämpft mit Bergschäden. Für den Tagebau Frechen wurde ab den 1950er-Jahren der Grundwasserspiegel gesenkt, wodurch der Boden instabil wurde. Das sich in Privatbesitz befindende Schloss ist derzeit nicht bewohnbar. Ungeachtet dessen können wir von Mittwoch bis Sonntag im Café Schloss Türnich ein Päuschen genießen: Alles 100% Bio und selbstgemacht.

In Türnich trennen sich an einem Mini-Kreisverkehr die Erlebnisroute Südwest und der Radweg Wasser.Erlebnis.Erft. Wir pedalieren über freies Feld zur Terrassenkante der Berrenrather Börde und haben einen 200 Meter langen Steilanstieg durch ein Wäldchen vor der Brust. Oben angekommen, erwartet uns statt eines weiten Ausblicks eine ebene, landwirtschaftlich genutzte Fläche. Sie entstand ab Mitte der 1960er-Jahre als Rekultivierungsfläche der Tagebaue Berrenrath und Berrenrath-West.

Es folgt eine Waldabfahrt unter der Autobahn und Bahnlinie hindurch nach Berrenrath. Der Ort wurde zwischen 1952 und 1959

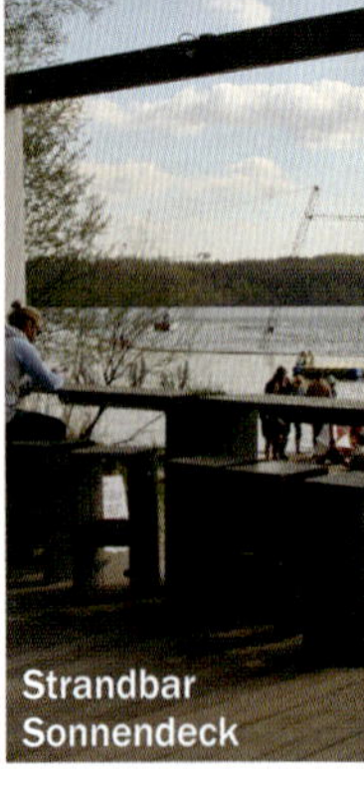
Strandbar Sonnendeck

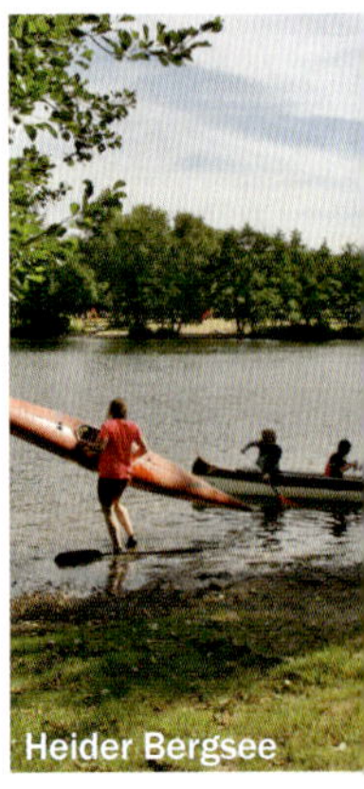
Heider Bergsee

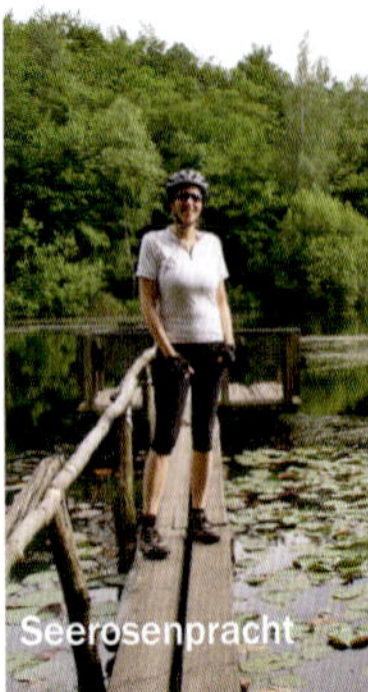
Seerosenpracht

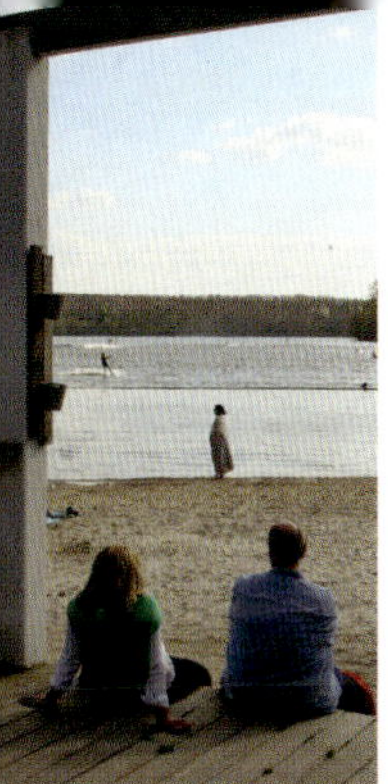

um 600 Meter komplett umgesiedelt. Am Berrenrather Marktplatz bietet sich das Foyer im Berli (Berrenrather Lichtspiel Theater) für eine Verpflegungspause an. Weiter geht es am Ortsrand von Gleuel entlang zur etwas hinter Bäumen versteckten Nordseite des **Otto-Maigler-Sees (P 6)**. Im Sommer lohnt es sich, Badesachen mitzunehmen. Das Strandbad ist nur ein paar Meter vom Radweg entfernt.

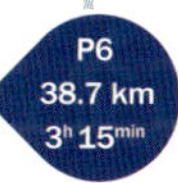

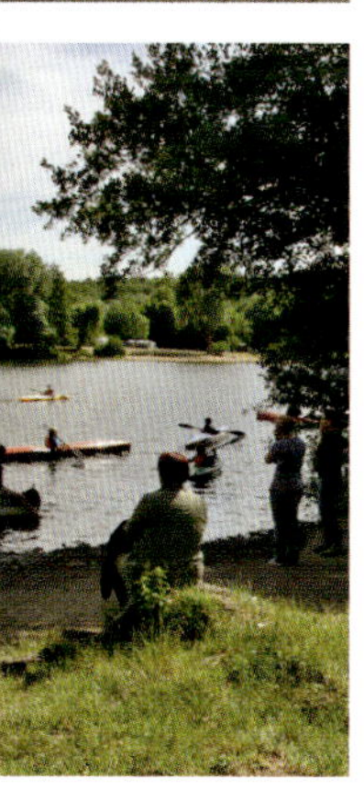

Mit dem Otto-Maigler-See haben wir die Villeseenplatte erreicht. Der etwa 50 km lange Höhenzug der Ville war von 1870 bis Mitte des 20. Jahrhunderts Braunkohletagebaugebiet. Felder, Wälder und ganze Dörfer mussten dem Tagebau weichen. Im Zuge der Rekultivierung entstanden über 40 Seen, Laubwälder und wertvolle Biotope. Viele Seen stehen unter Naturschutz und bilden wichtige Brut-, Laich- und Rückzugsgebiete für bedrohte Arten. An anderen kann gebadet und Wassersport betrieben werden.

Wieder auf dem Rad, erreichen wir in Burbach den niedrigsten Punkt der Strecke. Bis zum Ziel liegen nun ein paar Höhenmeter vor uns. Zunächst haben wir am Ortsrand nach einem Pferdehof einen kurzen Anstieg auf unbefestigtem Untergrund zu meistern. Danach rollen wir entlang der Frechener Straße auf die Industriekulisse des Chemieparks Knapsack zu. Es folgt ein Streckenabschnitt entlang der viel befahrenen Industriestraße und L 265 um das Gelände des Chemieparks herum. Schließlich zweigt der Radweg rechts von der L 265 ab und führt durch ein Waldgebiet zum **Bleibtreusee (P 7)**.

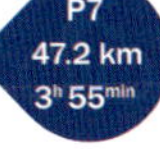

Im Sommer herrscht am Sandstrand Beachfeeling. Von der Strandbar Sonnendeck

können wir Wasserskifahrer, Wakeboarder und Stand Up Paddler beobachten. Natürlich ist auch das Baden im See erlaubt. Ausgeruht verlassen wir den Bleibtreusee und strampeln am Surfstrand vorbei den Uferhang hinauf. Wir überqueren die L 265 und erreichen den Knotenpunkt 67. Im Zickzack führt die Erlebnisroute Südwest am Ortsrand von Heide durch ein Wohngebiet. Anschließend rollen wir durch Laubwald hinunter zum Ufer des **Heider Bergsees (P 8)**.

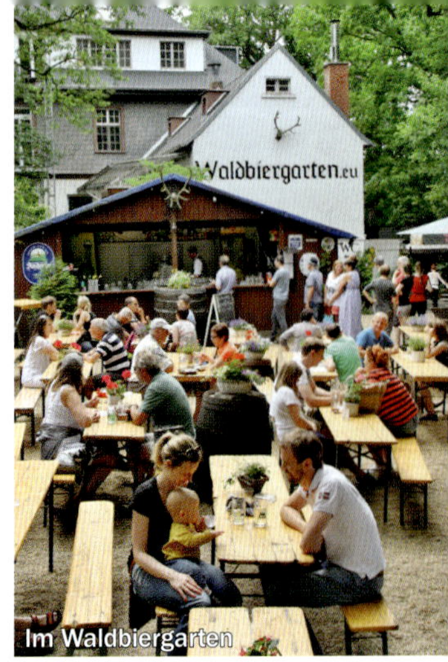

Im Waldbiergarten

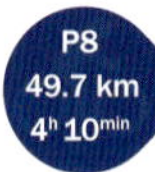

Danach kommen wir am Franziskussee vorbei, fahren unter den Gleisen der Bahnlinie hindurch und erreichen am Ortsrand von Liblar den urigen Waldbiergarten. Die ideale Adresse, um die Tour gemütlich ausklingen zu lassen. Nach dem Knotenpunkt 69 sind wir zurück auf der Bahnhofstraße und radeln über den großen Pendlerparkplatz zum **Bahnhof Erftstadt (P 1)**.

P1/Ziel
54.4 km
4h 30min

Vor der Heimfahrt lohnt sich ein Abstecher entlang der Bahnhofstraße zu Schloss Gracht, das von einem barocken Schlosspark umgeben ist. Das 1433 erstmals urkundlich erwähnte Wasserschloss ist eines der ältesten Schlösser Nordrhein-Westfalens. Schloss Gracht war von 1538 bis 1954 der Stammsitz der Familie Wolff-Metternich. Heute ist das Wasserschloss Sitz der European School of Management and Technology.

Fazit

Die Tour für trockene Sommertage! Ein herrlicher Mix aus Flussradweg, Bördelandschaft und Ville-Seenplatte. Einige Streckenabschnitte führen auf losem Untergrund über Feld-, Forst- und Waldwege. Bei Badewetter das Strandtuch und Badesachen mitnehmen!

TourTipps

- Naturparkzentrum Gymnicher Mühle, Gymnicher Mühle 10, 50374 Erftstadt-Gymnich, 02237/6388020, www.naturparkzentrum-gymnichermuehle.de

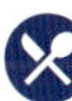

- Hofladen Bliesheimer Mühle, Merowingerstraße 115, 50374 Erftstadt-Bliesheim, 02235/2694, www.bliesheimer-muehle.de
- Will-kommen, Markt 19, 50374 Erftstadt- Lechenich 02235/9869884, www.willkommen-am-markt.de
- P3 Eiscafé la Piazza, Markt 30, 50374 Erftstadt-Lechenich, 02235/688844, www.eiscafe-la-piazza-lechenich.eatbu.com
- Landhaus Konradsheim, Am Golfplatz 1, 50374 Erftstadt-Konradsheim, 02235/9556630, www.golfburg.de
- P5 Café Schloss Türnich, Schloss Türnich 1, 50169 Kerpen, 02237/974691, www.schloss-tuernich.de
- Foyer im Berli Theater, Wendelinusstraße 45-49, 50354 Hürth-Berrenrath, 02233/933803, www.berli-huerth.de
- P7 Sonnendeck-Strandbar, Bleibtreuseeweg 1, 50321 Brühl, 02232/22681 und 01590/4207005, www.sonnendeck-strandbar.de
- Waldbiergarten, Grubenweg 8, 50374 Erftstadt-Liblar, 0172/2520026, www.waldbiergarten.eu

- Antrieb-E, Bonner Straße 46, 50374 Erftstadt-Lechenich 02235/9864440, www.antrieb-ebikes.de
- Bike Reiter, Zunftstraße 7 (Gewerbegebiet Lechenich) 50374 Erftstadt-Lechenich, 02235/9596999, www.bikereiter.com

- Freibad Türnich, Heerstaße 134, 50169 Kerpen-Türnich, 02237/1204, www.erftlagune.de
- Strandbad und Beachclub Otto-Maigler-See, Zielkovener Straße 85, 50354 Hürth-Gleuel, 02233/35248, www.otto-maigler-see.de
- Bleibtreusee, Bleibtreuseeweg 1, 50321 Brühl, 02232/22681, www.wasserski-bleibtreusee.de
- Strandbad Heider Bergsee (Campingplatz Heider Bergsee), Heider Bergsee, 50321 Brühl, 02232/27040, www.heiderbergsee.de

Tour Download: **BRLSX214** (für GPS-Geräte)

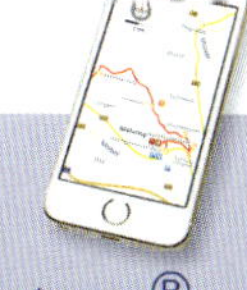

Startpunkte finden mit scan to go®

03 City Tour Köln

Köln ist ein Gefühl. Wir wollen entdecken, was die Stadt so besonders macht: das bunte Treiben am Rhein, die Grüngürtel, Kölsche Lebensart, Veedel-Atmosphäre, Rodenkirchener Riviera und natürlich der Dom. Die Bläck Fööss besingen ihr Köln-Gefühl mit „He welle mer blieve ..."

Start/Ziel: Haus am See, Bachemer Landstraße 420, 50935 Köln

N 50° 55' 07.9" E 6° 53' 17.6"

Anfahrt: A 1 bis Ausfahrt 104 Kreuz Köln-West Ausfahrt Frechen, B 264 Dürener Straße Richtung Zentrum folgen, rechts auf L 34 Militärringstraße abbiegen, nach 500 Metern rechts in die Bachemer Landstraße

Parkplatz: Siehe Start/Ziel

Zug: Bahnhof Köln-West (Nähe P 2), Köln-Hansaring (zwischen P 2 und P 3) und Köln-Hbf (Nähe P 5)

Knotenpunkte: 10 - 11 - 98 - 88 - 36 - 97 - 13 - 86 - 15 - 14

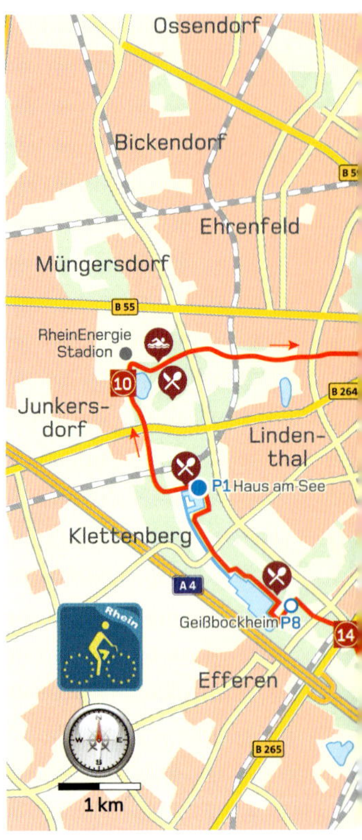

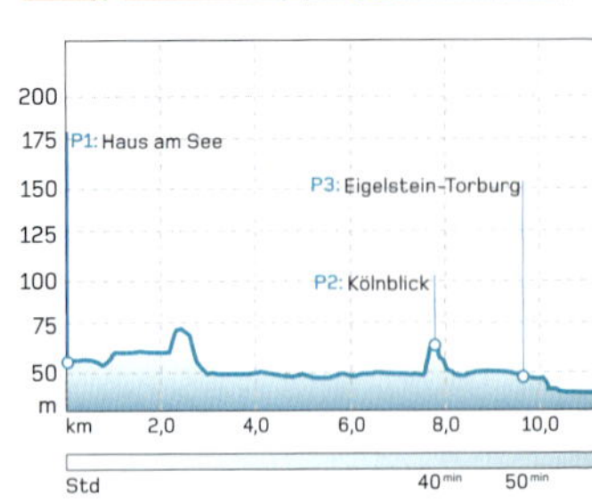

38.0 km | 3h 10min | 170 ↑ | 170 ↓ | Anspruch

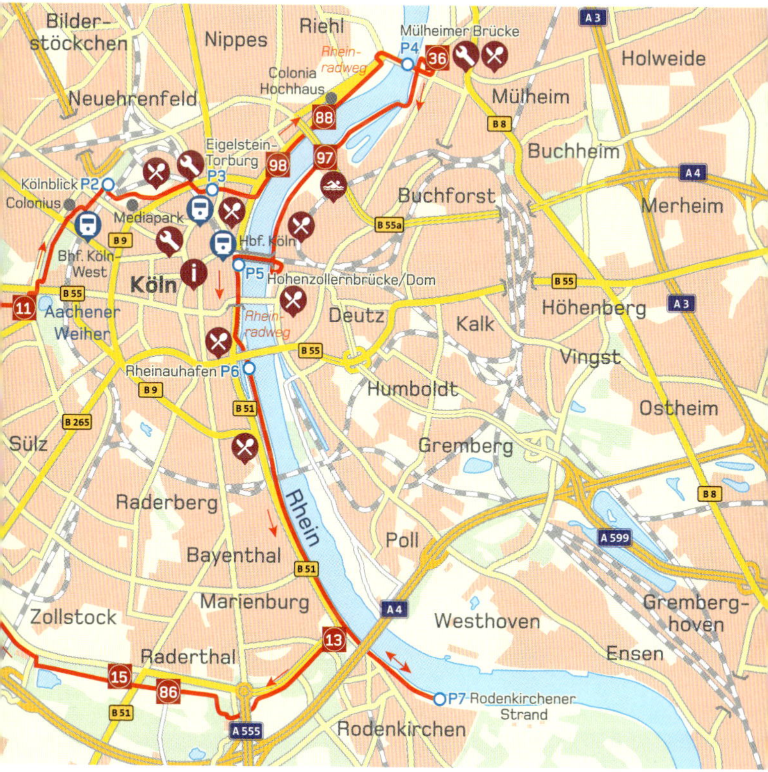

Bilderstöckchen
Nippes
Riehl
Rheinradweg
Colonia Hochhaus
Mülheimer Brücke
P4
36
Holweide
Mülheim
Neuehrenfeld
88
B 8
A 3
Eigelstein-Torburg
P3
98
97
Buchheim
A 4
Kölnblick P2
Colonius
Mediapark
Buchforst
Merheim
B 9
B 55a
Hbf. Köln
Bhf. Köln-West
P5 Hohenzollernbrücke/Dom
B 55
Köln
11
Aachener Weiher
Deutz
Kalk
Höhenberg
Rheinradweg
B 55
Vingst
Rheinauhafen P6
B 9
Humboldt
B 51
Ostheim
B 265
Sülz
Gremberg
B 8
Raderberg
Rhein
Poll
A 599
Bayenthal
B 51
Marienburg
A 4
Gremberghoven
Zollstock
Westhoven
13
Ensen
Raderthal
15
86
P7 Rodenkirchener Strand
B 51
A 555
Rodenkirchen

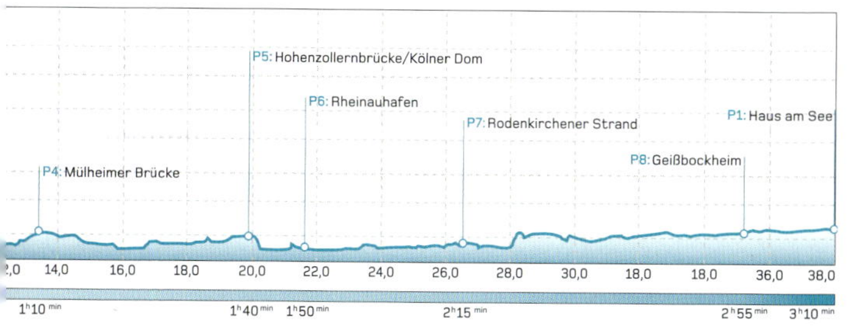

He welle mer blieve …

P1
Start

Der Decksteiner Weiher mit dem **Haus am See (P 1)** liegt mitten im Äußeren Grüngürtel und ist ein beliebter Ausflugsort mit Bootsverleih, Minigolfanlage und Sonnenterrasse. In den 1920er-Jahren wurde unter dem Oberbürgermeister Konrad Adenauer der Kölner Grüngürtel planmäßig angelegt. Dabei entstanden der Äußere und der Innere Grüngürtel auf dem Gebiet ehemaliger Festungsanlagen, die einst als 42 km langer Fortgürtel Köln umgaben und schützten. Beide Grüngürtel sind mit Fuß- und Radwegen durchzogen.

Achtung!

Bei der hohen Wegdichte und dem Großstadtverkehr sollte man trotz Knotenpunktsystem der RadRegionRheinland zur sicheren Navigation ein Bike-Navi oder eine Navigations-App nutzen.

Wir verlassen das Haus am See auf der Bachemer Landstraße bis wir im Grüngürtel auf den Radweg Deutsche Fußballroute NRW treffen und rechts abbiegen. Auf der Fußballroute überqueren wir vorsichtig die Dürener Straße und kommen am Adenauerweiher vorbei. Im Hintergrund ragt das RheinEnergie-Stadion, die Spielstätte des 1. FC Köln, aus dem Wald heraus. Aufgepasst, den Trubel vor und nach FC-Spielen sollte man meiden. Wir passieren den Knotenpunkt 10 und können auf der Jahnwiese Hobbykickern und Bambini-Teams beim Fußballspielen zusehen. In Sichtweite der Südtribüne verabschieden wir uns von der Fußballroute und zweigen stadteinwärts zum Club Astoria ab.

Anschließend kreuzen wir aufmerksam die Militärringstraße und erreichen den noblen Stadtteil Lindenthal, wo wir der Rautenstrauchstraße folgen. Der Lindenthaler Kanal, die Grünverbindung zwischen den beiden Grüngürteln, wurde als Frischluftschneise für die Innenstadt angelegt. Auf der Promenade des Rautenstrauch- und Clarenbachkanals rollen wir auf den Aachener Weiher zu. Die Idylle wird jedoch jäh vom Autolärm der Universitätsstraße unterbrochen.

Beim Knotenpunkt 11 biegen wir links ab und überqueren die Kreuzung Universitätsstraße/Aachener Straße. Den Aachener Weiher lassen wir auf der anderen Straßenseite liegen und kommen im Inneren Grüngürtel am Kölner Fernsehturm, dem Colonius, vorbei. Nach Querung der Subbelrather Straße erwartet uns der Herkulesberg, auch „Mont Klamott“ genannt. Köln wurde im 2. Weltkrieg zu 80 Prozent zerstört. Der Mont Klamott ist der größte von insgesamt elf Trümmerbergen. Ein Anstieg mit 25 Höhenmetern klingt harmlos, bringt uns aber dennoch etwas außer Puste.

P2
7.9 km
40min

Nach einer 180-Grad-Kehre rollen wir auf der anderen Seite den Berg hinab und haben einen prima **Blick** auf die **Kölner Skyline (P 2)**. Eine Fußgängerbrücke über die Bahngleise bildet eine Art Entree zur City, wo uns der gediegen wirkende Mediapark erwartet. Der 2004 fertiggestellte Gewerbepark ist oberirdisch autofrei. Im Mittelpunkt der sternförmigen Anlage steht der Kölnturm mit einem besonderen Hingucker: In die Glasfassade sind Bilder des Kölner Stadtpanoramas eingebrannt. Weiter geht es auf der Maybachstraße, von der wir nach einer Bahnunterführung in die Krefelder Straße abbiegen.

P3
9.6 km
50min

Wir kreuzen den viel befahrenen Hansaring und erreichen über die Weidengasse und den Gereonswall eines der ursprünglichsten Veedel Kölns: den Eigelstein und die altehrwürdige **Eigelstein-Torburg (P 3)**. Ihr Bau wurde 1180 begonnen, und sie ist eine der vier erhaltenen Stadttorburgen des mittelalterlichen Kölns. Die Band „De Räuber“ haben dem Veedel das Lied „Am Eigelstein es Musik“ gewidmet. Und nicht nur das. Das Leben pulsiert bis tief in die Nacht in den Cafés, Bistros, Eisdielen und Gaststätten. Hier sollten wir uns ein Päuschen gönnen.

Anschließend überqueren wir die Turiner Straße und pedalieren am typisch kölschen Gasthaus Max Stark (mit leckerem

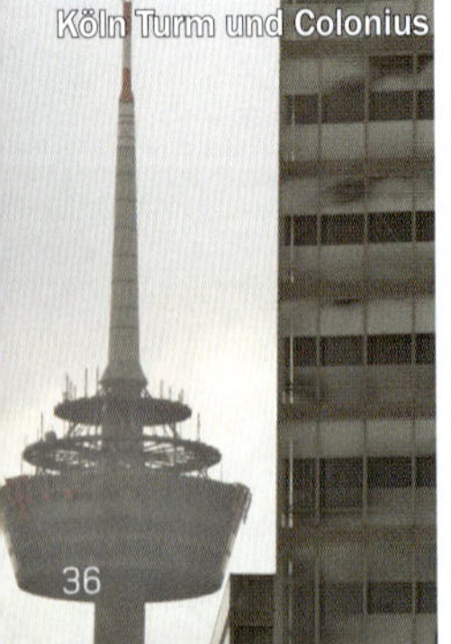
Köln Turm und Colonius

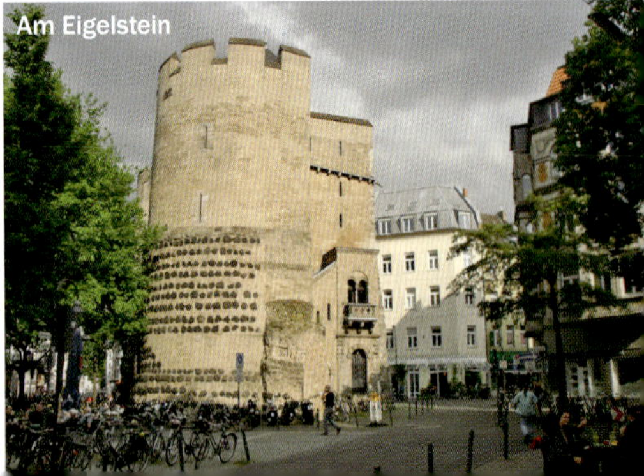
Am Eigelstein

Päffgen vom Fass) vorbei Richtung Rhein. Die Fahrt durch den Thürmchenswall entgegen der Einbahnstraße ist für Radfahrer frei. Trotzdem sollte man gut achtgeben. Am Konrad-Adenauer-Ufer biegen wir links ab und erreichen nach 100 Metern die Bastei mit ihrem ungewöhnlichen Überbau zum Rhein hin. Der Sockel des Bauwerks stammt von dem Turm, der einst die Hafeneinfahrt bewachte. Von der Bastei aus bietet sich uns ein herrlicher Blick von der Zoobrücke im Norden, über den Messeturm und den über 100 Meter hohen KölnTriangle auf der anderen Uferseite bis zum Kölner Dom im Süden.

Wer abkürzen will, radelt auf dem Rheinradweg in Richtung Dom. Dabei entgeht uns aber der Abstecher auf die rechte Rheinseite. Also auf nach Mülheim. Wir folgen dem Rheinradweg nach Norden, passieren den Knotenpunkt 98 und fahren unter der Zoobrücke und der Rheinseilbahn hindurch. Nach dem Knotenpunkt 88 kommen wir am höchsten Wohnhaus Deutschlands, dem Colonia-Haus, vorbei, bevor wir auf der **Mülheimer Brücke (P 4)** den Rhein überqueren. Mülheim war bis zur Eingemeindung 1914 eine eigenständige Stadt und profitierte davon, dass Schiffe in Mülheim das in Köln geltende Stapelrecht umgehen konnten.

P4
13.5 km
1h 10min

Wir verlassen die Mülheimer Brücke auf der Nordseite und strampeln die Buchheimer Straße entlang in Richtung Rhein. Beim Knotenpunkt 36 treffen wir auf den Rheinradweg. Zur Stärkung bietet sich das Café Jakubowski für ein Päuschen an. Schöner als auf dem Rheinradweg, der in zweiter Reihe zur Zoobrücke führt, radelt es sich auf dem Rheinboulevard. Die

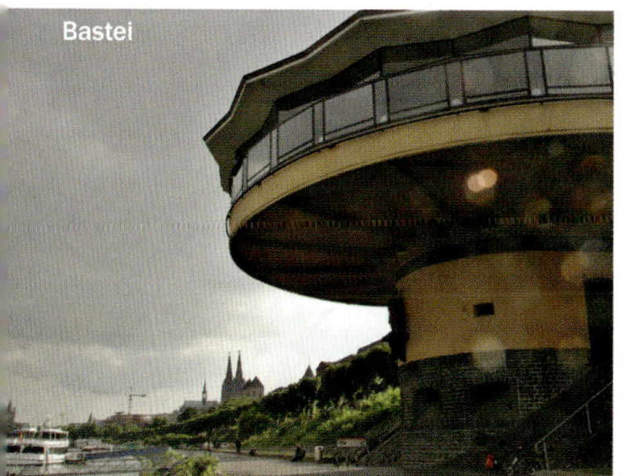
Bastei

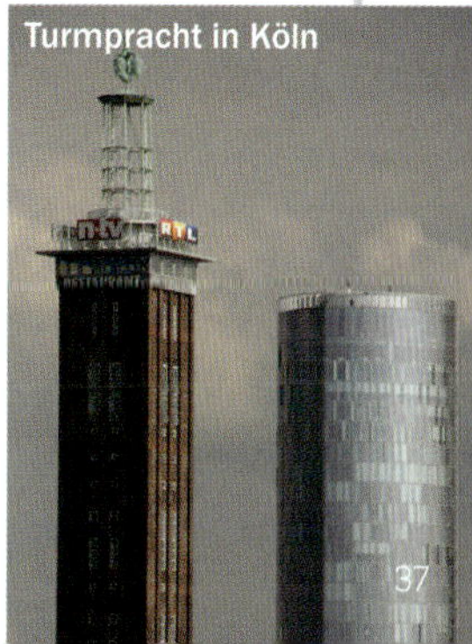

Turmpracht in Köln

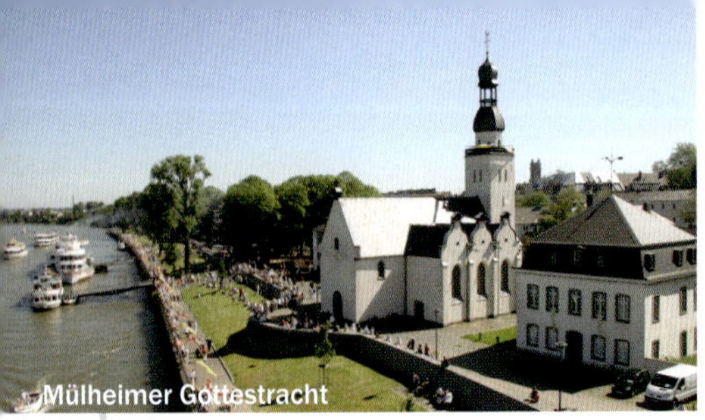
Mülheimer Gottestracht

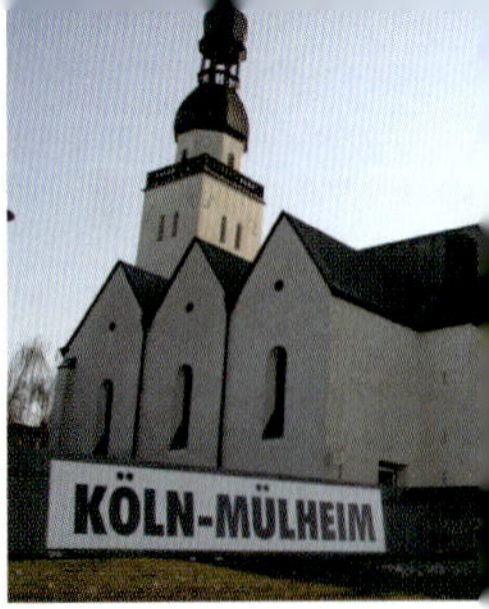

Kirche St. Clemens ist an Fronleichnam Ausgangspunkt der Mülheimer Gottestracht, einer, wie könnte es am Rhein anders sein, Schiffsprozession. Vorbei an der Statue des Heiligen Nepomuk rollen wir unter der Mülheimer Brücke hindurch und überqueren die steile „Katzenbuckelbrücke" an der Einfahrt zum Mülheimer Hafen.

Wir haben den Rheinpark erreicht, der 1957 im Rahmen der Kölner Bundesgartenschau neu eingeweiht wurde. Am Fuß der Zoobrücke sind wir beim Knotenpunkt 97 zurück auf dem Rheinradweg. Über uns schweben die Gondeln der Rheinseilbahn, und mit der Claudius-Therme lockt eine Wellnessoase. Doch noch sind es ein paar Kilometer. Wir radeln durch den Rheinpark und nähern uns nach den Rheinterrassen dem Messeturm. Danach können wir von der Freitreppe des Rheinboulevards den Köln-Blick schlechthin mit Altstadtpanorama, Hohenzollernbrücke und Dom genießen.

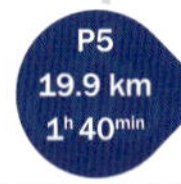

In einer Schleife umrunden wir das Luxushotel Hyatt Regency Köln und fahren über die **Hohenzollernbrücke** auf den **Kölner Dom (P 5)** zu. Die Hohenzollernbrücke ist ein Bauwerk aus der

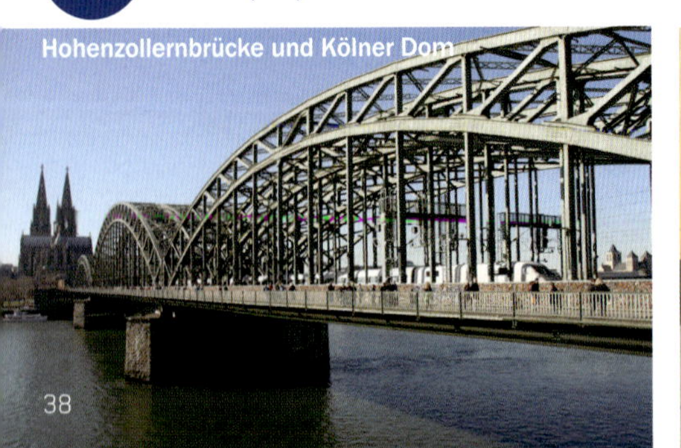
Hohenzollernbrücke und Kölner Dom

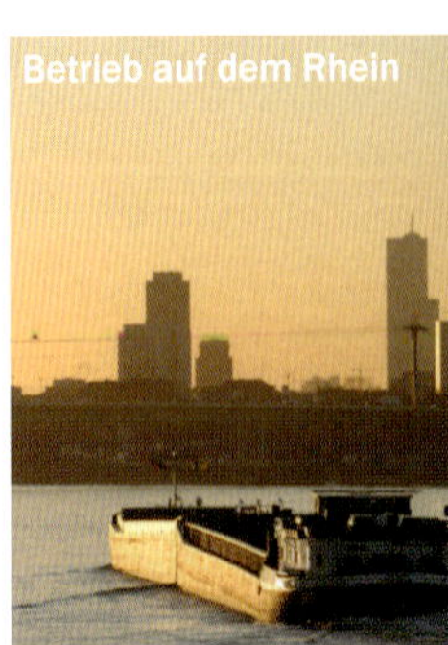
Betrieb auf dem Rhein

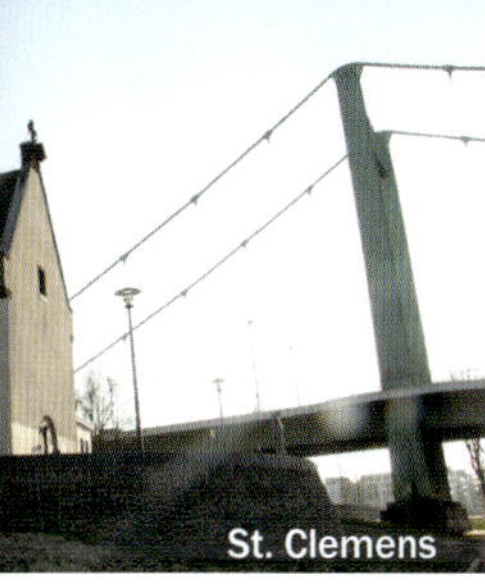
St. Clemens

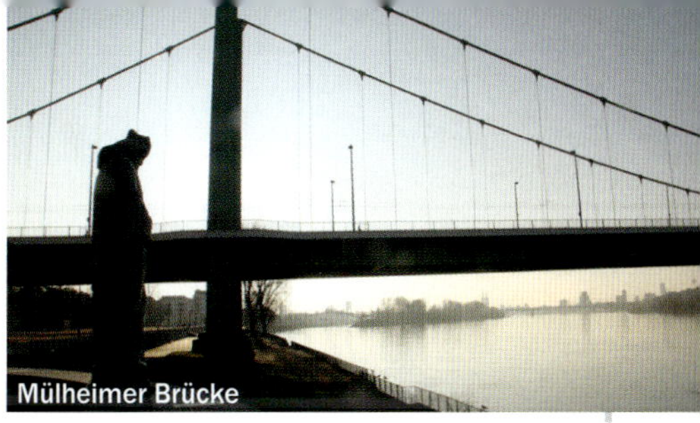
Mülheimer Brücke

Kaiserzeit. Die Geländer der Eisenbahnbrücke zieren heute über 150.000 Liebesschlösser. Den Aufgang flankieren vier Reiterstandbilder preußischer Könige und Deutscher Kaiser. Bevor wir auf einen Zickzackweg zum Rheinufer abbiegen, lohnt sich ein Abstecher zum Kölner Dom.

Der Dom ist das Wahrzeichen Kölns und der Mittelpunkt der Stadt. Die Kathedrale im gotischen Baustil gehört seit 1996 zum UNESCO-Weltkulturerbe. Mit 20.000 Besuchern pro Tag ist die Kathedrale die meistbesuchte Sehenswürdigkeit Deutschlands. Am Dom wurde 632 Jahre gebaut. Doch ein Baugerüst irgendwo am Dom verrät, dass eigentlich „ewig" weitergebaut wird. Die Grundsteinlegung erfolgte 1248. 1880 waren die Türme dann fertiggestellt. Anschließend war der Kölner Dom bis 1884 das höchste Gebäude der Welt.

Am Fuß der Hohenzollernbrücke erreichen wir den Rheinradweg und müssen uns durch das Menschengewirr am Rheinufer „hindurcharbeiten". Weiter geht es über die Hafenbrücke hinweg zum Schokoladenmuseum, dessen Silhouette einem Dampfschiff nachempfunden ist. Wir sind nun am

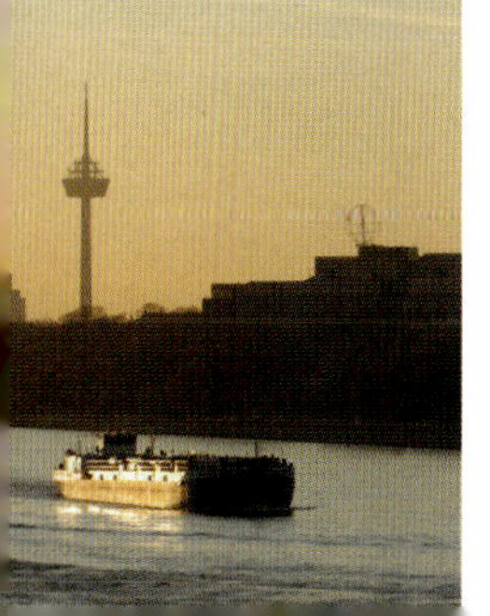

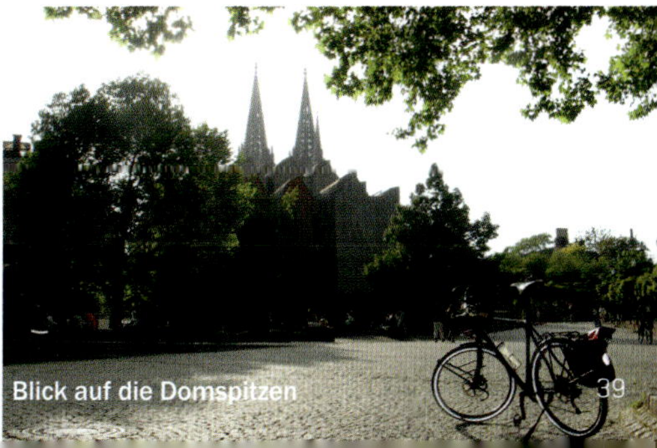
Blick auf die Domspitzen

Im Rheinauhafen

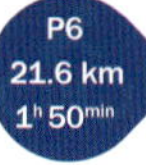

Rheinauhafen (P 6) angekommen und fahren auf der Uferpromenade des Südkais weiter.

Der Rheinauhafen wurde 2014 fertiggestellt. Das „Nobelviertel“ mit Yachthafen und Flaniermeile kombiniert Wohnen, Arbeiten, Kunst und Kultur. Als besondere architektonische Highlights prägen die drei Kranhäuser mit ihrer hafentypischen Kranform und das Gebäudeensemble Siebengebirge das neue Viertel. Mehrere Kranhäuser darunter der dicke Herkules erinnern an die Kölner Docks. So wurde 1924 der Dicke Pitter (die Petersglocke des Kölner Doms) hier umgeladen. Unter dem Rheinauhafen befindet sich Europas längste Tiefgarage.

Auf dem Südkai geht es in Richtung Südbrücke und Rodenkirchener Brücke weiter. Der Abstecher zum Rodenkirchener Strand ist bei Sonne und warmem Wetter besonders lohneswert.

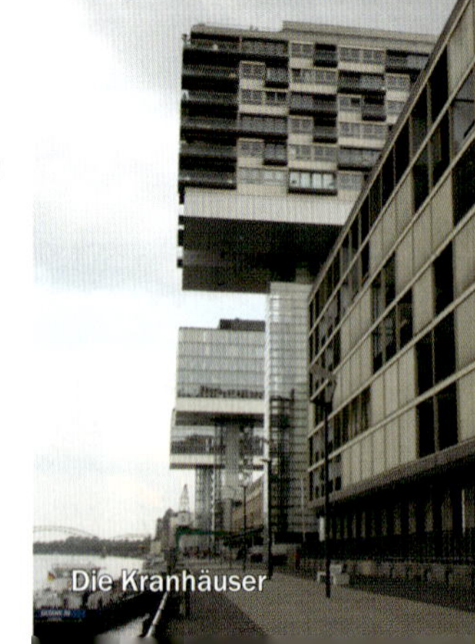
Die Kranhäuser

Dazu fahren wir unter der Rodenkirchener Autobahnbrücke hindurch in den Stadtteil Rodenkirchen (▶ **Tour 4**). Im Rhein ankernde Bootshäuser und die Gastronomie entlang der Uferpromenade laden zum Einkehrschwung ein. Ein ebenso schöner Platz für ein Päuschen ist der **Rodenkirchener Strand (P 7)**, die Rheinische Riviera, mit ihren Sandbuchten. Im Sommer das Strandtuch nicht vergessen! Das Baden im Rhein ist jedoch lebensgefährlich und verboten!

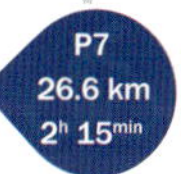

Nach dem Abstecher zur Rheinischen Riviera erreichen wir nach der Rodenkirchener Brücke und einer 180-Grad-Kehre den Knotenpinkt 13 am Heinrich-Lübke-Ufer. Wir biegen in den Äußeren Grüngürtel ab und kommen mit dem Fort VIIIb an einem Teil des preußischen Festungsgürtels vorbei. In Sichtweite des Verteilerkreises geht es unter der A 555 hindurch. Wir pedalieren durch die Wiesen- und Waldlandschaft des Äußeren Grüngürtels und passieren die Knotenpunkte 86 und 15.

Anschließend folgen wir dem Militärring durch eine Eisenbahnunterführung und überqueren vorsichtig die Luxemburger Straße sowie eine Bahntrasse. Beim Knotenpunkt 14 zweigen wir in den Stadtwald ab, wo das Trainingsgelände des 1. FC Köln mit dem **Geißbockheim (P 8)** vor uns liegt. Wenn gerade trainiert wird, können wir uns unter die Kiebitze mischen. Zum Abschluss unserer Runde erreichen wir den Decksteiner

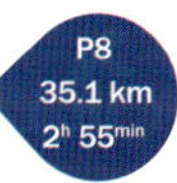

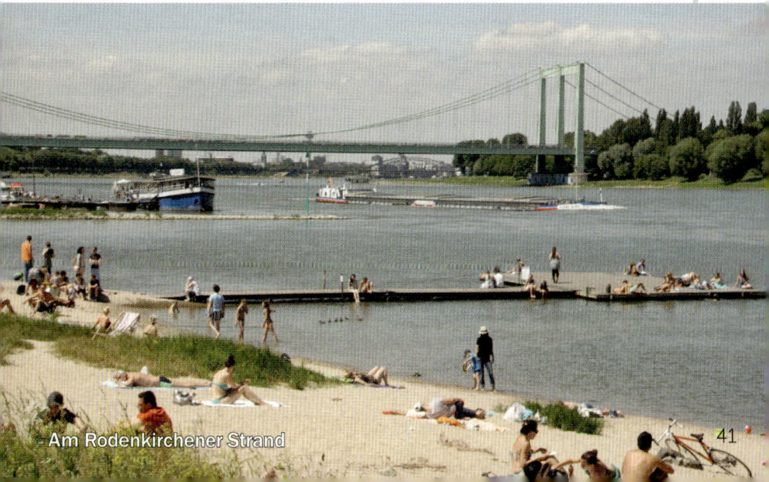

Am Rodenkirchener Strand

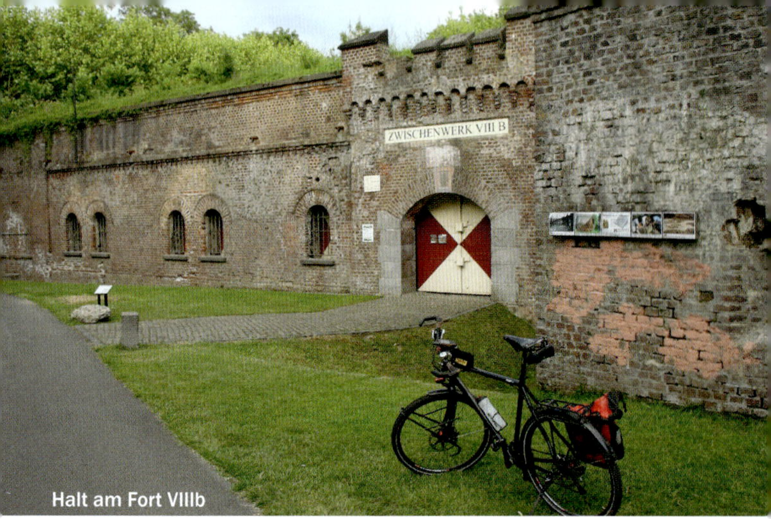

Halt am Fort VIIIb

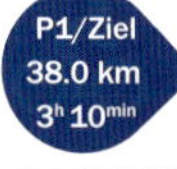

Weiher, wobei zwei Weiher durch einen Kanal miteinander verbunden sind. Bei der Anlage in den 1920er-Jahren dachte man hauptsächlich an winterliche Eislauffreuden. Die parkähnliche Anlage mit ihrer herrlichen Allee entlang des Kanals bildet den würdigen Abschluss unserer Tour. Zurück am **Haus am See (P 1)** können wir uns auf die Sonnenterrasse freuen.

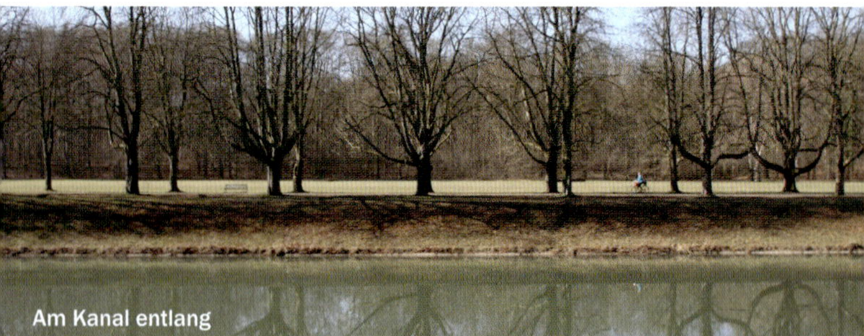

Am Kanal entlang

Fazit

Die Tour für Freunde der kölschen Lebensart. Unterwegs erleben wir die verschiedenen Facetten der „schönsten Stadt Deutschlands“. Wegen der hohen Wegdichte sollte man trotz Knotenpunktsystem ein Bike-Navi oder das Smartphone mit einer Navigations-App zur Orientierung nutzen.

TourTipps

- Service-Center KölnTourismus, Kardinal-Höffner-Platz 1, 50667 Köln, 0221/346430, www.koelntourismus.de

- Haus am See, Bachemer Landstraße 420, 50935 Köln, 0221/4309260, www.hausamseekoeln.de
- Club Astoria, Guts-Muths-Weg 3, 50933 Köln, 0221/987451-0, www.club-astoria.eu
- Maybach, Maybachstraße 111, 50670 Köln,
P3 0221/9123598, www.maybach111.de
- Gaststätte Max Stark, Unter Kahlenhausen 47, 50668 Köln, 0221/2005633, www.max-stark.de
- Café Jakubowski, Mülheimer Freiheit 54, 51063 Köln-Mülheim, 0221/9661110, www.cafe-jakubowski.de
- Rheinterrassen Biergarten - km 689 Cologne Beach Club, Rheinparkweg 1, 50679 Köln, 0221/2847612, www.rheinterrassen.eu
- Grissini Restaurant, Kennedy-Ufer 2a, 50679 Köln, 0221/82811868, www.grissini-restaurant.de
- Sticky Fingers, Kennedy-Ufer 2a, 50679 Köln, 0221/82811547, www.stickyfingers-restaurant.de
- Chocolat Grand Café im Schokoladenmuseum, Am Schokoladenmuseum 1a, 50678 Köln, 0221/93188817, www.schokoladenmuseum.de
- P6 Limani, Agrippawerft 6, 50678 Köln, 0221/7190591, www.limanicologne.de
- P8 Geißbockheim, Franz-Kremer-Allee 1-3, 50937 Köln, 0221/99599580, www.geissbockheim-fckoeln.de

- Maybike, Maybachstraße 108-110 (Laden) und 36 (Werkstatt), 50670 Köln, 0221/27078490, www.maybike.de
- Schaltwerk-Köln, Krefelder Straße 42, 50670 Köln, 0221/99203993, www.schaltwerk-koeln.de
- Rad Welle, Buchheimer Straße 32-34, 51063 Köln-Mülheim, 0221/6110780, www.rad-welle.de

- Stadionbad, Olympiaweg 20, 50933 Köln, 0221/2791840, www.koelnbaeder.de
- Claudius-Therme, Sachsenbergstraße 1, 50679 Köln, 0221/98144-0, www.claudius-therme.de

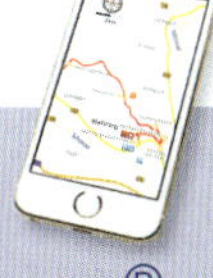

Tour Download: **BRLSX313** (für GPS-Geräte)

Startpunkte finden mit scan to go®

04 Köln-Bonn-Köln

Ein herrlicher Abschnitt des Rheinradweges verbindet Köln und Bonn auf beiden Rheinseiten. Rechtsrheinisch geht es von der Domstadt zur Bonner Nordbrücke und linksrheinisch zurück. Mit drei Fähren können wir die Tour abkürzen.

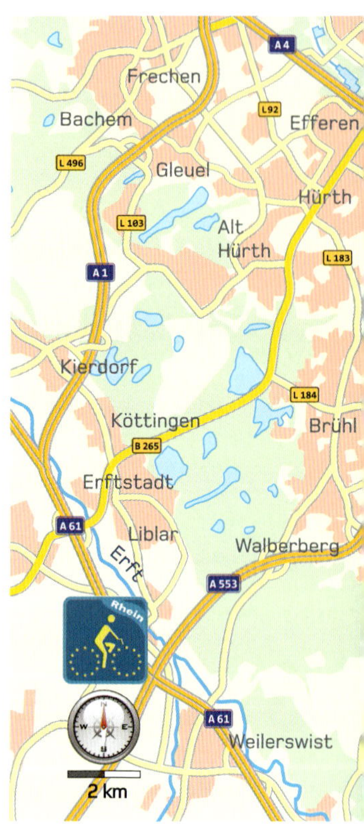

Start/Ziel: Knotenpunkt 50 (Rodenkirchener Brücke), Heinrich-Lübke-Ufer, 50996 Köln-Rodenkirchen

N 50° 53' 53.4" E 6° 59' 17.7"

Anfahrt: A 555 bis Autobahnende, B 51 Richtung Köln-Zentrum, vor dem Rheinufer rechts auf Heinrich-Lübke-Ufer abbiegen

Parkplatz: Parkplatz unter der Rodenkirchener Brücke

Zug: RE 9, RB 27 und S 12 bis Bahnhof Köln-Porz. Bahnhofstraße zum Rheinufer folgen und zwischen P1 und P2 in die Tour einsteigen.

Knotenpunkte: 50 - 44 - 45 - 20 - 19 - 15 - 83 - 14 - 13 - 12 - 21 - 13 - 50

Variante mittel:

35.3 km 2h 55min 135 ↑ ↓ 135

Variante kurz:

16.3 km 1h 20min 70 ↑ ↓ 70

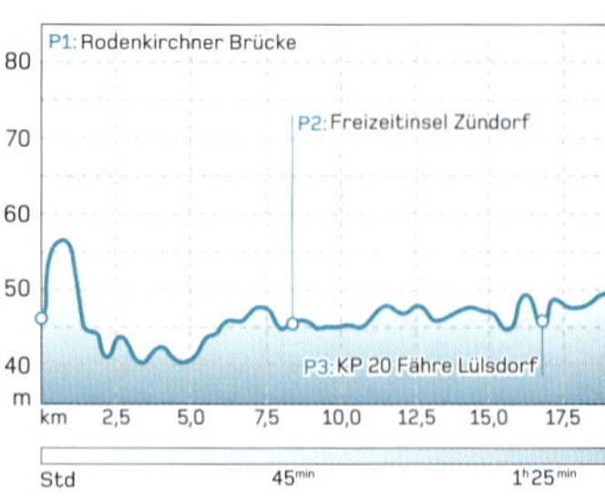

61.4	5h 05min	245 ↑	245 ↓
km			

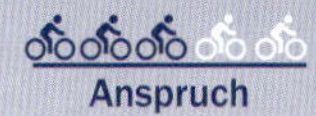

Anspruch

Köln
Poll
West-hoven
Ensen
Rösrath
Rodenkirchener Brücke
P1
Rheinradweg
Porz
Bahnhof Köln-Porz
Fähre Krokodil P8
P2 Freizeitinsel Zündorf
Flughafen Köln-Bonn
Sürth
Zündorf
Meschenich
Wahn
Godorf
Langel
Lülsdorf
Lohmar
Wesseling
Spich
Rheinforum Wesseling P7
P3
Niederkassel
Troisdorf
Keldenich
Urfeld
Rhein
Rheidt
Siegburg
Eschmar
Sechtem
Mondorf
Sieg
Bergheim
Sankt Augustin
Hersel
Bornheim
P4 Siegfähre
P6
P5 Bonner Nordbrücke
Bonn

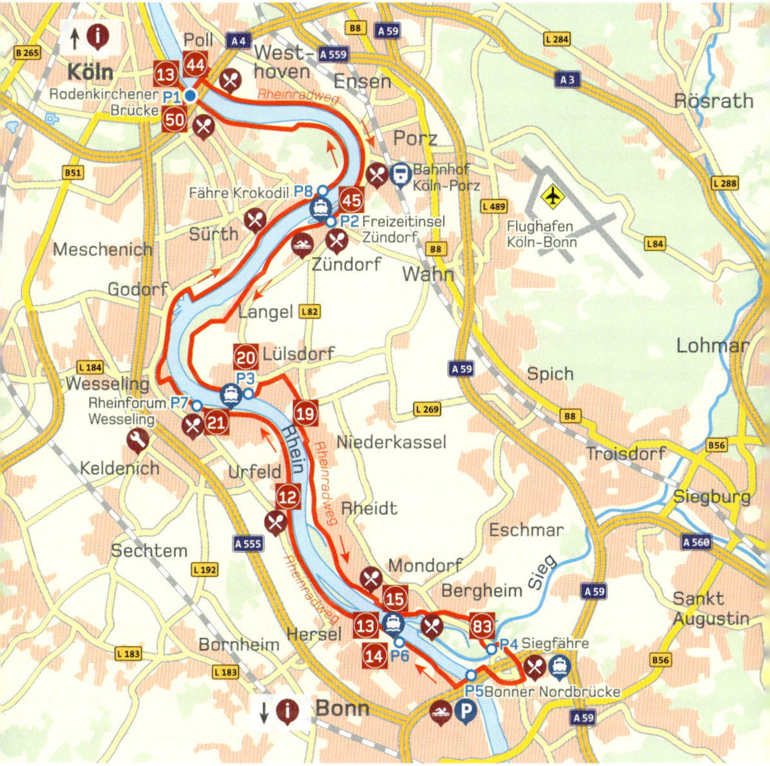

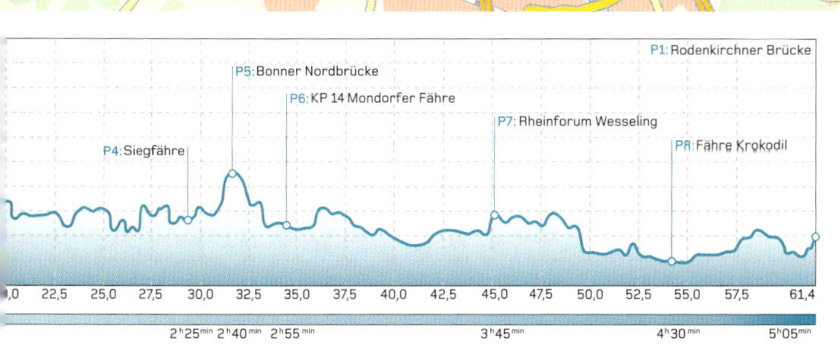

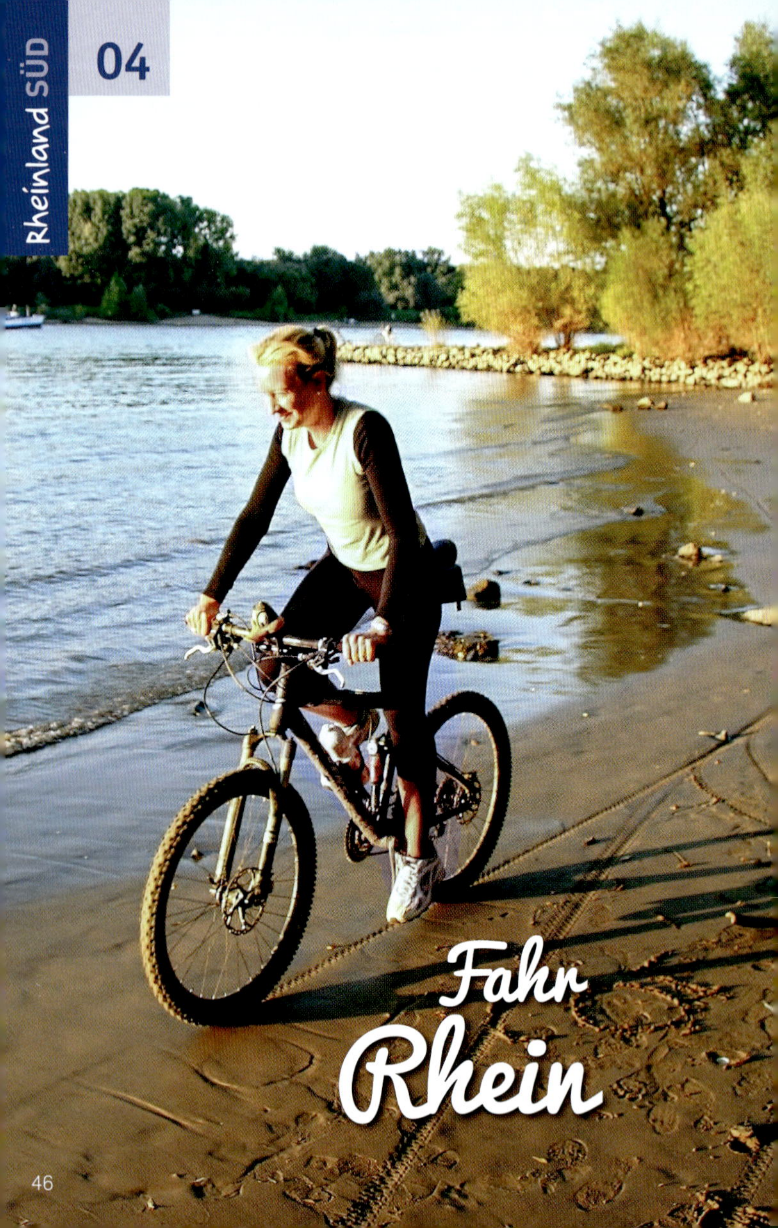

Fahr Rhein

P1 Start

Wir beginnen am Knotenpunkt 50 unter der **Rodenkirchener Brücke (P 1)**. Wer näher an Bonn wohnt, kann die Tour alternativ am Parkplatz Römerbad (▶ **Tour 8**) beginnen. Ich empfehle, im Uhrzeigersinn zu fahren, um am Ende der Tour in Rodenkirchen den Sandstrand und das reiche Gastronomieangebot genießen zu können. Zunächst müssen wir die Rodenkirchener Brücke überqueren. Es geht in einer Spitzkehre auf die Brücke, wo sich das Köln-Panorama mit Colonius, Altstadt, Dom, Rhein und dem Hochhaus KölnTriangle vor uns ausbreitet. Ein prima Blick!

Auf der rechten Rheinseite, der Schäl Sick, treffen wir nach dem Knotenpunkt 44 auf den Rheinradweg. Wer in Bonn gestartet ist, findet zur Halbzeitpause im Poller Fischerhaus oder im Wiesenhaus ein ruhiges Plätzchen. Der Radweg führt vor der Hochwassermauer direkt am Rheinufer an den Kölner Stadtteilen Westhoven, Ensen und Porz entlang. Mit Frachtschiffen, Ausflugsbooten und Ruderern, Jetskifahrern und Paddlern gibt es viel zu sehen. Speziell an sonnigen Wochenenden herrscht viel Betrieb und es kann auf der Uferpromenade eng werden.

P2 8.5 km 45min

Am Ende des Porzer Rheinbogens erreichen wir Zündorf, wo wir beim Yachthafen den Knotenpunkt 45 passieren. Es folgt der Zündorfer Marktplatz mit der vorgelagerten **„Freizeitinsel“ (P 2)**. Die einstige Rheininsel ist seit 1849 fest mit dem Ufer verbunden. Der ehemalige Rheinarm – die Groov – ist ein beliebtes Ausflugsziel mit Sandstränden, altem Baumbestand und einem Doppelsee. Das Landhaus Zündorf oder die Groov Terrasse bieten sich für eine erste Pause an.

Mit der Personenfähre Krokodil kann man nach Weiß übersetzen, wenn es die **Kurzvariante**, *eine prima Familienstrecke oder Feierabendrunde, sein soll.*

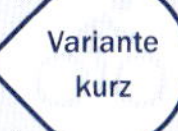

In Langel verlassen wir das Kölner Stadtgebiet und müssen bis Lülsdorf auf den schönen Rheinblick verzichten. Vom Rheindeich aus schauen wir auf weite Felder und rechter Hand auf den Langeler Auwald. Noch überwiegen die Pappeln, doch peu à peu kehrt der ursprüngliche Auwald mit Bergahorn und Esche zurück. Es folgt Lülsdorf, das auf einer „Inselterrasse“ unmittelbar am „Steilufer“ des Rheins liegt und früher von einem Rheinarm umflossen wurde. In dem Rheindorf rollen wir am Backsteingebäude der Alten Schmiede vorbei und erreichen den **Knotenpunkt 20 (P 3)** beim **Fähranleger Lülsdorf**.

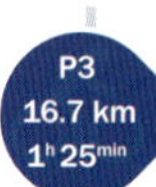

Variante mittel

Wer sich für die **Mittelstrecke** *entscheidet, setzt hier mit der Personenfähre RheinSchwan nach Wesseling über.*

Auf der **Langstrecke** umfahren wir einen Chemiepark mit dem Evonik Werk Lülsdorf. Das Rheinland ist eine Chemieregion. Dies zeigt auch der Blick nach Wesseling auf der anderen Uferseite mit Chemiewerken und Erdölraffinerie. Nach dem Knotenpunkt 19 sind wir in Niederkassel zurück am Rheinufer. Wir rollen vorbei an der Pfarrkirche St. Matthäus und folgen dem Rheindamm landeinwärts nach Rheidt. 1927 wurde zwischen Niederkassel und Mondorf der erste Rheindeich fertiggestellt, um die Rheindörfer vor Hochwasserkatastrophen zu schützen. Der Deich wurde über die Jahre ständig saniert, verstärkt und erhöht.

Am Ortsrand von Rheidt erreichen wir das nächste Landschaftsschutzgebiet. Die mit Bäumen bestandene Halbinsel Rheidter Werth ist durch einen Rheinarm, den Laach, vom Ufer getrennt. Der südliche Rheinarm ist verlandet. Wir passieren den durch eine Hochwassermauer geschützten Ort und bei Rheinkilometer 660 die Lux-Werft. Die hier gebauten Schiffe

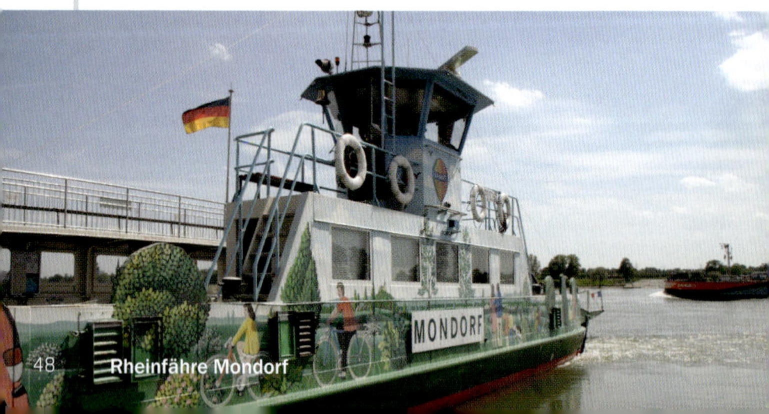

Rheinfähre Mondorf

sind Einzelstücke und werden auf Kundenwunsch gefertigt. An sonnigen Wochenendtagen herrscht an der Mondi Beachbar im Hotel Rheingold Urlaubsfeeling. In der chilligen Strandbar stehen die Liegestühle direkt am Rheinufer, und wir können mit unseren Füßen im eigens aufgeschütteten Sand wühlen.

Gut erholt kommen wir danach beim Knotenpunkt 15 am Mondorfer Fähranleger vorbei. Hier besteht die letzte Möglichkeit abzukürzen. Entlang der Siegaue geht es weiter. Das Mündungsgebiet der Sieg ist eine der letzten naturnahen Rheinmündungen überhaupt und steht seit 1986 unter Naturschutz. Wir fahren am Café Hafenschlösschen und dem Mondorfer Yachthafen vorbei und erreichen das Fischereimuseum sowie Restaurant Café Zum Bootshaus, wo in einem Altarm der Sieg der Aalschokker Maria Theresia ankert (▶ Tour 6).

Anschließend radeln wir am Ortsrand von Bergheim durch die Siegaue zum Knotenpunkt 83. Der Rheinradweg ist entlang der L 269 über die hochwassersichere Straßenbrücke ausgeschildert. Interessanter ist es, geradeaus zum Restaurant Zur Siegfähre weiterzufahren und mit der **Siegfähre (P 4)** überzusetzen. Die Fähre ist täglich außer montags von Ostern bis zum Tag der Deutschen Einheit am 3. Oktober von 9.30 Uhr bis 20.00 Uhr in Betrieb. Im Sommer verwandelt sich das Siegufer in einen „Badestrand". Ein schöner Flecken für ein Päuschen.

P4
29.4 km
2h 25min

Zurück auf dem Rheinradweg werden wir im Bogen auf die **Bonner Nordbrücke (P 5)** geführt, wo wir einen herrlichen Blick

P5
31.7 km
2h 40min

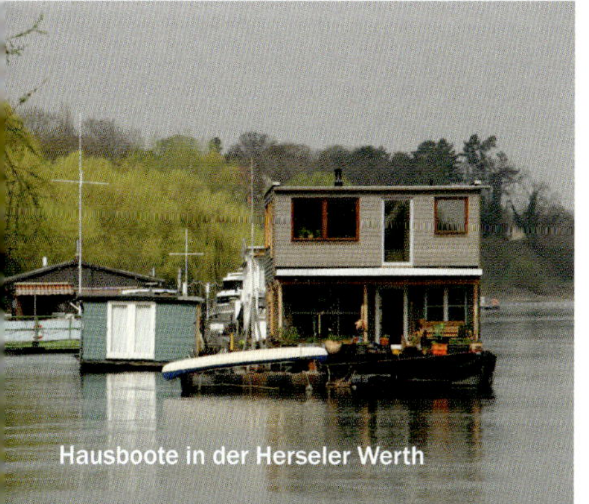
Hausboote in der Herseler Werth

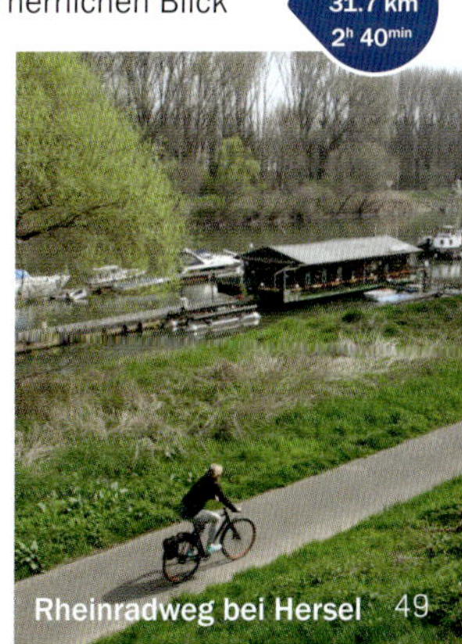
Rheinradweg bei Hersel

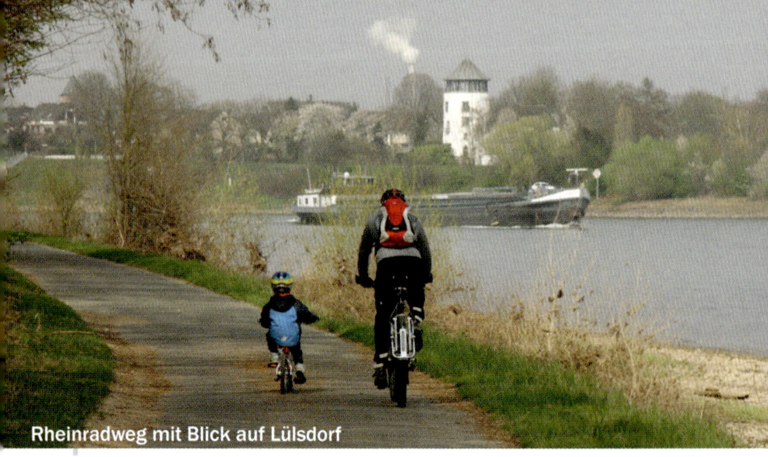
Rheinradweg mit Blick auf Lülsdorf

auf Bonn und das Siebengebirge haben. Im Kreisel geht es von der Brücke herunter. Wir sparen uns die Fahrt um eine Kläranlage herum und biegen rechts in Richtung Graurheindorf ab. Nach gut 300 Metern sind wir beim Hafen Bonn zurück auf dem Rheinradweg und kommen an den eindrucksvollen Gebäuden der Auermühle vorbei. Eines der ehemaligen Silogebäude erinnert an eine überdimensionale Kirche. Die sogenannte „Kornkirche“ wurde 1939 gebaut und sollte im drohenden Krieg aus der Luft wie eine harmlose Kirche aussehen.

Es folgt ein herrlicher Streckenabschnitt entlang des Rheinufers (▶ **Tour 8**). Wir fahren an Graurheindorf mit der Pfarrkirche St. Margareta, einer ehemaligen Klosterkirche, vorüber. Das „Grau“ im Ortsnamen bezieht sich auf die graue Ordenstracht der Zisterzienserinnen. Beim Knotenpunkt 14 erreichen wir die Anlegestelle der **Mondorfer Fähre (P 6)**. Hier lockt der Fährpavillon mit Erfrischungen. Nach dem Knotenpunkt 13 rollen wir an der Rheininsel Herseler Werth vorüber. An den Anlegestegen des Rheinarms sind Segel-, Sport- und sogar Hausboote vertäut. Ja, hier lässt es sich leben!

P6
34.7 km
2h 55min

Den Uferhang hinauf blicken wir auf einige prächtige Villen und zum Hotel Rheinterrassen, wo man auf der Aussichtsterrasse das Rheinpanorama genießen kann. Nach der Pfarrkirche St. Georg erklimmen wir beim Knotenpunkt 12 in Widdig vorübergehend die Uferböschung. In etlichen Vorgärten stehen Flaggenmasten, wir blicken „von oben“ auf die vorüberziehenden Schiffe, über uns kreischen Möwen, Rheinfeeling pur. Nach Urfeld kündigt sich die Chemieregion um Wesseling mit einer bis zum Rheinufer reichenden Raffinerieanlage an.

Wesseling begrüßt uns mit Rheinpark und -promenade. Beim Knotenpunkt 21 erreichen wir die Anlegestelle der Personenfähre RheinSchwan. Hier stößt die **Mittelstrecke** wieder zu uns. Auf hochwassersicherem Gelände befindet sich die mächtige, dreischiffige Basilika St. Germanus. Mit dem Eiscafé Ambiente an der großen Freitreppe und dem Restaurant Kulisse bietet sich Wesseling für ein Verpflegungspäuschen an. Es folgt das **Rheinforum Wesseling (P 7)**, eine Eventlocation in einer historischen Fabrikhalle. Der große rote Hebekran auf dem Vorplatz zeigt, dass hier einmal Schiffsmotoren repariert wurden.

P7
45.1 km
3h 45min

Nicht schön, aber jedes Mal eindrucksvoll ist der folgende Streckenabschnitt entlang der Theodor-Heuss-Straße. Wir blicken rechts und links des Radweges auf die imposante Industriekulisse der Raffinerieanlagen und chemischen Werke. Das riesige Gelände ist eine Stadt für sich mit einem Gewirr von Röhren, Leitungen und Schlöten. Bei Dunkelheit wirkt das beleuchtete Gelände noch imposanter. Nach der Windmühle ohne Flügel am Bahnhof Godorf lassen wir die Chemieregion von Godorf und Wesseling hinter uns und kehren beim Godorfer Hafen an den Rhein zurück.

Rheinforum Wesseling

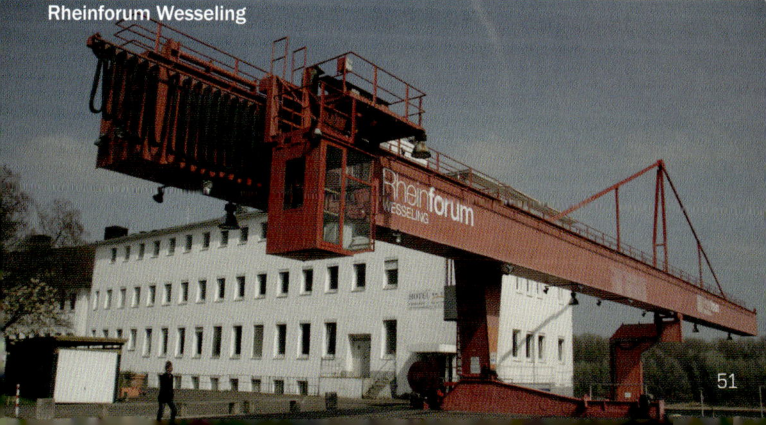

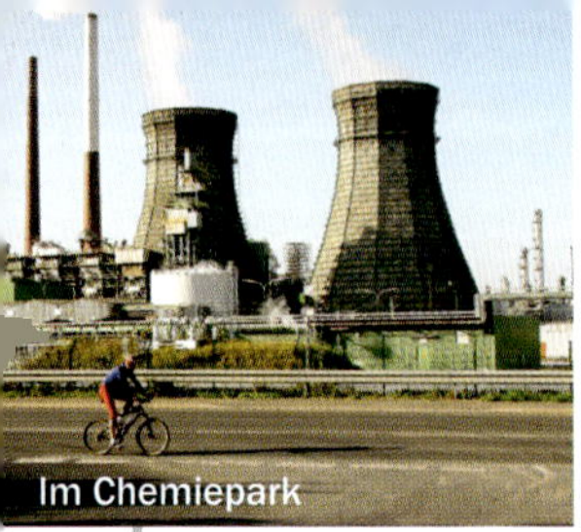
Im Chemiepark

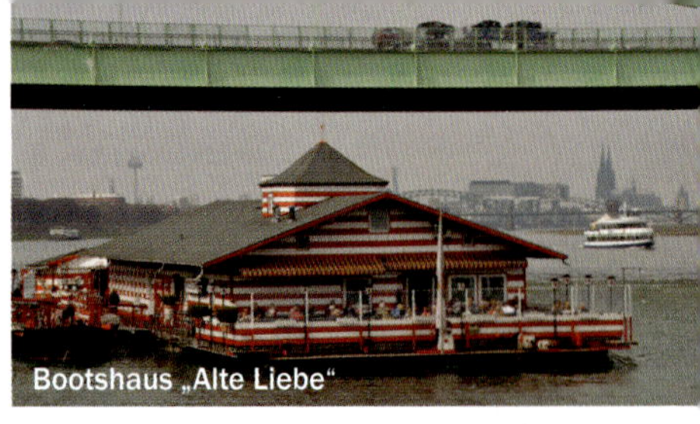
Bootshaus „Alte Liebe“

Wie nah Industriemoloch und malerische Flusslandschaft doch beieinander liegen. Am Rheinufer sind wir zurück in einer „anderen Welt“. Wir radeln an Sürth vorbei, wo die Sürther Rheinterrassen zum Einkehrschwung locken. In Weiß fahren wir anschließend am Hochwasserdamm und dem Anleger der **Fähre Krokodil (P 8)** vorbei. Wer sich für die **Kinderstrecke** bzw. **Feierabendrunde** entschieden hat, kommt hier von Zündorf über den Rhein herüber. Bei der kleinen Fähre kann die Überfahrt zu einem munteren Tanz auf den Wellen werden, wenn das Boot in das Fahrwasser eines großen Lastschiffes gerät.

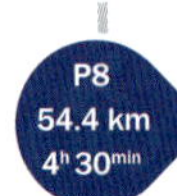
P8
54.4 km
4h 30min

Entlang des Weißer Rheinbogens durchqueren wir danach einen herrlichen Auwald mit Weiden und Pappeln. Beim Campingplatz Berger verlassen wir das Waldgebiet und haben Rodenkirchen erreicht. Ein prima Fleck für den entspannten Tourenausklang ist der Rodenkirchener Strand mit seinen Sandbuchten (▶ **Tour 3**). Doch aufgepasst, das Baden im Rhein ist lebensgefährlich!

Daneben laden die Gastronomie entlang der Uferpromenade sowie die im Rhein ankernden Bootshäuser wie die „Alte Liebe“ zur Einkehr ein. Einen Besuch wert ist auch das „Kapellchen“. Die romanische Kirche Alt St. Maternus liegt malerisch auf einem Felsvorsprung am Rheinufer. Anschließend fahren wir am Fluttor Rodenkirchen vorbei und unter der Rodenkirchener Brücke hindurch. In einer Schleife geht es am Knotenpunkt 13 vorbei zurück zum Ausgangspunkt, dem Knotenpunkt 50 unter der **Rodenkirchener Brücke (P 1)**.

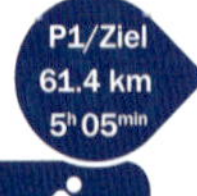
P1/Ziel
61.4 km
5h 05min

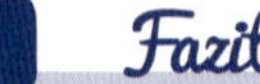

Fazit

Die Tour verspricht Rheinfeeling und Radelvergnügen pur. Wir sind den ganzen Tag am Fluss unterwegs. Da es am Rhein oft windig ist, besser einen windstillen Tag wählen. Dank der Fährverbindungen ist die Streckenlänge variabel. Bei Hochwasser sind Streckenabschnitte gesperrt.

TourTipps

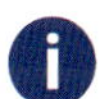

- Bonn Information, Windeckstraße 1, 53111 Bonn, 0228/775000, www.bonn.de
- Service-Center KölnTourismus, Kardinal-Höffner-Platz 1, 50667 Köln, 0221/346430, www.koelntourismus.de

- Poller Fischerhaus, Weidenweg 46, 51105 Köln-Poll, 0221/8291322, www.poller-fischerhaus.com
- Wiesenhaus, Weidenweg 100, 51105 Köln-Poll, 0221/8999677
- Groov Terrasse, Am Markt 4, 51143 Köln-Zündorf, 02203/85544, www.groov-terrasse.de
- P2 Landhaus Zündorf, Marktstraße 27, 51143 Köln-Zündorf, 02203/81203, www.landhaus-zuendorf.de
- Rheingold mit Mondi Beachbar, Rheinallee 27, 53859 Niederkassel-Mondorf, 0228/450090, www.rheingold-hotel.com
- Café Hafenschlösschen, Rheinallee 1, 53859 Niederkassel-Mondorf, 0228/452347, www.hafenschloesschen.de
- Zum Bootshaus, Nachtigallenweg 37, 53844 Troisdorf-Bergheim, 0228/18086859, www.zumbootshausrestaurantcafe.eatbu.com
- P4 Zur Siegfähre, Zur Siegfähre 7, 53844 Troisdorf, 0228/475547, www.siegfaehre.de
- Hotel Rheinterrassen, Römerstraße 99, 53332 Bornheim-Widdig, 02236/922020, www.hotel-rheinterrassen.de
- P7 Kulisse, Kölner Straße 16, 50389 Wesseling, 02236/42523, www.kulisse-wesseling.de
- Sürther Rheinterrasse, Am Rheinufer 24, 50999 Köln-Sürth, 02236/65377, www.suerther-rheinterasse.de
- Restaurant Fährhaus, Steinstraße 1, 50996 Köln-Rodenkirchen, 0221/9359969, www.faehrhauskoeln.de

- Olaf's Radladen, Keldenicher Straße 14, 50389 Wesseling, 02236/841326, www.olafs-radladen.de

- Zündorfbad, Groov/Trankgasse, 51143 Köln-Zündorf, 02203/183530, www.koelnbaeder.de
- Römerbad, Eduard-Spoelgen-Straße 11, 53117 Bonn-Castell, 0228/7760850, www.bonn.de

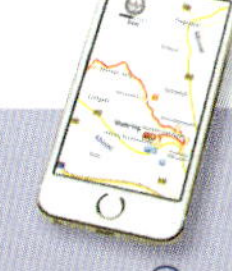

Tour Download: **BRLSX412** (für GPS-Geräte)

Startpunkte finden mit scan to go®

05 Die Flughafenrunde

Wir fahren um den Flughafen Köln-Bonn herum und können trotz des Großflughafens die Natur entspannt genießen. Mehrere Portale führen in das Naturschutzgebiet Wahner Heide. Die Heide gilt zusammen mit dem Königsforst als der „Grüne Schatz" im Ballungsraum Köln-Bonn.

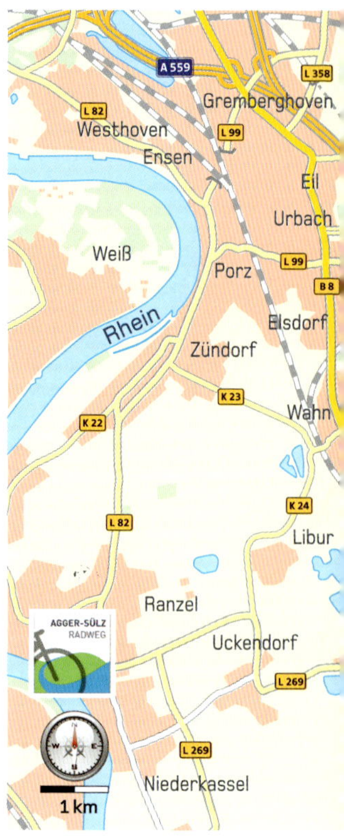

Start/Ziel: Parkplatz Bürgerhaus Spich, Waldstraße 35, 53842 Spich
N 50° 49' 52.1" • E 7° 07' 22.6"

Anfahrt: A 59 bis Ausfahrt Lind, B 8 Frankfurter Straße ca. 2 km Richtung Spich, in Spich links auf Waldstraße abbiegen, nach ca. 400 Metern links auf den Parkplatz Bürgerhaus Spich abbiegen

Parkplatz: Bürgerhaus Spich
N 50° 49' 52.1" • E 7° 07' 22.6"

Zug: S 12 und S 13 bis S-Bahnhof Spich. Zum Start 700 Meter stadteinwärts auf der Niederkasseler Straße und Waldstraße

Knotenpunkte: 23 - 32 - 6 - 32 - 24

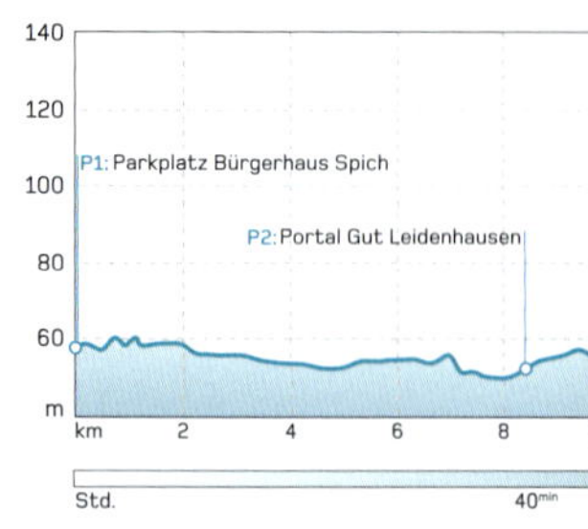

34.9	2h 55min	270	270
km	(Zeit)	↑ (Aufstieg)	↓ (Abstieg)

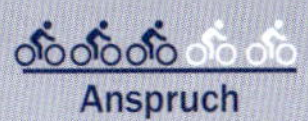

Anspruch

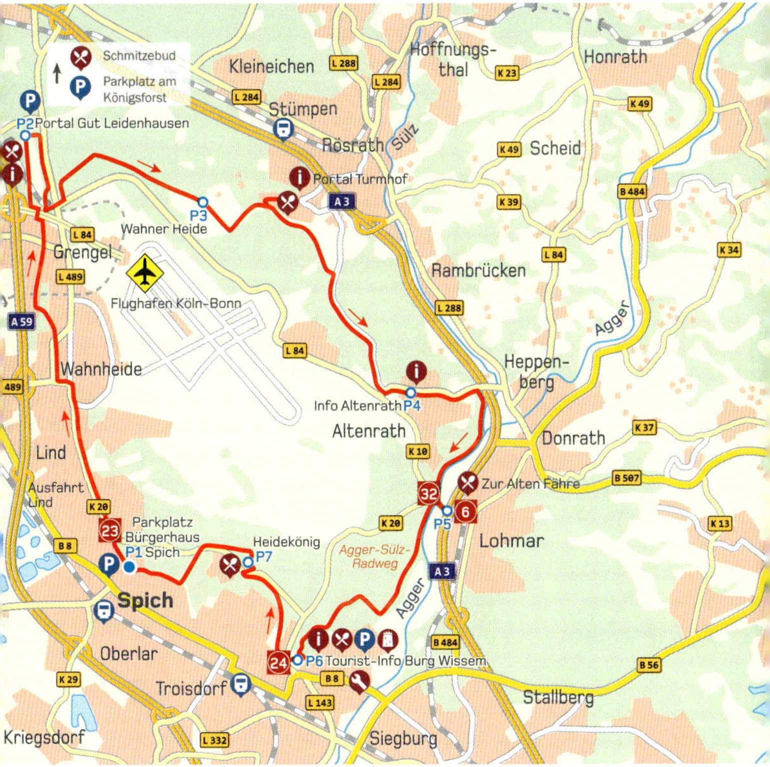

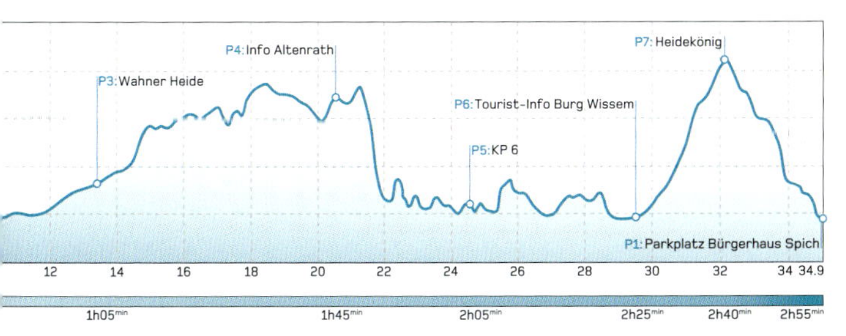

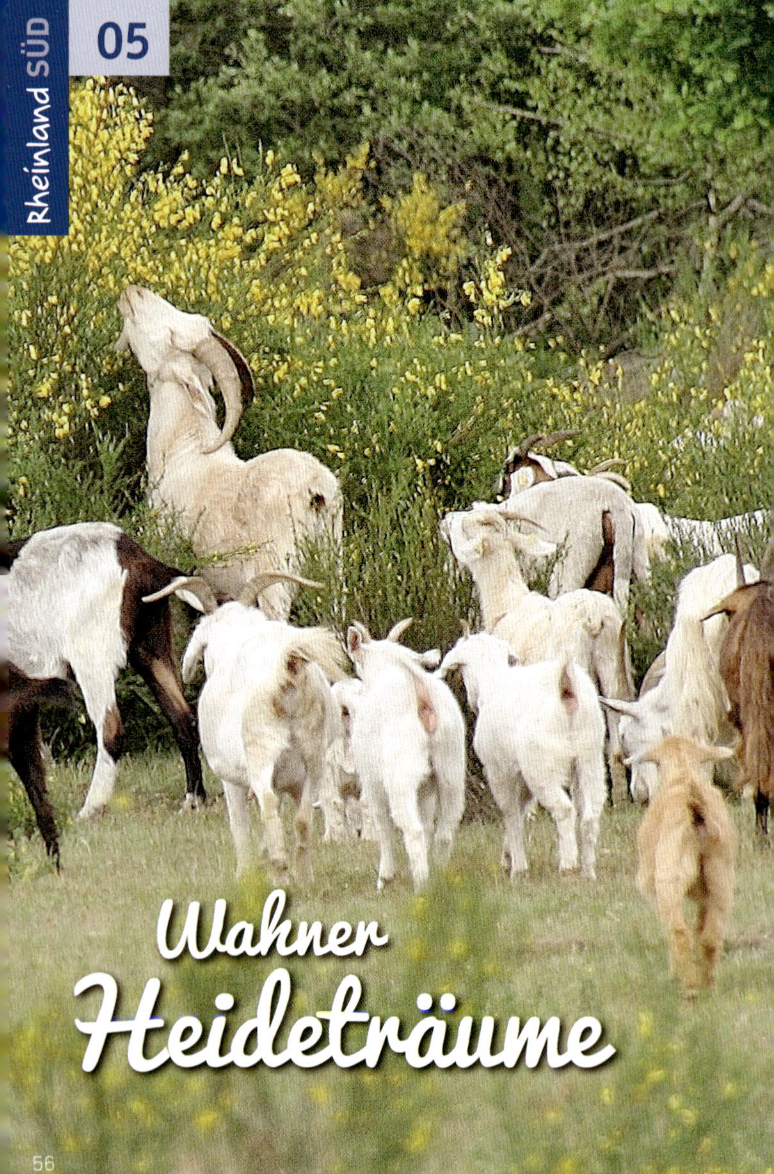

Wahner Heideträume

Auf unserer Runde durch die Wahner Heide nutzen wir überwiegend lokale Radwege. Zur sicheren Orientierung empfiehlt sich deshalb ein Bike-Navi/App. Da die Strecke teilweise über Sand- und Waldboden führt, sollte man die Tour bei trockenem Wetter fahren. Vom **Parkplatz** am **Bürgerhaus Spich (P 1)** rollen wir auf dem Radweg am Burgpark des Hauses Broich entlang zur K 20, dem Mauspfad. Hier treffen wir auf den Knotenpunkt 23 der RadRegionRheinland. Nun geht es am Industriepark Camp Spich, den ehemaligen Kasernengebäuden der belgischen Armee und der Luftwaffenkaserne Wahn vorbei. Danach folgen wir dem Radweg durch Wahnheide und queren ein kleines Waldgebiet.

P1
Start

Entlang des Wiesenwegs müssen wir im Stadtteil Grengel bei mehreren Straßenkreuzungen gut aufpassen, bis wir schließlich auf einer Brücke die L 84, die Flughafenzufahrt überqueren. Damit verlassen wir zunächst das städtische Leben und fahren entlang der Pferderennbahn des benachbarten Gestüts Röttgen zum **Heideportal Gut Leidenhausen (P 2)** mit dem netten Park-Café. Mit dem Gut haben wir das Naturschutzgebiet Wahner Heide erreicht.

P2
8.3 km
40min

Da sich die Sandböden der Wahner Heide nicht für den Ackerbau eigneten, war die Heide bis ins 19. Jh. Viehweideland. Anschließend wurde das Gebiet vom preußischen Militär und während der beiden Weltkriege als Truppenübungsplatz, Flugfeld und Kriegsgefangenenlager genutzt. Von 1953 bis 2004 diente die Heide den belgischen Streitkräften als Übungsplatz. Heute befindet sich der Flughafen Köln-Bonn inmitten des Naturschutzgebiets, und die Wahner Heide ist ein Naherholungsgebiet. Vier Portale bilden den Übergang von der Stadt in das Schutzgebiet. Jedes Portal bietet Basisinformationen und vermittelt zudem ein Spezialthema.

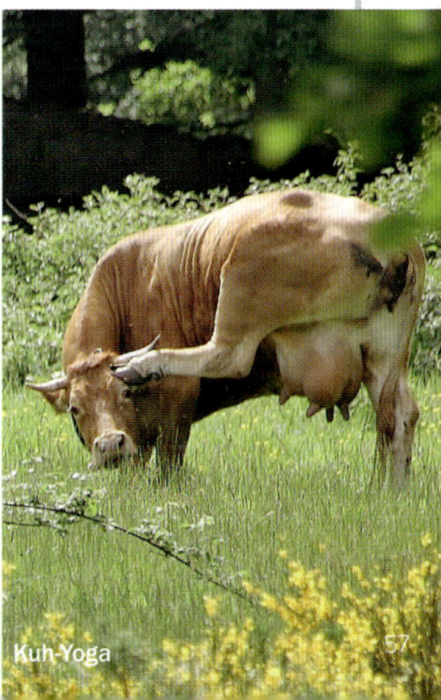
Kuh-Yoga

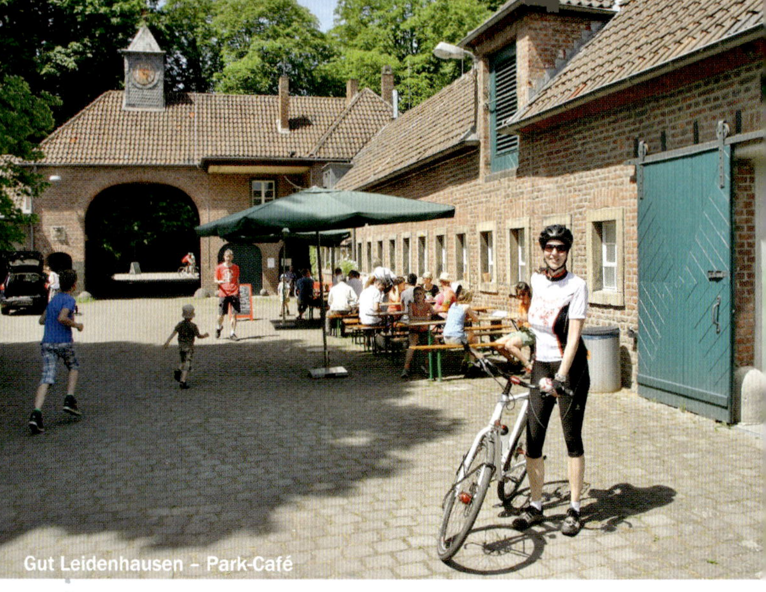

Gut Leidenhausen – Park-Café

Neben der rund 2.5 km entfernten Endstation Königsforst der KVB-Linie 9 befindet sich die in Radsportkreisen bekannte Schmitzebud. Wer will, kann der Pizzeria vom Heideportal aus einen Besuch abstatten. Der Abstecher führt auf dem Heumarer Mauspfad unter der A 3 hindurch zu der U-Bahn-Endstation und zu dem „Kultimbiss".

P3
13.5 km
1h 05min

Vom Gut Leidenhausen folgen wir eine halbe Runde der Pferderennbahn, halten uns an deren Südende links und überqueren vorsichtig die L 489. Nach knapp 100 Metern auf der Alten Kölner Straße biegen wir links auf einen unscheinbaren Pfad ab. Hinweisschilder am Wegrand weisen darauf hin, dass wir die ausgeschilderten Wege nicht verlassen dürfen, da das Gelände mit Munition belastet ist! Wir queren das Waldgebiet oberhalb der Alten Kölner Straße und erreichen die „eigentliche" **Wahner Heide (P 3)** mit sandigen Pisten, die sich durch die weite Heidelandschaft vorbei an Silbergrasbüscheln und einzelnen Bäumen ziehen. Trotz des nahen Flughafens hören wir erstaunlich wenig Fluglärm und können die Natur entspannt genießen. Jeder Sommermonat bietet in der Heide seine eigene Blü-

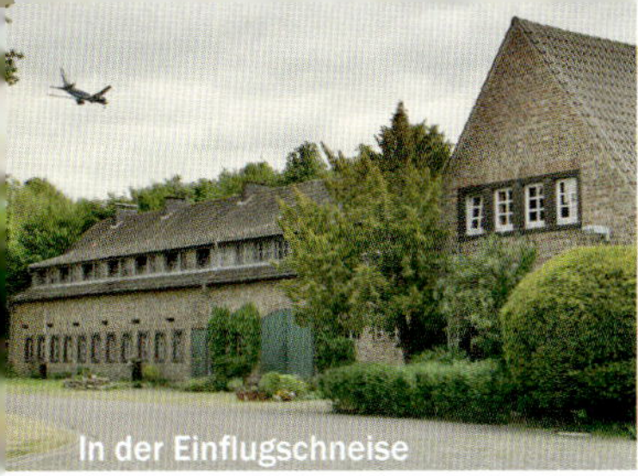
In der Einflugschneise

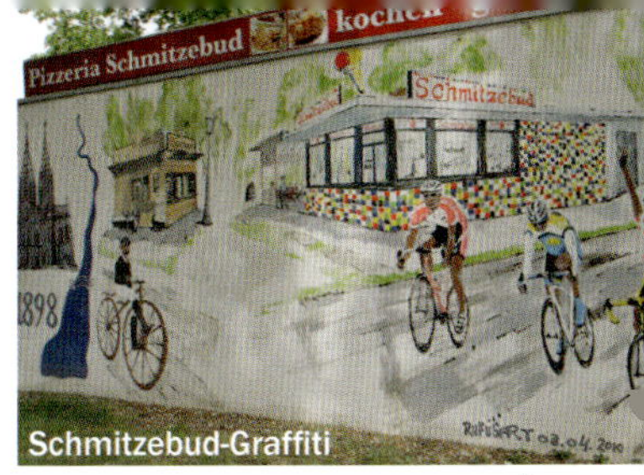

Schmitzebud-Graffiti

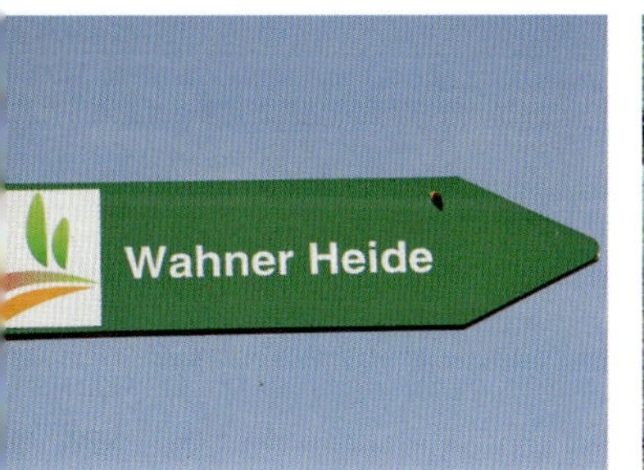

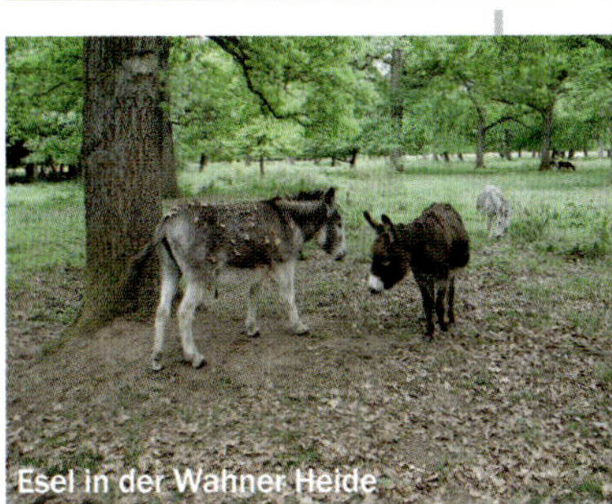
Esel in der Wahner Heide

tenpracht. Nach der gelben Blüte in Mai und Juni präsentiert sich die Besenheide im Spätsommer violett und wirkt dann besonders prächtig. In der Heide werden Schafe, Esel, Ziegen und Glanrinder gehalten, damit die Heideflächen frei bleiben und nicht verbuschen. Die Tiere haben unterschiedliche Futtervorlieben. Während Ziegen gerne Blätter und junge Zweige von den Bäumen fressen, ernähren sich Glanrinder von Gräsern und Kräutern.

Am Waldrand zweigen wir links ab und mühen uns auf einem Sandweg am Rand der Heideterrasse den Hügel hinauf. Oben angekommen, können wir links abbiegen und einen Abstecher zum Biergarten „Zum Bambi“ unternehmen. Zurück auf dem Radweg, fahren wir durch die sanft gewellte Heide- und Waldlandschaft nach Altenrath und erreichen das von April bis Oktober an Sonn- und Feiertagen geöffnete **Infozentrum Altenrath (P 4)**. In der Ortsmitte folgt ein Kreisverkehr, danach können wir uns auf eine Abfahrt freuen. Aber aufgepasst, wir müssen bergab vor der Autobahnbrücke der A 3 nach rechts auf den Agger-Sülz-Radweg abbiegen.

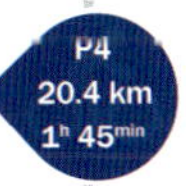

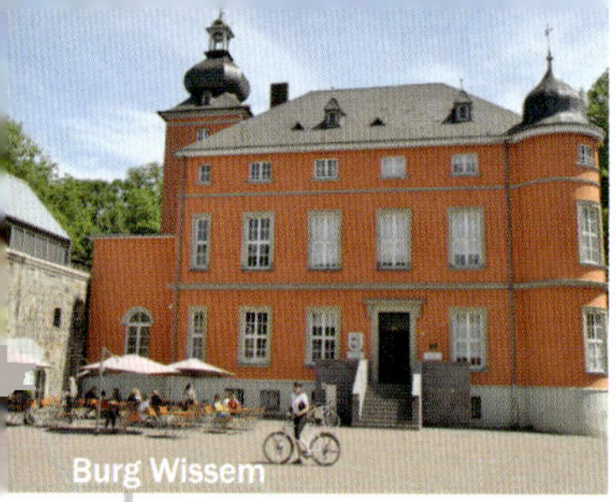
Burg Wissem

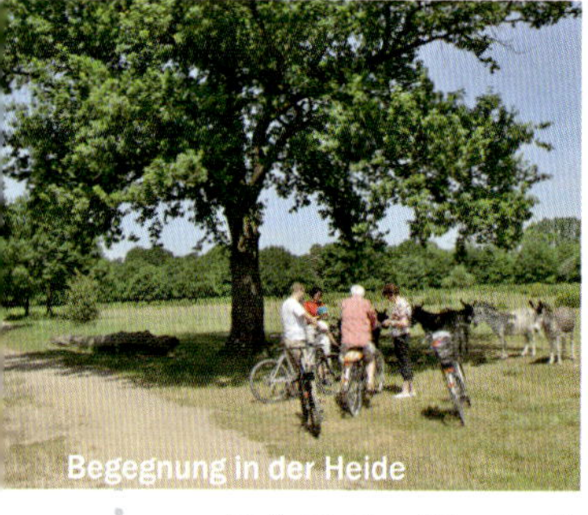
Begegnung in der Heide

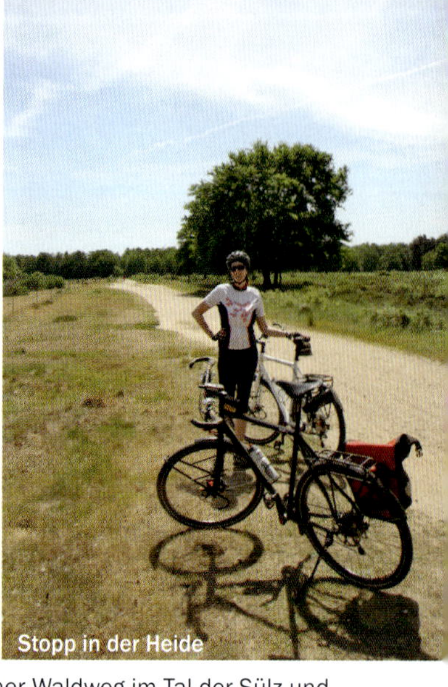
Stopp in der Heide

P5
24.5 km
2h 05min

Es folgt ein wildromantischer Waldweg im Tal der Sülz und Agger. Auf Höhe von Lohmar kreuzen wir am Knotenpunkt 32 die K 20 und können einen Abstecher ans andere Ufer zur Gaststätte Zur Alten Fähre beim **Knotenpunkt 6 (P 5)** unternehmen (▶ **Tour 6**).

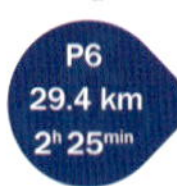

Danach geht es durch Ausläufer der Wahner Heide zum Aggerstadion, wo wir den Agger-Sülz-Radweg verlassen. Beim Parkplatz Rotterwiese biegen wir rechts zum Leyenweiher ab und queren beim Waldfriedhof Troisdorf die Heerstraße. Wir kommen an Kunstinstallationen und einem Tierpark vorbei und fahren auf das **Heideportal Burg Wissem (P 6)** zu.

Burg Wissem bietet neben dem Portal Wahner Heide die Tourist-Info der Stadt Troisdorf, eine E-Bike-Ladestation, ein Bilderbuchmuseum und das Museum für Stadt- und Industriegeschichte Troisdorf. Gastronomisch verlockend sind das Ristorante Quattro-Passi und das Café dell'Arte. Vielleicht begegnen wir auch einer Hochzeitsgesellschaft. Das Trauzimmer befindet sich im Torhaus der Burg.

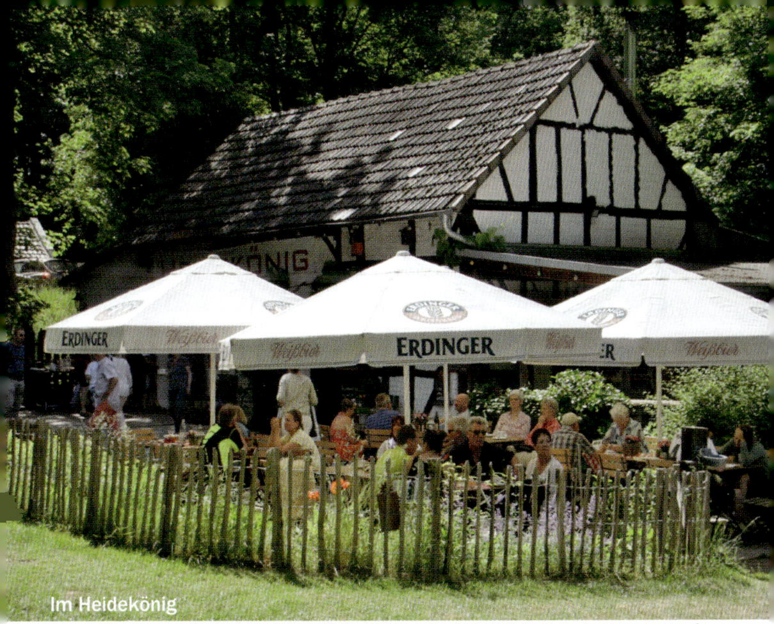

Im Heidekönig

Nach Burg Wissem passieren wir Knotenpunkt 24 und fahren durch eine vornehme Wohngegend am Prinzenwäldchen vorbei zurück in das Waldgebiet der Wahner Heide. Es folgt ein Anstieg, und nach einer 180-Grad-Kehre überqueren wir die K 20, den Mauspfad. Schon sind wir am Forsthaus Telegraph mit der Waldwirtschaft **Heidekönig (P 7)** angekommen.

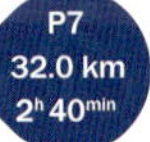

Der Besuch des herrlich im Wald gelegenen Biergartens ist ein „Muss“. Bis zum Ausgangspunkt in Spich sind es nur drei Kilometer. Es bietet sich an, die Tour im Heidekönig mit der legendären Kartoffelsuppe, „Kaninchenfutter“ (Salat), Flammkuchen oder einer anderen Spezialität des Hauses ausklingen zu lassen.

Nachdem wir den Mauspfad überquert haben, müssen wir bei der holprigen Waldabfahrt hinunter zum Ortsrand von Spich noch einmal aufpassen. Danach rollen wir entspannt am Waldrand aus und erreichen den **Parkplatz Bürgerhaus Spich (P 1)**.

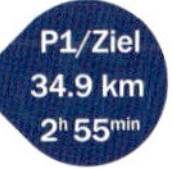

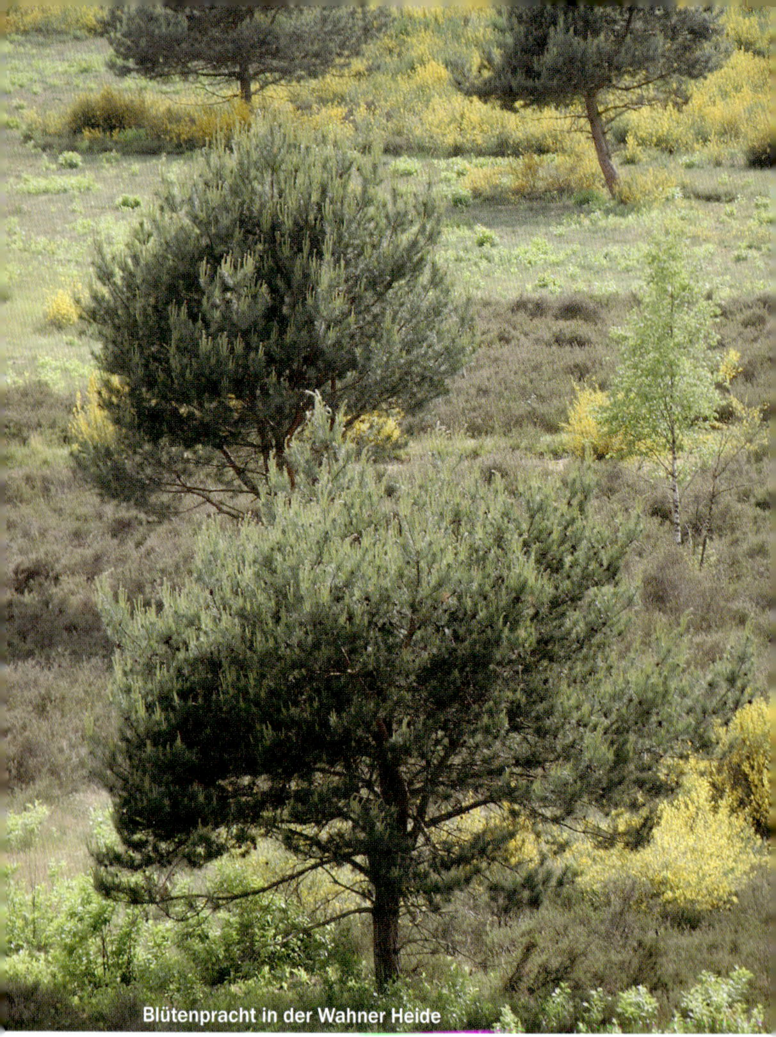

Blütenpracht in der Wahner Heide

Fazit

Eine Familien- und Genusstour. Um den Flughafen werden Heideträume wahr. Die beste Jahreszeit ist August/September, wenn die Heide violett blüht. Auf dem Sand- und Waldboden kann es bei Nässe matschig sein. Zur Orientierung ein Bike-Navi oder eine Navigations-App nutzen.

TourTipps

- Portal Gut Leidenhausen, Gut Leidenhausen 1, 51147 Köln-Porz, 02203/357651, www.gut-leidenhausen.de
- Heideportal Turmhof, Kammerbroich 67, 51503 Rösrath, 02205/9477800, www.turmhof.net
- Infozentrum Wahner Heide Altenrath, Flughafenstraße 16, 53842 Troisdorf-Altenrath, www.wahnerheide.net
- Tourist-Info Burg Wissem, Burgallee 3, 53840 Troisdorf, 02241/900-456, www.troisdorf.de

- Park-Café Gut Leidenhausen, Gut Leidenhausen 1, 51147 Köln-Porz, 02203/9800540, www.gut-leidenhausen.de
- Schmitzebud (Pizzeria), Rather Mauspfad 2, 51107 Köln 0221/89993455, www.schmitzebud-koeln.de
- Bambi, Brander Straße 154, 51503 Rösrath-Brand, 02205/907788
- P5 Hotel Zur Alten Fähre, Brückenstraße 18, 53797 Lohmar, 02246/4561, www.hotel-zur-alten-faehre.eu
- P6 Ristorante QuattroPassi zur Burg Wissem, Burgallee 1, 53840 Troisdorf, 02241/1456965, www.zur-burg-wissem.de
- Café dell'Arte zur Burg Wissem, Burgallee 3, 53840 Troisdorf, 02241/1694581, www.zur-burg-wissem.de
- P7 Waldwirtschaft Heidekönig, Mauspfad 3, 53842 Troisdorf, 02241/1453150, www.der-heidekoenig.de

- M&M Bikeshop, Frankfurter Straße 137, 53840 Troisdorf, 02241/1265390, www.mm-bikeshop.net
- Spezial-Zweirad-Shop, Kölner Straße 138, 53840 Troisdorf, 02241/73609, www.spezial2radshop.de

- Aggua Troisdorf, Aggerdamm 22, 53840 Troisdorf 02241/98450 www.aggua.de

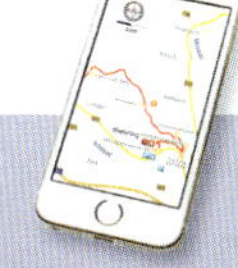

Tour Download: **BRLSX511** (für GPS-Geräte)

06 An Sieg und Agger

Während die Kurzstrecke dem Radweg Sieg durch die Auenlandschaft der Sieg folgt, nutzt die Mittelstrecke den Agger-Sülz-Radweg für einen Abstecher ins Aggertal. Die Langstrecke führt uns zur Wahnbachtalsperre.

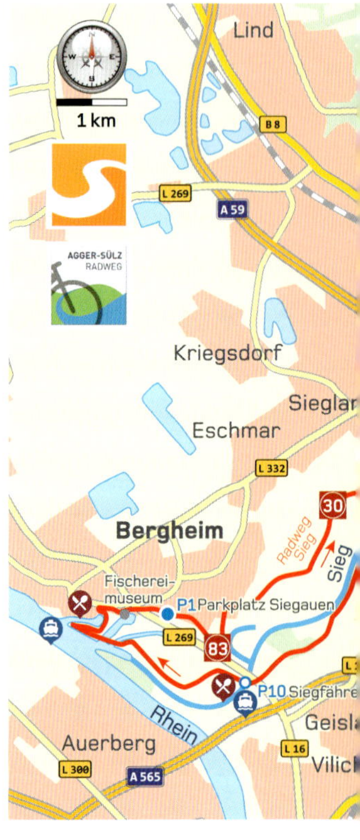

Start/Ziel: Parkplatz Siegauen, Bergstraße, 53844 Troisdorf-Bergheim
N 50° 46‘ 18.6“ • E 7° 05‘ 38.5“

Anfahrt: A 565 bis Ausfahrt Bonn-Beuel, L 269 Richtung Mondorf/Bergheim, nach der Siegbrücke rechts nach Bergheim abbiegen, am Ortseingang links auf der Siegstraße zum Parkplatz Siegauen fahren.

Parkplatz: Siehe Start/Ziel

Zug: RB 27 bis Bhf Friedrich-Wilhelms-Hütte, Roncalliplatz, 53840 Troisdorf und bei P 3/KP 29 in die Tour einsteigen.

Knotenpunkte: 83 - 30 - 29 - 25 - 32 - 6 - 4 - 43 - 20 - 1 - 2

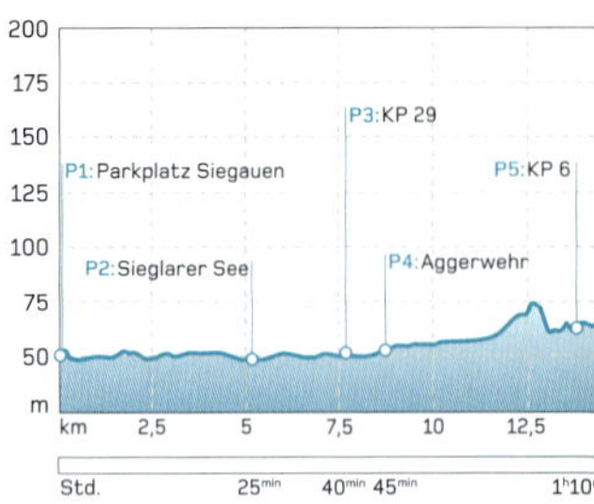

Variante mittel:

36.3 km 3h 190 ↑ ↓ 190

Variante kurz: 

20.2 km 1h 40min 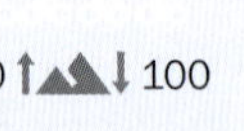

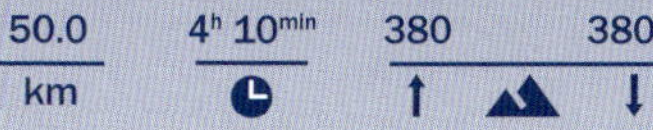
50.0
km
4h 10min
380
380

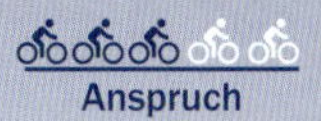
Anspruch

B 507
B 56
Inger P6
Birk
Spich
Lohmar
Agger-Sülz-Radweg
Fernmeldeturm Lohmar-Birk
Heide
B 8
Troisdorf
Braschoß
B 484
Wahnbach-talsperre
Agger
Stallberg
Oberlar
L 143
B 56
Bahnhof Friedrich-Wilhelms-Hütte
L 332
Kaldauen
Wahnbachtalsperre P7
L 333
L 16
P4 Aggerwehr
Siegburg
Klosterhof Seligenthal
Seligen-thal
Michaelsberg
L 316
Sieg
Radweg Sieg
P2
Sieglarer See
Menden
A 560
L 333
P8 Gasthaus Sieglinde
P9 Fischpass
Buisdorf
L 333
A 560
L 16
Meindorf
L 143
Sankt Augustin
A 59
L 121
L 143
Henne f
B 56
Vilich-Müldorf
A 3
L 143
L 331
Hangelar
Bonn-Beuel

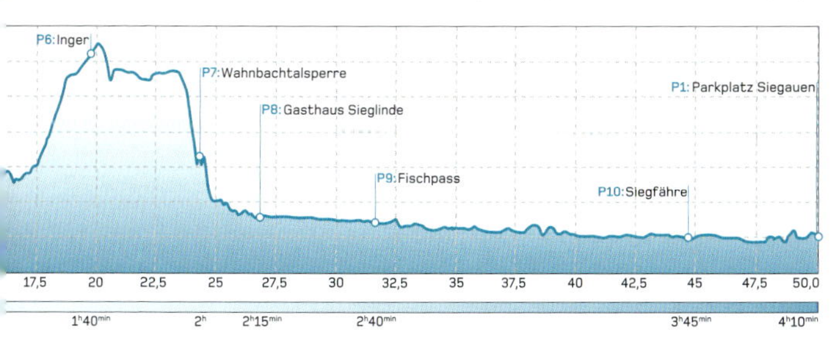
P6: Inger
P7: Wahnbachtalsperre
P8: Gasthaus Sieglinde
P9: Fischpass
P10: Siegfähre
P1: Parkplatz Siegauen
17,5
20
22,5
25
27,5
30
32,5
35
37,5
40
42,5
45
47,5
50,0
1h40min
2h
2h15min
2h40min
3h45min
4h10min

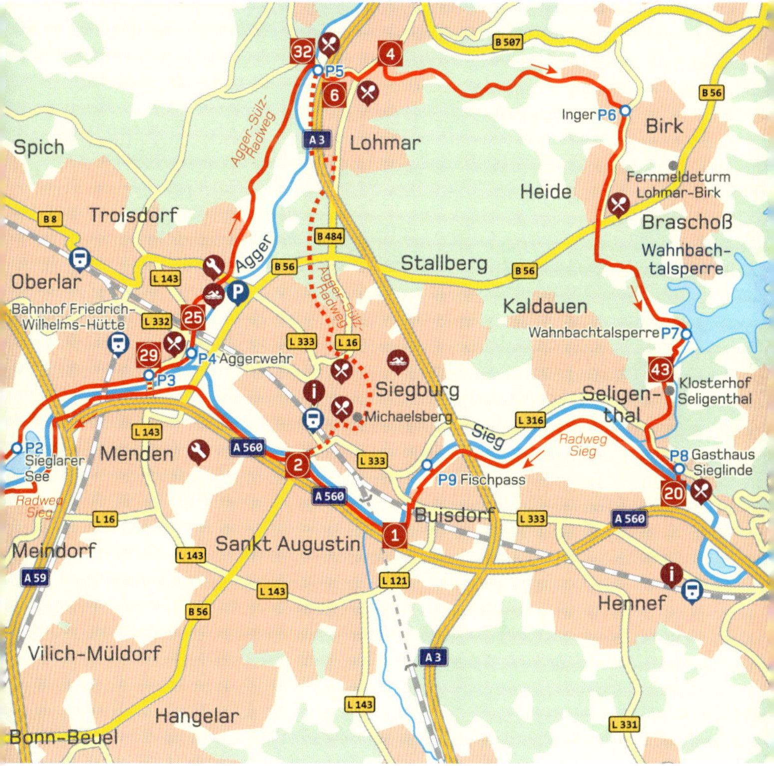

Sieg Ahoi!

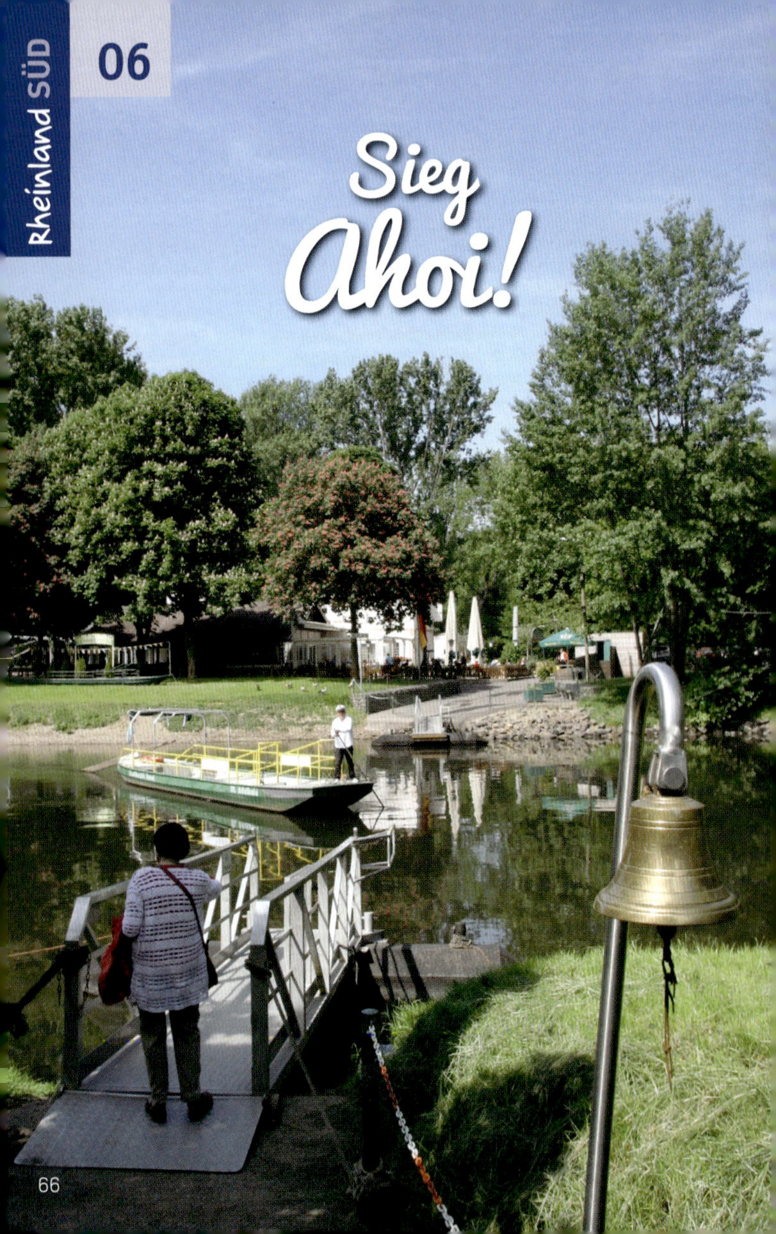

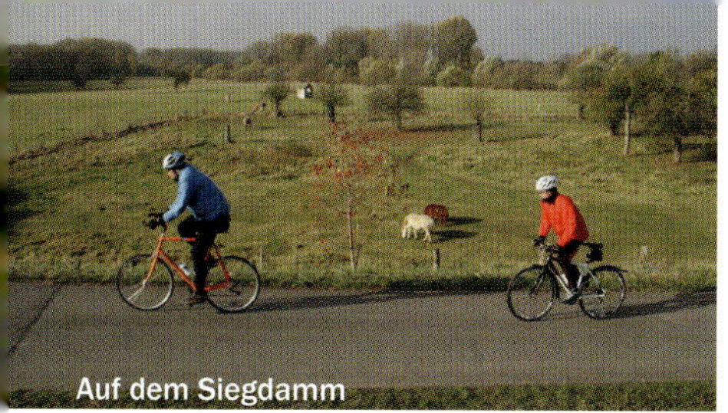
Auf dem Siegdamm

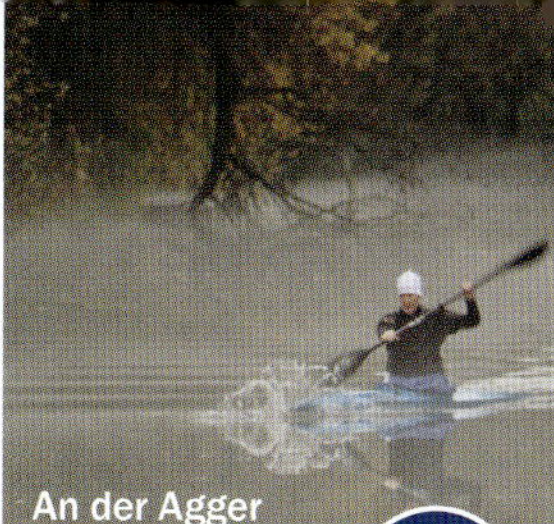
An der Agger

P1
Start

Wir beginnen die Tour am **Parkplatz Siegauen (P 1)** am Ortsrand von Bergheim. Der Radweg Sieg führt direkt am Parkplatz vorbei. Nachdem wir das ehemalige Bauern- und Fischerdorf in Richtung Sieg verlassen haben, erreichen wir über freie Feldfläche den Knotenpunkt 83 der RadRegionRheinland. Wir biegen links ab und folgen dem Radweg Sieg auf der nördlichen Flussseite.

Weiter geht es auf dem Siegdamm, den wir uns mit Joggern, Spaziergängern und Hundebesitzern teilen. Unser Blick schweift über sattgrüne Wiesen, Felder und Brachflächen, die mit Schafen beweidet werden. Nach dem Knotenpunkt 30 lohnt sich ein Abstecher vom Radweg zum **Sieglarer See (P 2)**. Dort lädt ein herrlich gelegener Rastplatz zum Verschnaufen und zur Naturbeobachtung ein. Auf den beiden Inseln des Sees sieht man in den Baumstümpfen die Nistplätze von Graureihern und Kormoranen. Die Bäume sind durch den aggressiven Vogelkot abgestorben.

P2
5.2 km
25 min

Danach fahren wir unter der A 59 hindurch, sind zurück auf dem Radweg Sieg und passieren die Eisenbahnbrücke mit dem Zuweg zum Bahnhof Friedrich-Wilhelms-Hütte. Sechshundert Meter weiter trennt sich an der Siegbrücke beim **Knotenpunkt 29 (P 3)** die **Kurz-** von der **Mittel-/Langstrecke**.

P3
7.7 km
40 min

*Die **Kurzstrecke** folgt dem **Radweg Sieg** über den Fluss, wo wir nach einer 180-Grad-Kehre in der Siegaue weiterradeln.*

Variante
kurz

Auf der **Mittel-** und **Langstrecke** setzen wir unsere Tour entlang der nördlichen Uferseite auf dem Agger-Sülz-Radweg fort und kommen zu der von Bäumen verdeckten Aggermündung. Ohne es richtig wahrzunehmen, verlassen wir die Sieg und fahren an

P4
8.6 km
45min

der Agger weiter. Mit dem **Aggerwehr (P 4)** und dem Büdchen am Bootsverleih passieren wir beliebte Ausflugsziele. Im Sommer herrscht am Wehr reger „Badebetrieb“. Am Ortsrand von Troisdorf gelangen wir anschließend zum Knotenpunkt 25 und dem Freizeitbad Aggua.

Weiter geht es durch die Flussaue zum Aggerstadion, wo wir die Ausläufer der Wahner Heide erreichen. Im Aggertal folgt Knotenpunkt 32 (▶ **Tour 5**). Hier verlassen wir den Agger-Sülz-Radweg vorübergehend und biegen auf die Aggerbrücke (linke Brückenseite nutzen) ab. Am anderen Ufer treffen wir beim **Knotenpunkt 6 (P 5)** wieder auf den Agger-Sülz-Radweg und können zwischen **Mittel-** und **Langstrecke** wählen.

P5
13.7 km
1h 10min

Variante
mittel

Die ***Mittelstrecke*** *führt auf dem Agger-Sülz-Radweg in einer Schleife zum Flussufer. Ab dem Ortsende von Lohmar nutzen wir die Trasse der ehemaligen Aggertalbahn durch ein herrliches Waldgebiet nach Siegburg. Dort kommen wir am Restaurant Nordbahnhof vorbei und fahren im Halbkreis um das Wahrzeichen der Stadt, die ehemalige Abtei auf dem Michaelsberg, herum. Nach dem am Mühlengraben gelegenen Restaurant Medo trennen wir uns von der Bahntrasse. Der Agger-Sülz-Radweg passiert das Rathaus und verlässt Siegburg entlang der Bonner Straße. Anschließend zweigen wir am Ende der Siegbrücke beim Knotenpunkt 2 zum Siegufer ab, wo wir auf die* ***Langstrecke*** *und den Radweg Sieg treffen.*

Wahnbachtalsperre

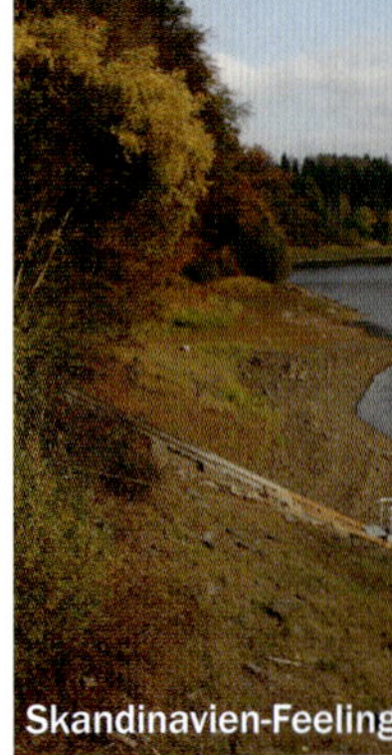
Skandinavien-Feeling

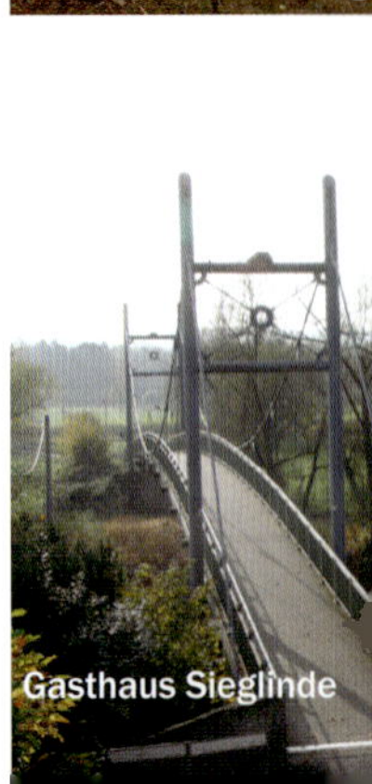
Gasthaus Sieglinde

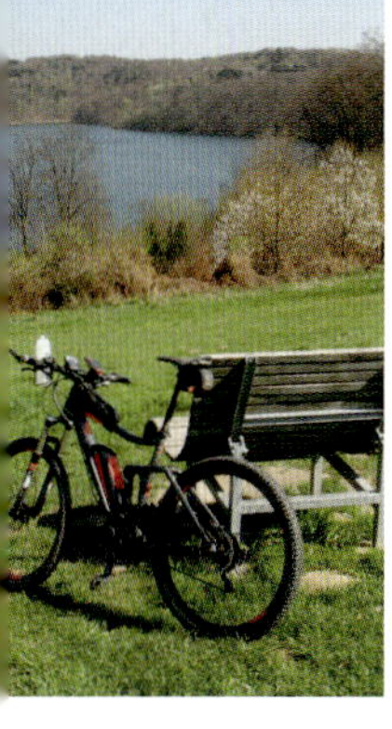

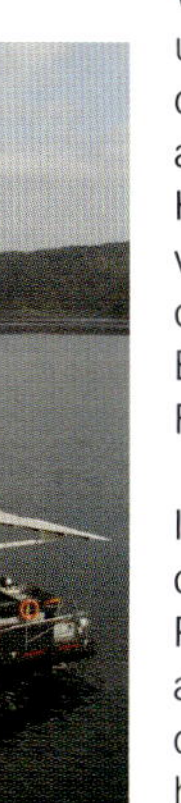

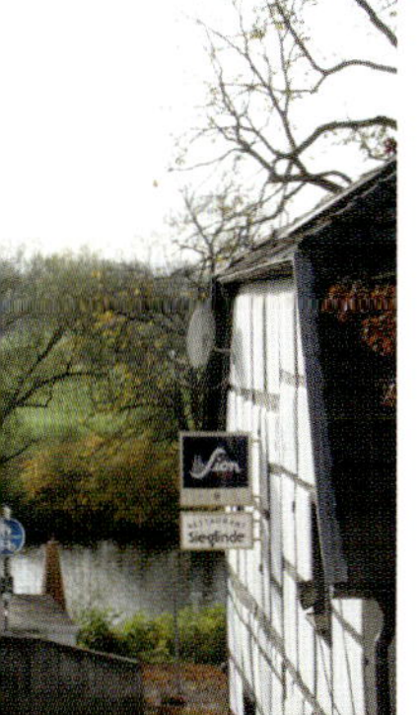

Auf der **Langstrecke** queren wir nach der Aggerbrücke die A 3 und radeln auf dem Agger-Sülz-Radweg durch Lohmar, wo sich neben dem Hotel Zur Alten Fähre das Bistro der Apfel & Obst Dörrfabrik für eine Verpflegungspause anbietet. Beim Knotenpunkt 4 verlassen wir den Agger-Sülz-Radweg, um über ein Hochplateau hinweg ins Siegtal zurückzukehren. Wir folgen zunächst der Aggertal-Route 1 durch ein lang gezogenes Wohngebiet.

Während der Radweg am Ende der Bebauung steil den Hang hinaufführt, entscheiden wir uns für den moderateren Anstieg auf dem Algert-Talweg. Wir kommen am Hochwasserrückhaltebecken Auelsbach vorbei und strampeln im reizvollen Tal nach oben. Auf dem Höhenzug des südlichen Bergischen Landes angelangt, sticht der Fernmeldeturm Lohmar-Birk ins Auge.

P6
19.7 km
1h 40min

In **Inger (P 6)** biegen wir auf die Ortsverbindungsstraße ab und haben vom höchsten Punkt unserer Tour einen herrlichen Blick auf die Rheinische Tiefebene. In Heide erreichen wir das an der B 56 gelegene Franzhäuschen. Einer Legende nach besuchten schon die Franziskaner des nahen Klosters Seligenthal das damalige Franziskaner-Häuschen.

P7
24.2 km
2h

Wir überqueren die Bundesstraße und folgen dem Radweg in den dichten Nadelwald. Im Zickzack erreichen wir Gut Umschoß, bevor es einen steil abfallenden Wiesenhang hinuntergeht. Von zwei Traumliegen bietet sich uns eine großartige Aussicht auf die **Wahnbachtalsperre (P 7)**. Die folgende Steilabfahrt sollte man unbedingt für einen

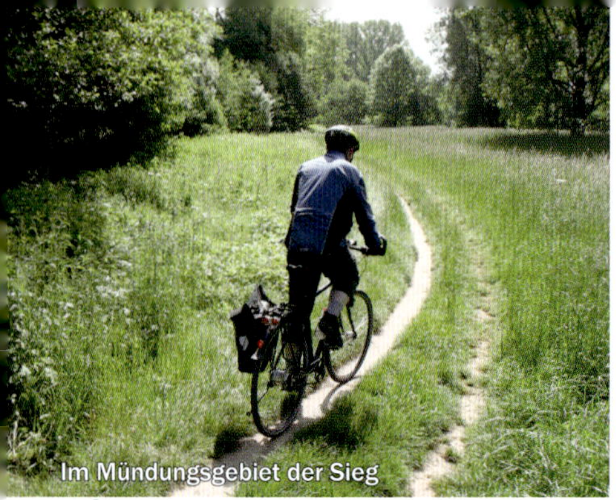
Im Mündungsgebiet der Sieg

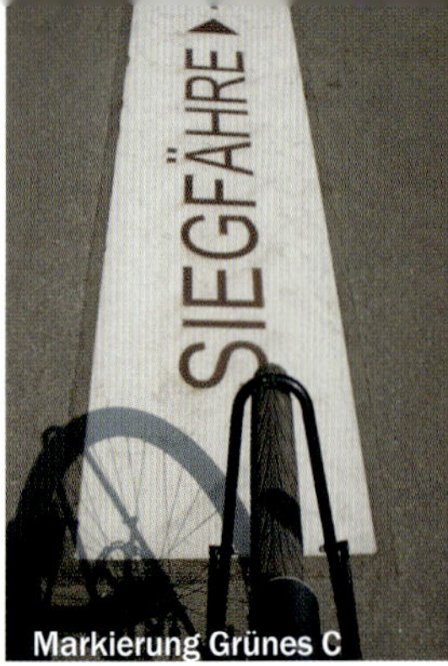

Markierung Grünes C

Abstecher zur Staumauer unterbrechen. Der Blick auf die glitzernde Seefläche mit den bewaldeten Hängen vermittelt Skandinavien-Feeling.

Die Wahnbachtalsperre wurde von 1955 bis 1958 errichtet und dient der Trinkwasserversorgung von 800.000 Menschen in den Kreisen Rhein-Sieg und Ahrweiler sowie der Stadt Bonn. Die Talsperre ist 5,8 Kilometer lang und beeindruckt mit ihrer 52 Meter hohen sowie 379 Meter langen Staumauer. Das Baden im Trinkwasserspeicher ist streng verboten.

Am Ende der Abfahrt kommen wir nach dem Knotenpunkt 43 am Kloster Seligenthal vorbei. Das 1231 erstmals urkundlich erwähnte Kloster war das erste Franziskanerkloster nördlich der Alpen. Heute sind die Klostergebäude Teil des Event Hotels Klosterhof Seligenthal, das leider keine Einkehrmöglichkeit bietet. Die Klosterkirche gehört als Pfarrkirche St. Antonius zur Gemeinde St. Servatius in Siegburg. In Seligenthal kreuzen wir die Hauptstraße (Gefahrenstelle!) und biegen nach einer kurzen Straßenpassage zum **Gasthaus Sieglinde (P 8)** ab, das herrlich am Siegufer gelegen ist.

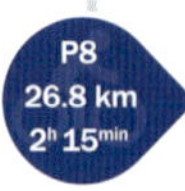

Nach der verdienten Pause im Biergarten überqueren wir die Fußgänger- und Radfahrerbrücke und treffen am Knotenpunkt 20 auf den Radweg Sieg. Weiter geht es auf dem Siegdamm. Wir rollen durch die weite Siegaue unter der A 3 hindurch zum **Fischpass** bei **Buisdorf (P 9)** (▶ **Tour 8**). Der 150-Meter-Abstecher an das Flussufer lohnt sich insbesondere von

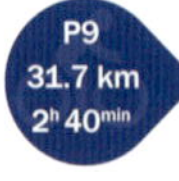

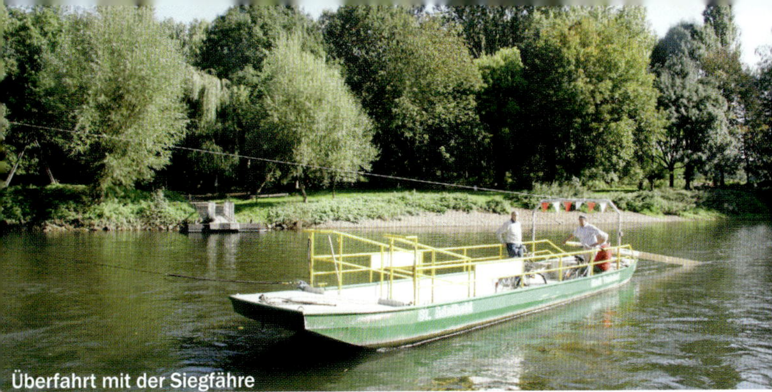
Überfahrt mit der Siegfähre

September bis November, wenn wir mit etwas Glück springende Lachse am Wehr beobachten können. Eine eigens gebaute Aufstiegsrampe unterstützt die Fische bei der Rückkehr zu ihren Laichgebieten.

Anschließend passieren wir Knotenpunkt 1 und haben auf der anderen Uferseite die Silhouette von Siegburg mit Rathaus und Michaelsberg vor Augen. Auf Höhe der Siegbrücke stößt bei Knotenpunkt 2 die **Mittelstrecke** zu uns, und eine Siegbrücke weiter kommen die **Kurzstreckenfahrer** von der anderen Uferseite herüber. Trotz Strommasten und Autobahnnähe ist die Fahrt durch die Siegaue ein Hochgenuss. Im Rahmen der Siegrenaturierung wird der natürliche Flusslauf als Mäanderlandschaft mit Nebenarmen, Inseln und Auenwäldern peu à peu wiederhergestellt.

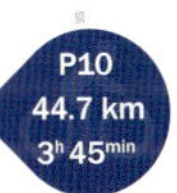

An der **Siegfähre (P 10)** (▶ **Tour 4 und Tour 8**) angelangt, können wir uns auf eine außergewöhnliche Überfahrt freuen. Die motorlose Siegfähre ist die älteste Einmannfähre Deutschlands.

Sie bewegt sich, durch die Strömung angetrieben, an einem über den Fluss gespannten Drahtseil von Ufer zu Ufer. Mit einem Glöckchen bimmelt man dem Fährmann zum Übersetzen. Der Fährbetrieb ist seit dem 17. Jahrhundert nachgewiesen.

Ist die Siegfähre außer Betrieb, radeln wir über die Straßenbrücke auf die andere Flussseite. Dort bietet sich das Restaurant Zur Siegfähre für eine Verschnaufpause an. An heißen

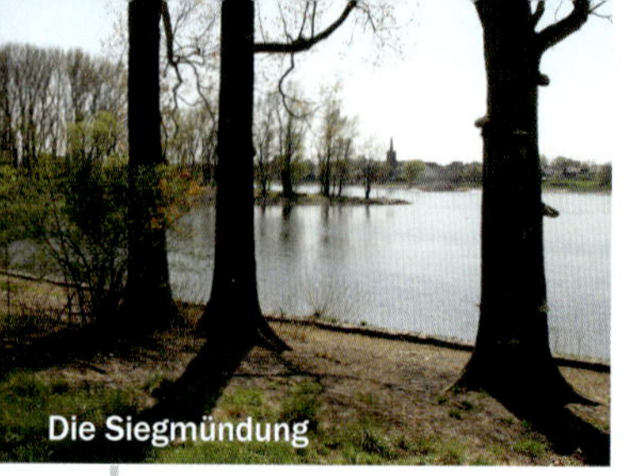
Die Siegmündung

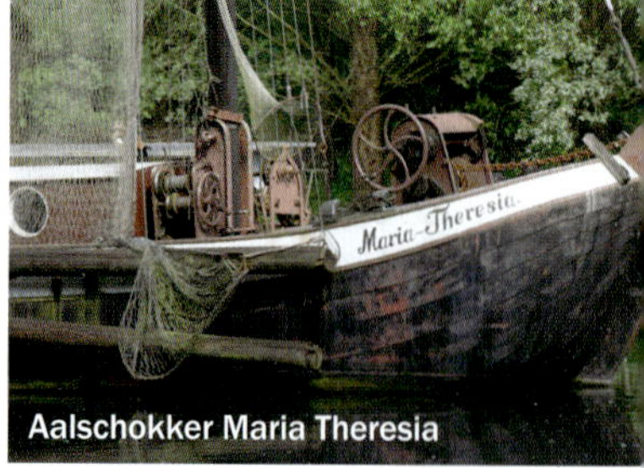

Aalschokker Maria Theresia

Sommertagen ist der Biergarten proppenvoll, und das Siegufer wird zum Badestrand. Doch nach wenigen Metern hat uns die Ruhe und Abgeschiedenheit wieder. Dazu biegen wir ein paar Meter vor dem Knotenpunkt 83 unter der Straßenbrücke auf den Siegdamm ab (Beschilderung Naherholungsgebiet Untere Sieg) und kommen ins Mündungsgebiet der Sieg. Bei Nässe ist dieser Streckenabschnitt jedoch nicht zu empfehlen, und man fährt geradeaus zum Parkplatz Siegauen.

Die Altarme Oberste Fahr und Discholl waren bis zur Siegkorrektur 1777 die eigentlichen Mündungsarme. Über kleine Brücken queren wir die beiden Altarme und genießen den Blick auf die Siegmündung und den Rhein. Bei der Mondorfer Fähre erreichen wir das Rheinufer und können den regen Schiffsverkehr beobachten. Am Mondorfer Yachthafen lockt das Café Hafenschlösschen zu einem kulinarischen Abstecher und beim Fischereimuseum das Restaurant Zum Bootshaus.

Unterhalb des Fischereimuseums ankert der Aalschokker Maria Theresia. Aalschokker waren früher am Rhein weit verbreitet und wurden abends in den Fluss geschleppt und dort verankert. Am nächsten Morgen wurden die hoffentlich gut gefüllten Aalnetze eingeholt. Entlang des südlichen Ortsrandes von Bergheim kehren wir zum **Parkplatz Siegauen (P 1)** zurück.

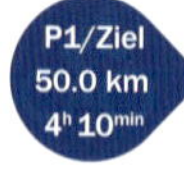

Fazit

Eine Tour, die jedem gerecht wird. Als Familientour durch die herrliche Siegaue, auf der Mittelstrecke lernen wir Siegburg und das Aggertal kennen. Die Langstrecke bietet einen Schlenker ins Bergische. Wegen einiger Feld- und Waldwege fährt man die Strecke besser bei trockenem Wetter.

TourTipps

- Tourist-Info Hennef, Frankfurter Straße 97, 53773 Hennef
  ✆ 02242/19433 ⓘ www.tourismus-hennef.de.
- Tourist-Info Siegburg, Europaplatz 3, 53721 Siegburg
  ✆ 02241/10275-33 ⓘ www.tourismus-siegburg.de

- Hotel Zur Alten Fähre, Brückenstraße 18, 53797 Lohmar
  ✆ 02246/4561 ⓘ www.hotel-zur-alten-faehre.eu
- Apfel & Obst Dörrfabrik mit Bistro, Altenrather Straße 20, 53797 Lohmar,
  ✆ 0174/8470680, ⓘ www.doerrfabrik.com
- Franzhäuschen, Franzhäuschenstraße 67, 53797 Lohmar
  ✆ 02241/3888980 ⓘ www.franzhaeuschen.de
- P8 Gasthaus Sieglinde, Brückenweg 2, 53773 Hennef
  ✆ 02242/1459 ⓘ www.sieglinde-hennef.de
- Nordbahnhof Siegburg, Kronprinzenstraße 4c, 53721 Siegburg,
  ✆ 02241/9959593, ⓘ www.nordbahnhof-siegburg.com
- Restaurant Medo, Auf der Kälke 1-3, 53721 Siegburg,
  ✆ 02241/53990, ⓘ www.restaurant-medo.de
- P10 Zur Siegfähre, Zur Siegfähre 7, 53844 Troisdorf
  ✆ 0228/475547 ⓘ www.siegfaehre.de
- Café Hafenschlösschen, Rheinallee 1, 53859 Niederkassel-Mondorf
  ✆ 0228/452347 ⓘ www.hafenschloesschen.de
- P11 Zum Bootshaus, Nachtigallenweg 37, 53844 Troisdorf-Bergheim,
  ✆ 0228/18086859, ⓘ www.zumbootshausrestaurantcafe.eatbu.com

- M&M Bikeshop, Frankfurter Straße 137, 53840 Troisdorf
  ✆ 02241/1265390 ⓘ www.mm-bikeshop.net
- Fahrrad XXL Feld, Einsteinstraße 35, 53757 Sankt Augustin
  ✆ 02241/9773-0 ⓘ www.fahrrad-xxl.de

- Aggua Troisdorf, Aggerdamm 22, 53840 Troisdorf
  ✆ 02241/9845-0 ⓘ www.aggua.de
- Oktopus Siegburg, Zeithstraße 110, 53721 Siegburg
  ✆ 02241/9699-712 ⓘ www.oktopus-siegburg.de

Tour Download: **BRLSX61X** (für GPS-Geräte)

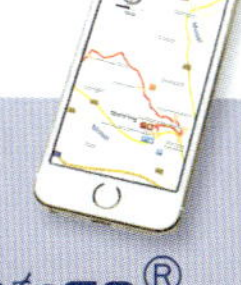

Startpunkte finden mit **scan to go**®

07 Radweg Sieg

Wir können zwischen Rund- und Streckentour wählen. Für die Rundtour, die den Radweg Sieg, Nutscheidhöhenweg und Panarbora-Radweg kombiniert, nimmt man sich am besten zwei Tage Zeit. Die Streckentour folgt dem Radweg Sieg von Schladern nach Hennef. Retour per Bahn.

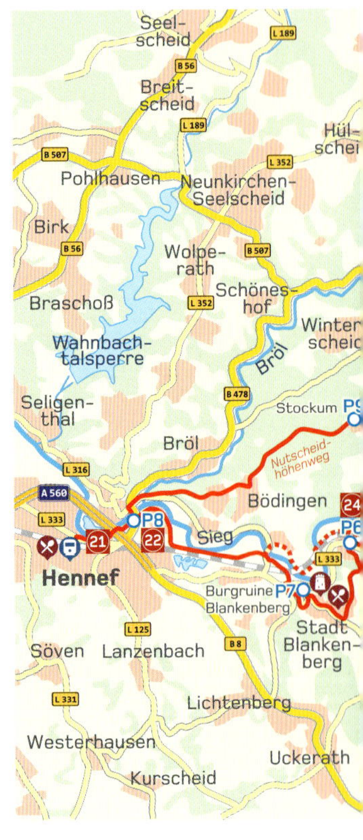

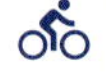

Start: Bahnhof Schladern, Waldbröler Straße 3, 51570 Schladern

N 50° 48‘ 26.2“ E 7° 35‘ 31.8“

Anfahrt: A 4 bis Kreuz Reichshof/Bergneustadt, B 256 ins Siegtal folgen, im Kreisverkehr auf L 333 nach Schladern bzw. A 3 bis Kreuz Bonn/Siegburg, A 560 Richtung Hennef bis Autobahnende, links auf L 333 an der Sieg nach Schladern

Parkplatz: P&R am Bhf Schladern

Zug: RE 9 und S 12/S 19 bis Bahnhof Schladern

Knotenpunkte: 60 - 61 - 15 - 25 - 24 - 22 - 23 - 56 - 55 - 77

Variante kurz:

43.6 km 3h40min 545 ↑ ↓ 610

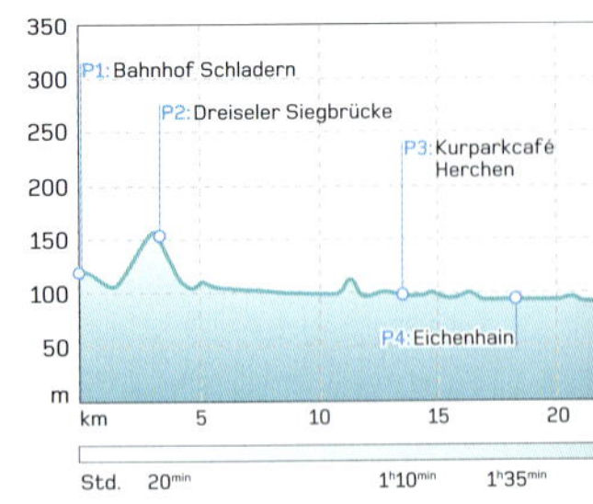

76.4	6h 20min	1170	1170
km	🕒	↑	↓

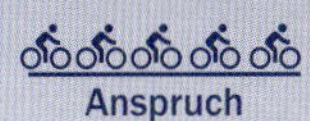
Anspruch

Harscheid
Langenbach
Waldbröl
B 256
L 352
Reinshagen
L 320
Rossen-bach
Benroth
P11 Panarbora
B 478
77
L 224
Bröl
Oeleroth
Waldbrölbach
Nieder-hausen
Herfen
L 350
Schönen-berg
Bladers-bach
Broleck
Ruppichteroth
Helten
B 478
Nutscheidhöhenweg
Schönenbach
Panarbora-Radweg
Hänscheid
Kammerich
B 256
L 86
L 317
Rommen
Oberlückerath
Ötters-hagen
P10 Altenherfen
55
Hatterscheid
56
L 312
Windeck
Bahnhof Schladern
Fußhollen
Rieferath
Hoppen-garten
Datten-feld
P1
Schladern
23
Rankenhohn
L 333
Rosbach
Röcklingen
60
Sieg
P2
Radweg Sieg
Bohlscheid
L 317
Dreiseler Siegbrücke
L 86
Bourauel
Herchen
Rüddel
B 256
Radweg Sieg
25
15
L 87
Halft
L 312
P3 Kurparkcafé Herchen
L 333
L 333
L 312
L 312
Merten
Eitorf
Werfen
Leuscheid
P5 Schloss Merten
L 333
Strom-berg
Alzenbach
L 86
61
L 268
P4 Eichenhain
Irlenborn
Käsberg
Rodder
Obenroth
Hove
Mühleip
L 86
2 km
Nutscheidhöhenweg

P1: Bahnhof Schladern
P5: Schloss Merten
P11: Panarbora
P6: KP 24
P9: Stockum
P7: Burgruine Blankenberg
P10: Altenherfen
P8: KP22

25 30 35 40 45 50 55 60 65 70 76.4

2h30min 2h40min 2h55min 3h25min 4h 4h45min 5h35min 6h20min

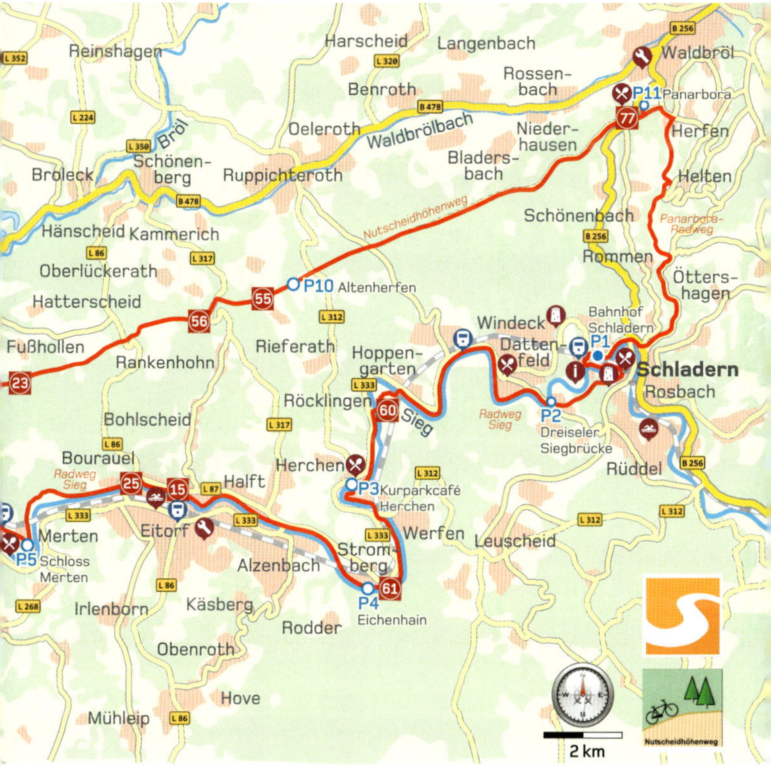

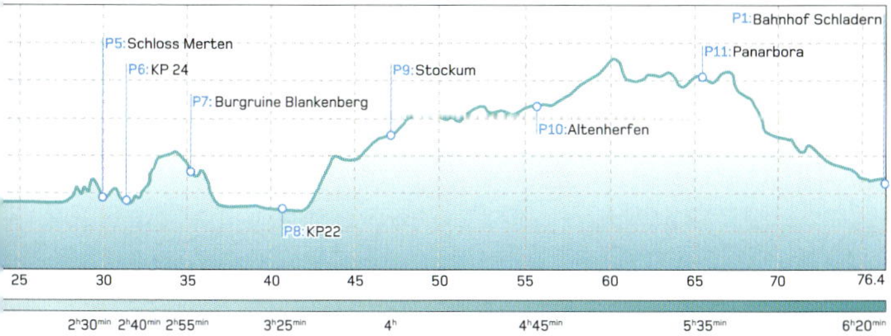

Ein Tal zum Verlieben

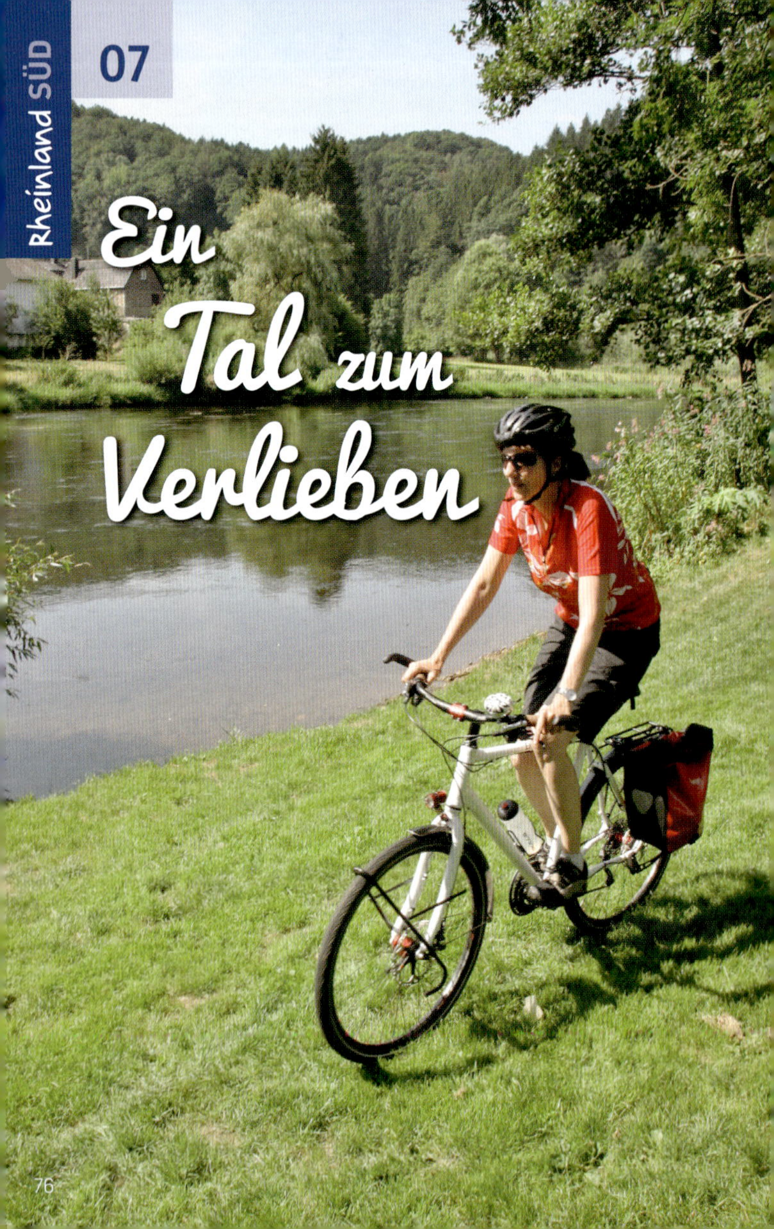

P1
Start

Der im wilhelminischen Stil erbaute **Bahnhof Schladern (P1)** ist Ausgangspunkt der Tour. Wir folgen dem Zuweg zum Radweg Sieg 150 Meter entlang der Bahnlinie, fahren durch die Unterführung auf die andere Seite der Bahn und biegen zum Bürger- und Kulturzentrum Kabelmetal ab. Oberhalb des Siegwasserfalls erwarten uns beim ehemaligen Kupferwerke Elmore's das Besucherzentrum der Naturregion Sieg und der Biergarten Elmores. Die beste Sicht auf die Stromschnellen haben wir von einem überdachten Rondell und vom Biergarten.

Der Siegwasserfall entstand 1858 im Zuge des Baus der Eisenbahnverbindung von Köln nach Gießen. Um die Bahnstrecke mit möglichst wenig Kurven und Brücken zu bauen, wurde die Siegschleife bei Schladern „stillgelegt". Durch Sprengung entstand der heutige, geradlinige Flusslauf mit dem Wasserfall, der bei hohem Wasserstand besonders imposant ist. Die Wasserkraft wird bis heute zur Stromerzeugung genutzt und führte zur Ansiedelung des Kupferwerkes Elmore's.

An der Eisenbahnbrücke treffen wir auf den Radweg Sieg, dem wir auf die andere Flussseite folgen. Wir radeln an der idyllisch gelegenen Burg Mauel vorbei zum Hotel Willmeroth Hofbräu, Restaurant Syrtaki, wo alle 10 Tage ein untergärig, leicht trübes Bier gebraut wird. Vom Ortsrand bietet sich uns ein herrlicher Blick auf Schladern und die Burgruine Windeck. Nun müssen wir kräftig in die Pedale treten. Auf einem Waldweg geht es über einen Berg nach Dreisel und über die **Dreiseler Siegbrücke (P 2)** hinweg.

P2
4.1 km
20 min

Wir fahren am Fluss entlang nach Dattenfeld, wo die Sieg dank eines Wehres spiegelglatt ist und eine kleine Seefläche bildet. Im Ort lohnt sich ein Abstecher zum Siegtaldom. Die im neuromanischen Stil erbaute Pfarrkirche St. Laurentius beeindruckt mit ihren 56 Meter hohen Doppeltürmen. Für eine Verschnaufpause sei das urige BlumenCafé empfohlen. Anschließend fahren wir unter der Siegbrücke hindurch, passieren das Dattenfelder Wehr und folgen dem Radweg Sieg nach Hoppengarten.

Nach der nächsten Siegbrücke und einem kurzen Anstieg rollen wir auf der Röcklinger Sieghalbinsel den Wiesenhang hinab und treffen auf den Knotenpunkt 60 der RadRegionRheinland.

Nachdem wir erneut die Siegseite gewechselt haben, erreichen wir im enger werdenden Siegtal Herchen, das auf beiden Uferseiten von steil aufragenden Hängen flankiert ist. Im Ort bieten sich der Kurpark mit Picknickwiese am Siegufer und das gemütliche **Kurparkcafé Herchen (P 3)** für eine Verschnaufpause an. Sogar eine Tretbootrunde auf der Sieg ist möglich!

P3
14.2 km
1h 10min

Herchen war während der Belle Époque eine beliebte Sommerfrische für die Bewohner des Ruhrgebietes und der Großstädte am Rhein. Um die Jahrhundertwende gab es in Herchen 16 Hotels und Pensionen. Zu den Gästen zählten viele bekannte Maler, Musiker und Komponisten. Der Glanz der Belle-Époque-Villen ist längst verblasst, geblieben ist der nostalgische Charme des Erholungsortes.

Nachdem wir zwei Mal die Sieg überquert haben, grüßt im schmalen Flusstal vom anderen Ufer Burg Raiffershardt. Bei Stromberg fahren wir am Knotenpunkt 61 vorbei und kommen durch einen jahrhundertealten **Eichenhain (P 4)**, der einst zur Schweinemast angepflanzt wurde. Bänke laden im Schatten des uralten Baumbestandes zu einer Verschnaufpause ein.

P4
18.8 km
1h 35min

So wünscht man sich einen Flussradweg: nahe am Fluss, ohne Lärm, in herrlicher Landschaft und mit netten Picknickstellen. Das Siegtal öffnet sich nun. Bei der Unkelmühle passieren wir ein Stauwehr und auf Höhe Eitorf den Knotenpunkt 15. Bei einem Taleinschnitt verläuft der Radweg Sieg ein paar Meter auf der Hombacher und Bouraueler Straße (Achtung: Gefahrenstel-

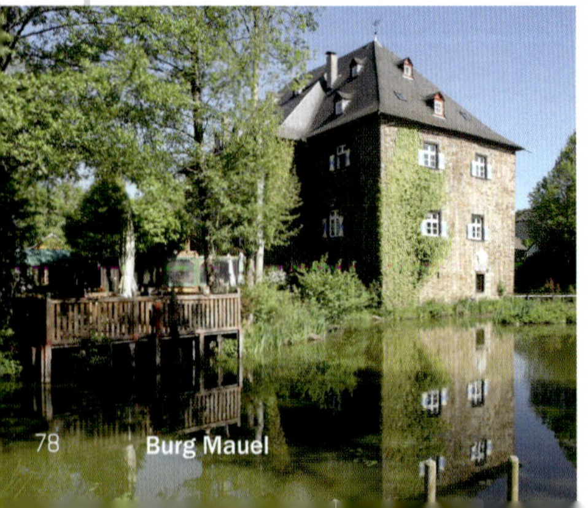
Burg Mauel

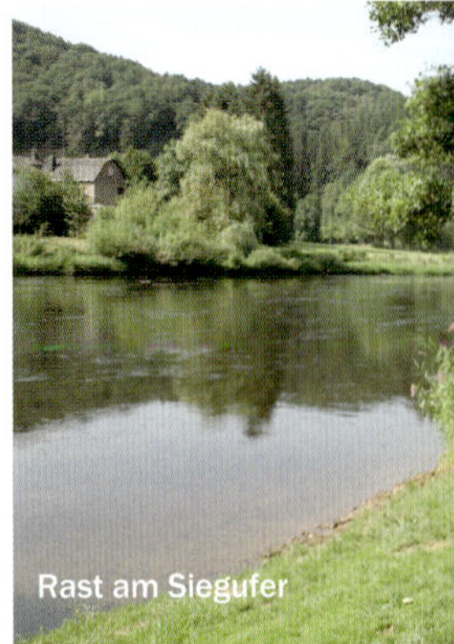
Rast am Siegufer

le!), ehe wir Knotenpunkt 25 erreichen. Es folgt Lützgenauel, wo wir uns vorübergehend vom Siegufer verabschieden. Über einen Hangrücken hinweg gelangen wir nach Merten, wo wir bei **Schloss Merten (P 5)** vorbeischauen.

P5
30.0 km
2h 30min

Schloss Merten wurde um 1160 als Augustinerinnenkloster gegründet. Die gesamte Anlage ist von einer Mauer umgeben, hinter der sich die alten Klostergebäude, die Pfarrkirche St. Agnes mit ihren beiden ungleich hohen Türmen, eine neobarocke Orangerie (Einkehrmöglichkeit) und eine großzügige Parkanlage verbergen. Heute beherbergt Schloss Merten ein Seniorenwohnheim. Gegenüber dem Schloss befindet sich der ehemalige Rittersitz Burg Merten und in der Siegaue erstreckt sich das Gelände des Union-Gestüts.

Nach dem Bahnhof Merten treffen wir in Bülgenauel auf den **Knotenpunkt 24 (P 6)**. Während der Radweg Sieg dem Fluss folgt, biegen wir links über die L 333 hinweg ab. Der Abstecher zur mittelalterlichen Stadt Blankenberg und zur Burgruine Blankenberg ist mit einem anstrengenden Anstieg verbunden, führt uns aber zu einem der touristischen Highlights der Naturregion Sieg. Im kleinen Gang kurbeln wir den Hang hinauf und fahren über Neuenhof nach Blankenberg, das von 1245 bis 1805 eine selbstständige Stadt war.

P6
31.8 km
2h 40min

Blankenberg hat sich seinen mittelalterlichen Charme bewahrt und entführt uns mit seinen malerischen Fachwerkhäusern und verwinkelten Gassen in die Zeit der alten Rittersleut. Zur

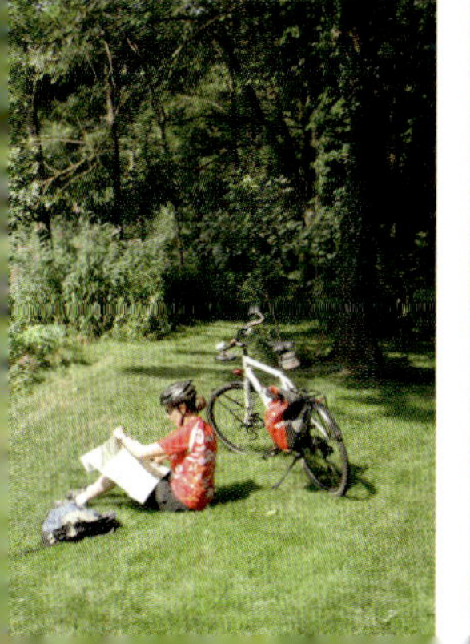

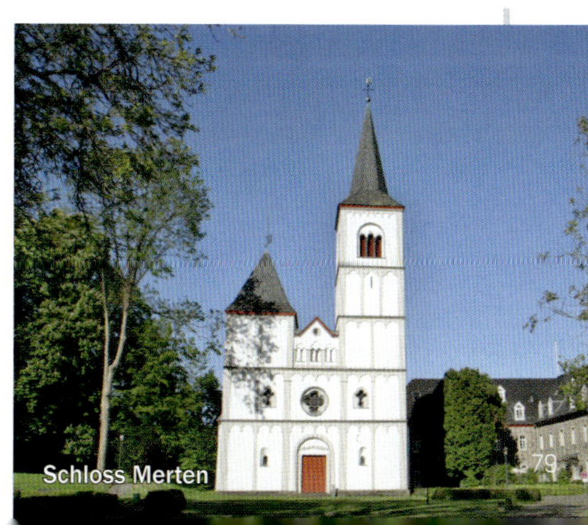

Schloss Merten

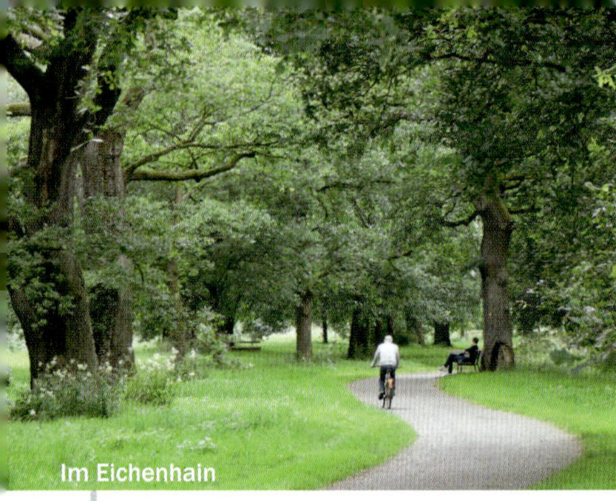
Im Eichenhain

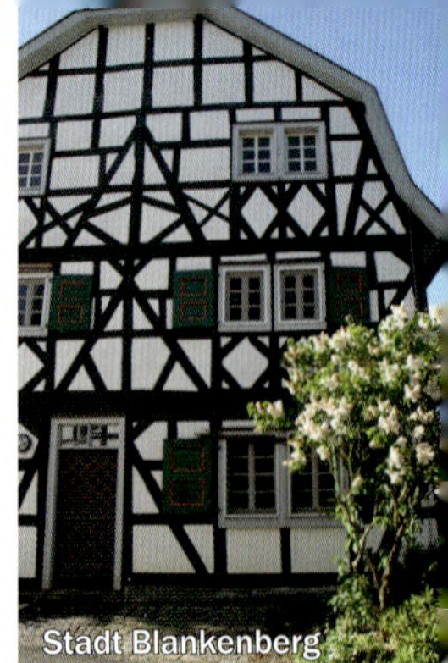
Stadt Blankenberg

P7
35.3 km
2h 55min

Einkehr bieten sich Hotel Haus Sonnenschein, das Restaurant zum Alten Turm sowie das Panorama Café an. Im Anschluss an die kleine Pause sollten wir unbedingt die **Burgruine Blankenberg (P 7)** besuchen. Die Burg wurde im 12. Jahrhundert von den Grafen zu Sayn errichtet und sicherte den Zugang zum Siegtal und ins Bergische Land. Die imposante Burganlage wurde im 30-jährigen Krieg zerstört. Besonders beeindruckend ist der Blick vom Bergfried und vom herrlich angelegten Burggarten hinab ins Siegtal.

P8
41.3 km
3h 25min

Von der Burgruine rollen wir auf einer kurvenreichen Straße hinunter ins Tal und kreuzen bei der Mühle zu Blankenberg die L 333. Auf einem Feldweg geht es durch die Siegaue, bevor wir an der K 36 auf den Radweg Sieg zurückkehren. Nach einer kerzengeraden Wegstrecke entlang der Bahntrasse streifen wir Weldergoven und kommen an der B 478 beim **Knotenpunkt 22 (P 8)** zum Abzweig des Nutscheidhöhenweges. Hier müssen wir uns für die **Streckentour** oder die lange **Rundtour** entscheiden.

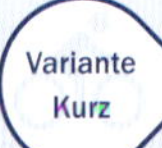
Variante Kurz

*Bei der **Streckentour** bleiben wir auf dem Radweg Sieg und fahren unter der B 478 und der A 560 hindurch nach Hennef. Am Ortseingang knickt der Radweg scharf zum Siegufer ab und erreicht anschließend den Knotenpunkt 21 an der Frankfurter Straße. Eine Querstraße weiter können wir zum Bahnhof Hennef abbiegen. Die Wartezeit auf den Zug lässt sich prima im Hennefer Wirtshaus überbrücken. PS.: In NRW ist die Fahrradmitnahme im Zug kostenpflichtig!*

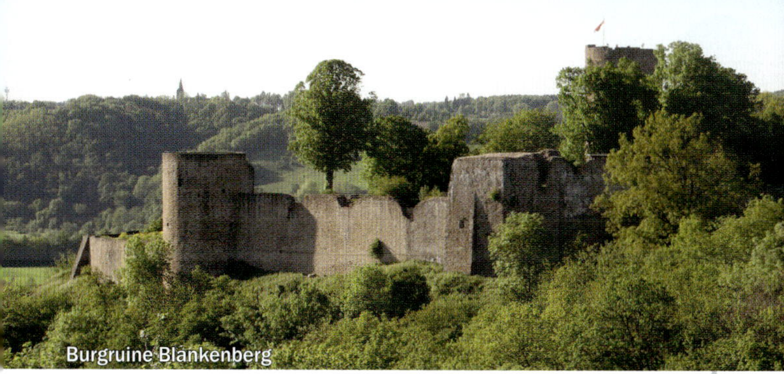
Burgruine Blankenberg

Wer sich für die **Rundtour** entscheidet, darf den Rückweg nicht unterschätzen. Um genug Zeit für die Sehenswürdigkeiten zu haben, ist die Runde als **2-Tages-Tour** zu empfehlen. Zur Übernachtung bieten sich in Blankenberg das Hotel Haus Sonnenschein und in Hennef das Hotel-Restaurant Stadt Hennef an. Für weitere Unterkünfte siehe www.naturregion-sieg.de.

Vom Knotenpunkt 22 folgen wir dem Nutscheidhöhenweg auf der B 478 über die Siegbrücke und kurbeln nach Müschmühle auf der Bödinger Straße (Achtung: Verkehr!) den Hang hinauf nach Altenbödingen. In Driesch zweigt der Nutscheidhöhenweg in einer Rechtskurve in ein Waldgebiet ab. Wer der Straße folgt, kann einen Abstecher in den Wallfahrtsort Bödingen zum Gnadenbild Marias unternehmen. Der Nutscheid bildet die Wasserscheide zwischen Bröl und Sieg und trennt den Oberbergischen vom Rhein-Sieg-Kreis. In der einsamen Gegend passieren wir den Weiler **Stockum (P 9)** und die Knotenpunkte 23 und 56.

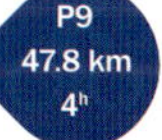

Dabei bietet uns der Höhenweg immer wieder herrliche Fernblicke ins Bergische Land und das Siegtal. Als Untergrund wechseln sich Waldwege (Vorsicht bei Nässe!) und Nebenstraßen ab. Nach dem Knotenpunkt 55 passieren wir beim Landhaus Höhe den Ortsrand von **Altenherfen (P 10)** und erreichen anschließend auf dem Kamm der Hochfläche den höchsten Punkt unserer Tour. In ständigem Auf und Ab geht es durch das Waldgebiet weiter zum Knotenpunkt 77, wo wir auf den Panarbora-Radweg treffen.

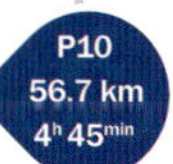

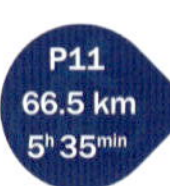

Mit dem **Naturerlebnispark Panarbora (P 11)** erwartet uns ein Highlight der Tour. Herzstück des Parks ist ein 40 Meter hoher Aussichtsturm. Wer Spirale für Spirale nach oben läuft, wird mit einer grandiosen Rundumsicht auf das Bergische Land, den Westerwald und das Siebengebirge belohnt. Neben dem Turm ist der Baumwipfelpfad besonders beeindruckend. Wann kann man schon durch Baumkronen spazieren? Zum Park gehören außerdem Infoportal, Gastronomie, Wasser- und Abenteuerspielplatz, Naturerlebnisakademie sowie Übernachtungsmöglichkeiten, u.a. auch in Baumhäusern.

Nun bietet der Panarbora-Radweg Abfahrtsgenuss pur. Über Herfen, Wies und Mittel rollen wir auf Nebenstraßen und Forstwegen (Vorsicht bei Nässe!) durch wunderschöne Wälder und mehrere Bachtäler zur Sieg, wo wir beim Angelpark Gierzhagener Bach an der B 256 herauskommen. Nach kurzer Fahrt entlang der Bundesstraße folgen wir am Ortseingang von Schladern dem Panarbora-Radweg zurück zu unserem Ausgangspunkt, dem **Bahnhof Schladern (P 1)**.

P1/Ziel
76.4 km
6h 20min

Wer die Rundtour an zwei Tagen fährt, kann auch in Hennef beginnen und im Naturerlebnispark Panarbora, in Schladern im Flair Hotel Bergischer Hof oder im Hotel Willmeroth Hofbräu übernachten.

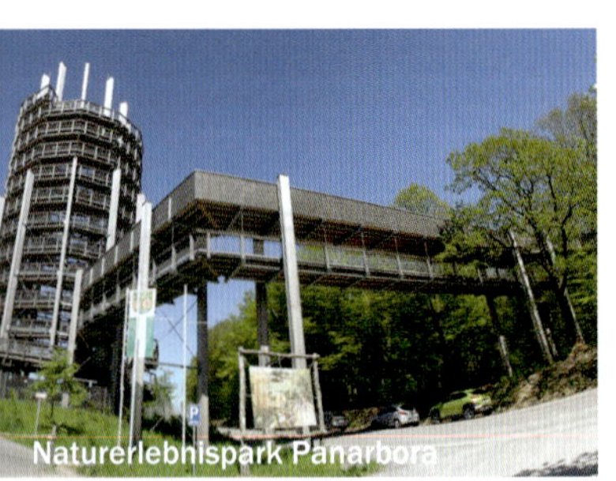
Naturerlebnispark Panarbora

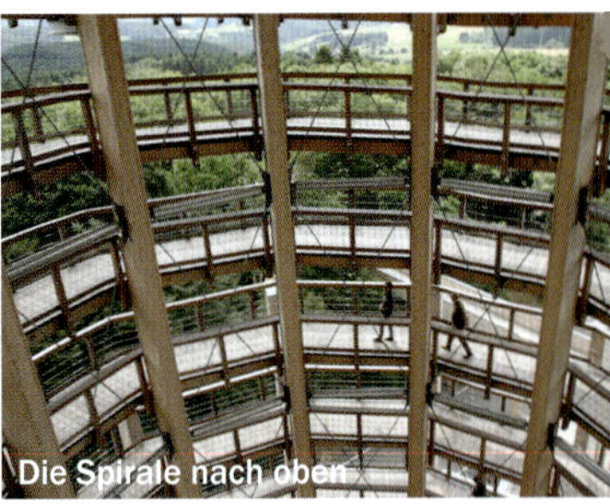
Die Spirale nach oben

Fazit

Die Streckentour entlang der Sieg bietet Flussradwegvergnügen par excellence! Wer es sportlich liebt, wählt die Rundtour und sammelt auf dem Nutscheid Höhenmeter. Um für die vielen Sehenswürdigkeiten genug Zeit zu haben, empfiehlt sich die Runde als 2-Tages-Tour.

TourTipps

- Besucherzentrum Naturregion Sieg, Schönecker Weg 3, 51570 Windeck-Schladern, 02292/19433, www.naturregion-sieg.de
- Tourist-Info Hennef, Frankfurter Straße 97, 53773 Hennef, 02242/19433, www.tourismus-hennef.de

- Elmores Biergarten, Schönecker Weg 5, 51570 Windeck-Schladern, 0170/4802246, www.elmores.de
- Flair Hotel Bergischer Hof, Elmoresstraße 8, 51570 Windeck-Schladern, 02292/9564750, www.bergischer-hof.de
- Hotel Willmeroth Hofbräu, Restaurant Syrtaki, Preschlin-Allee 11, 51570 Windeck-Mauel, 02292/91330, www.hotel-willmeroth-windeck.de
- BlumenCafé, Hauptstraße 120, 51570 Windeck-Dattenfeld, 02292/2218
- P3 Kurparkcafé Herchen Am Kurpark, In der Au 4, 51570 Windeck-Herchen, 02243/8413025, www.kurparkcafe-herchen.de
- Restaurant Zum Alten Turm, Katharinastraße 6, 53773 Hennef-Stadt Blankenberg, 02248/2102, www.zumaltenturm.de
- Hotel Haus Sonnenschein, Mechthildisstraße 16, 53773 Hennef-Stadt Blankenberg, 02248/9200, www.hotel-haus-sonnenschein.de
- P7 Panorama Café, Mechthildisstraße 3, 53773 Hennef-Stadt Blankenberg, 02248/715, www.panoramacafe-blankenberg.de
- Hennefer Wirtshaus, Bahnhofstraße 19, 53773 Hennef, 02242/8730307, www.henneferwirtshaus.de
- Hotel-Restaurant Stadt Hennef, Wehrstraße 46-48, 53773 Hennef, 02242/92130, www.hotel-restaurant-stadt-hennef.de
- P11 Panarbora Naturerlebnispark-Jugendherberge-Restaurant, Nutscheidstraße 1, 51545 Waldbröl, 02291/90865-0, www.panarbora.de

- Zweirad Viehof, Siegstraße 75-77, 53783 Eitorf, 02243/2638, www.zweirad-viehof.de
- Wave-Bikes, Sanddornweg 10, 53773 Hennef, 0178/5869273, www.wave-bikes.de
- Udo's Fahrrad-Shop, Brölstraße 77, 51545 Waldbröl, 02291/808081, www.udos-fahrrad-shop.de
- Zweiradmeister, Raabeweg 4, 51545 Waldbröl, 02291/8088233, www.zweirad-meister.de

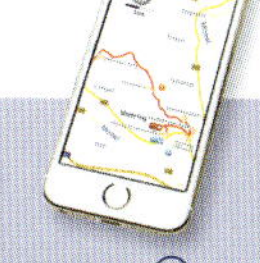

Tour Download: **BRLSX7X9** (für GPS-Geräte)

Startpunkte finden mit scan to go®

08 Rhein-Sieg-Schleife

Wir radeln durch die Bundesstadt Bonn und kommen an Rhein und Sieg entlang. Die Tour besticht mit ihrer Vielfalt und einigen überraschenden Begegnungen. Natürlich erfahren wir auch, was es mit dem Grünen C auf sich hat.

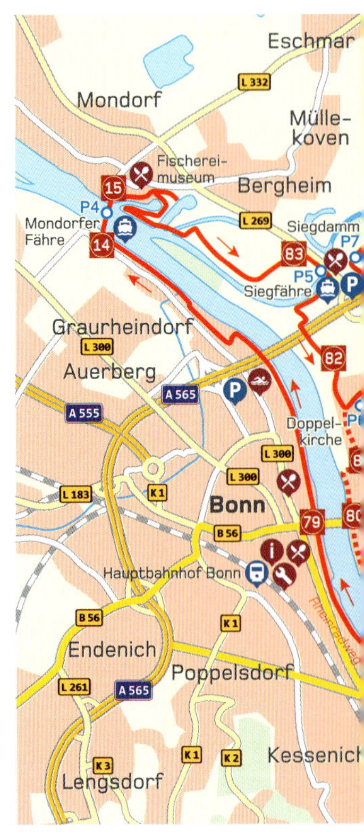

Start/Ziel: Bahnhof Bonn-Oberkassel, Kalkuhlstraße 29, 53227 Bonn

N 50° 42‘ 54.3“ • E 7° 09‘ 35.3“

Anfahrt: A 562 bis Ausfahrt Bonn-Beuel-Süd, im Kreisverkehr der Ausschilderung Bonner Bogen in die Joseph-Schumpeter-Allee folgen und geradeaus zum Parkplatz Bonner Bogen am Ende der Karl-Duwe-Straße weiterfahren. Die Tour beginnt am Rheinuferausgang des Bahnhofs Bonn-Oberkassel.

Parkplatz Bonner Bogen
N 50° 42‘ 54.8“ • E 7° 09‘ 30.2“

Zug: Rhein-Erft-Express RE 8 und Rhein-Erft-Bahn RB 27 bis Bahnhof Bonn-Oberkassel.

Knotenpunkte: 79 - 14 - 15 - 83 - 82 - 2 - 1 - 17

Variante kurz:

39,1 km 3h 15min 310 ↑ ↓ 310

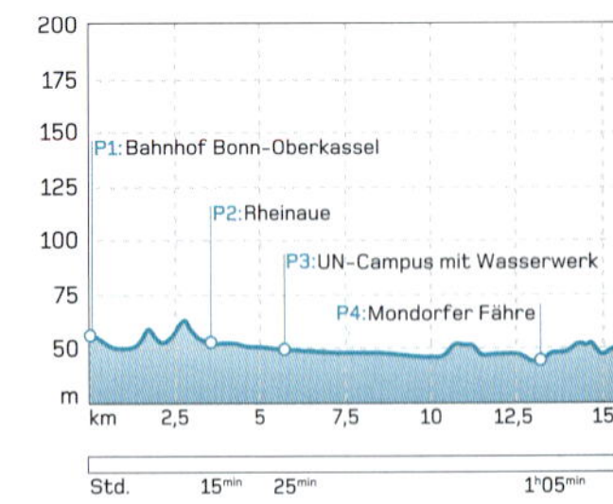

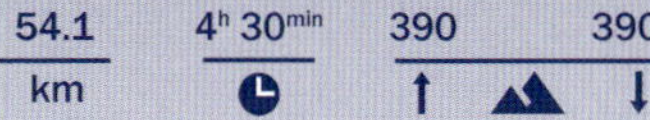
54.1
km
4h 30min
390
390

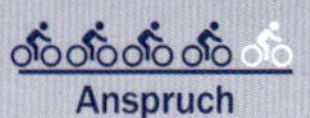
Anspruch

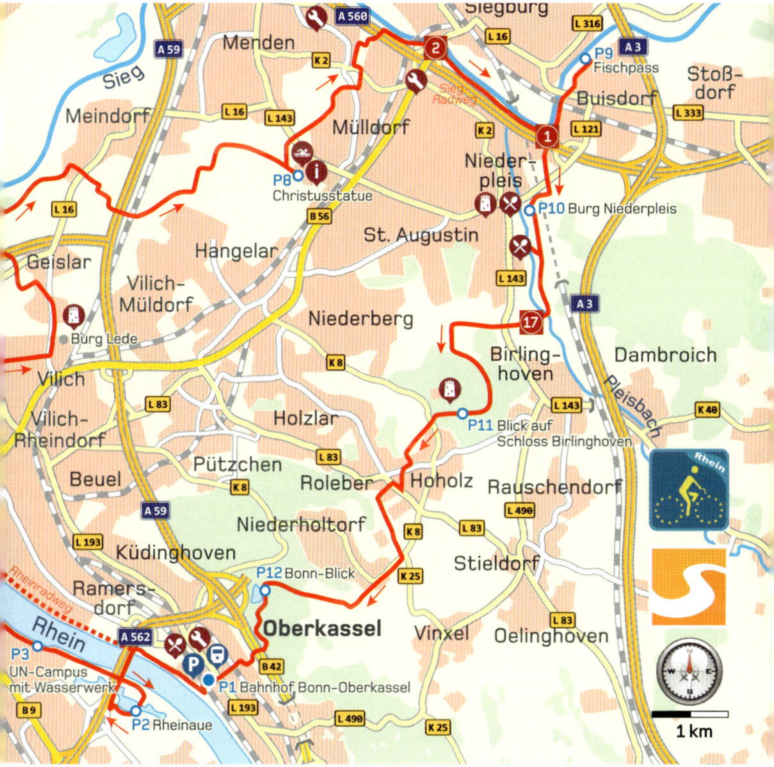

Das Grüne C

Da die Strecke nicht durchgängig als Radweg markiert ist, empfiehlt sich zur sicheren Orientierung ein Bike-Navi oder das Smartphone mit einer geeigneten Navigations-App.

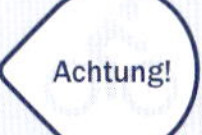

P1 Start

Wir beginnen am **Bahnhof Bonn-Oberkassel (P 1)** und orientieren uns Richtung Oberkasseler Rheinufer mit Liegewiese, Strandbar und der Gaststätte Rohmühle (▶ **Tour 13**). Hier können wir unsere Tour später mit Blick auf den Drachenfels und dahintuckernde Frachtschiffe prima ausklingen lassen. Nach den futuristischen Neubauten des Bonner Bogens erreichen wir die Konrad-Adenauer-Brücke und haben die Wahl zwischen **Kurz-** und **Langstrecke**.

Variante kurz

Die **Kurzstrecke** *folgt dem Rheinradweg auf der rechten Rheinseite mit Blick auf den Post Tower, das ehemalige Regierungsviertel und die Bonner Innenstadt zum Fuß der Kennedybrücke beim Knotenpunkt 80 im Stadtteil Beuel. Nach dem Knotenpunkt 81 geht es auf dem Rheindamm weiter zum Römerdenkmal, wo wir auf die* **Langstrecke** *treffen und zur* **Doppelkirche in Schwarzrheindorf (P 6)** *abzweigen.*

Auf der **Langstrecke** überqueren wir die Konrad-Adenauer-Brücke und rollen auf der linken Rheinseite durch die **Rheinaue (P 2)**. Der Landschaftspark mit Hügeln, Seen und

P2 3.4 km 15 min

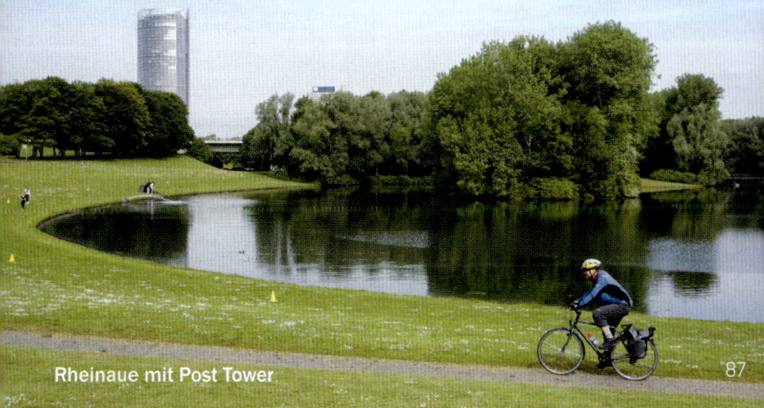

Rheinaue mit Post Tower

einem Japanischen Garten wurde zur BUGA 1979 zwischen Bonn und Bad Godesberg angelegt. Das Gelände wird auch für Festivals, Open-Air-Konzerte, Flohmärkte und das Feuerwerkspektakel Rhein in Flammen genutzt. Mit Blick auf den Post Tower radeln wir zum Rheinradweg am Rheinufer.

Die Zentrale des Logistikkonzerns Deutsche Post DHL wurde von dem 2021 verstorbenen Stararchitekten Helmut Jahn entworfen und besteht aus 2 ellipsenförmigen Türmen. Die Stahl-Glas-Konstruktion ist 162,5 Meter hoch und damit fünf Meter höher als der Kölner Dom. Die Fassade kann in wechselnden Farben leuchten und bietet zu bestimmten Anlässen attraktive Lichtspiele, so in der Weihnachtszeit als Tannenbaum mit Kerzen oder während des Beethoven-Festes mit dem Portrait des Komponisten.

P3
5.3 km
25min

Entlang des Rheins passieren wir mit dem Wasserwerk, Bundeshaus und dem Langen Eugen Stätten der Bonner Republik. Die geschichtsträchtigen Gebäude sind heute Teil des **UN Campus (P 3)**, der als exterritoriales Gebiet ausgewiesen ist. Die Gastronomiedichte steigt und egal ob Alter Zoll, Rheinpavillon oder Schänzchen, es muss niemand durstig weiterfahren. Das Bröckemännche am Pfeiler der Kennedybrücke beim Knotenpunkt 79 streckt nicht uns Radfahrern sein blankes Hinterteil entgegen, sondern dem rechtsrheinischen Beuel, das sich nicht an den Baukosten der Brücke beteiligen wollte (▶ **Tour 9**).

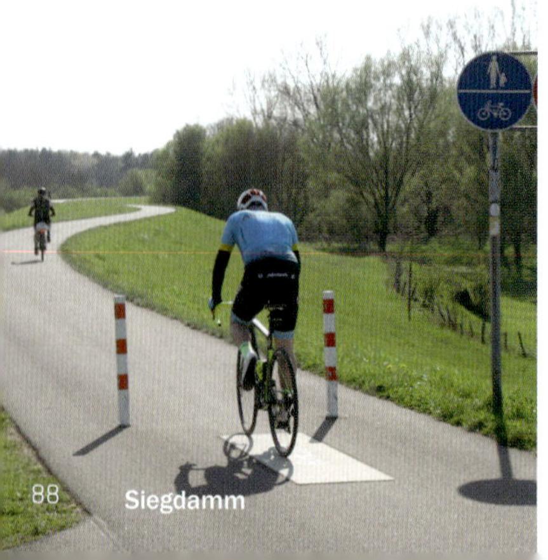
Siegdamm

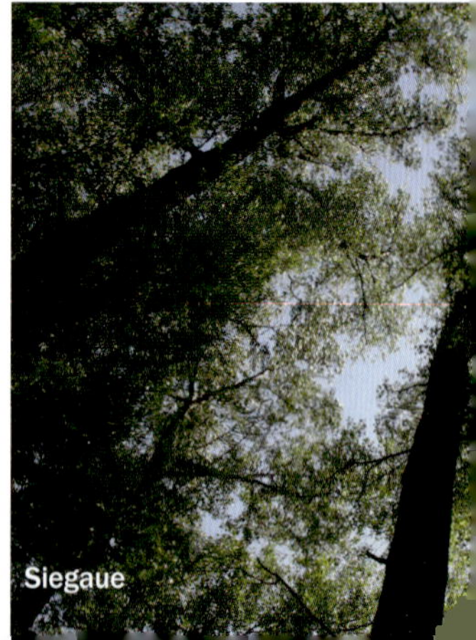
Siegaue

Ab 2023 ist die abschnittsweise Neugestaltung der Bonner Rheinuferpromenade geplant. Ausgestattet mit viel Grün soll ein attraktiver Erlebnisort und Boulevard zum Flanieren und Verweilen entstehen. Der Stadtteil Castell steht für Bonns römische Vergangenheit. Strategisch günstig am Rhein gelegen errichteten die Römer um 10 v. Chr. das Legionslager Castra Bonnensia, Teil des Niedergermanischen Limes, der 2021 in die UNESCO-Welterbeliste aufgenommen wurde.

Auf dem Rheinradweg geht es nach dem Römerbad unter der Nordbrücke (▶ **Tour 4**) hindurch zum Bonner Hafen, ehe wir in Graurheindorf mit der **Mondorfer Fähre (P 4)** bei den Knotenpunkten 14 und 15 übersetzen. Die Fähranleger wurden im Rahmen des Landschaftsprojekts Grünes C neu gestaltet.

P4
13 km
1h 05min

Der Grünzug in Form eines „C“ reicht vom Vorgebirge über den Rhein hinweg bis zum Siebengebirge und verbindet 6 Kommunen. Er soll schützenswerte „grüne“ Areale auf beiden Rheinseiten sichern und verbinden. In die Wege eingelegte Beton-Markierungen weisen in Richtung Rheinüberquerung bei der Mondorfer Fähre und in die jeweilige Gegenrichtung. Stationen mit Infotafeln erklären Besonderheiten am Wegesrand.

Nach der Fährpassage folgt am Mondorfer Rheinufer das Hafenschlösschen (▶ **Tour 6**). Anschließend radeln wir am Hafen vorbei und können einen Abstecher zum Fischereimuseum un-

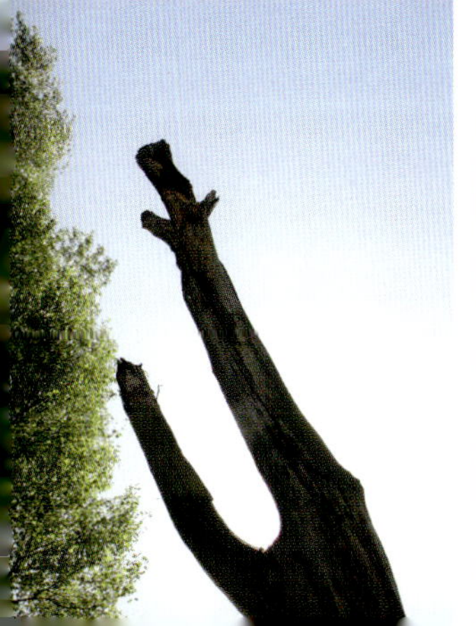

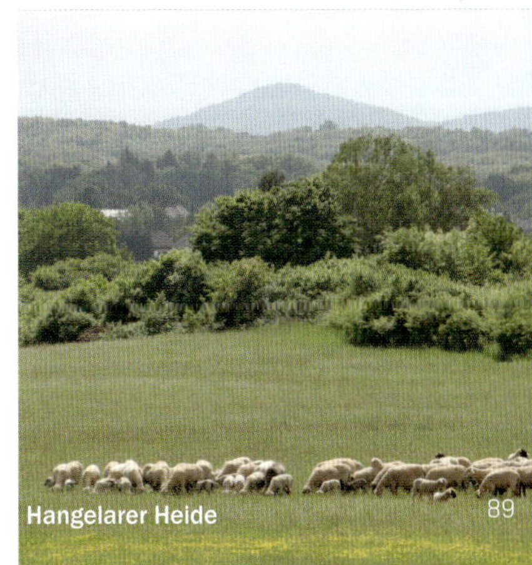

Hangelarer Heide

ternehmen, wo in einem Altarm der Sieg der Aalschokker Maria Theresia ankert. Bei Regenwetter sollte man dem Rheinradweg zur Siegfähre folgen. Ansonsten fahren wir zum Mondorfer Hafen zurück und biegen in das Auengebiet von Rhein und Sieg ab. Über kleine Brücken queren wir Flussarme und genießen die Pappelforste, Auenwälder und -wiesen, bis wir die Siegbrücke in Nähe des Knotenpunkts 83 erreichen.

Das Mündungsgebiet der Sieg ist eine der letzten naturnahen Rheinmündungen überhaupt und steht seit 1986 als Siegaue unter Naturschutz. Die Sieg zählt zu den fischreichsten Flüssen Deutschlands. Es folgen das Restaurant Zur Siegfähre, das bei Hochwasser regelmäßig unter Wasser steht, und die spannende Überfahrt mit der motorlosen **Siegfähre (P 5)**. Ist die Fähre außer Betrieb gelangen wir vom Knotenpunkt 83 über die Straßenbrücke auf die andere Uferseite.

P5 18.9 km 1h 35min

Statt direkt zum 250 Meter entfernten Siegdamm (P 7) weiterzufahren, lohnt sich eine Schleife durch Schwarzrheindorf, Vilich und Geislar. Wir radeln entlang der Sieg und über weite Wiesen zum Fuß der Nordbrücke. Nach dem Knotenpunkt 82 geht es auf dem Rheindeich weiter zur Caesar-Statue am Rhein bei Schwarzrheindorf. Das Denkmal wurde anlässlich der 2000-Jahr-Feier Bonns hier aufgestellt und erinnert an das Römerlager auf der gegenüberliegenden Rheinseite.

P6 21.8 km 1h 50min

Caesars Blick ist auf die **Doppelkirche St. Maria und Clemens (P 6)** gerichtet, die erhaben auf einem Hügel thront. Die Kirche wurde Mitte des 12. Jh. errichtet und zählt u. a. wegen ihrer reichhaltigen Deckenmalerei zu den bedeutendsten romanischen Kirchen Deutschlands. Eine Öffnung verbindet den unteren und den oberen Kirchenraum. Wir fahren auf der Stiftsstraße (Achtung, die ersten 120 Meter sind Einbahnstraße) weiter, queren die L 16 und biegen im Ortsteil Vilich beim St. Adelheidis Stift in Richtung Burg Lede ab.

Die Wasserburg aus dem 14. Jh. zählt zu den ältesten bewohnten Burgen im Bonner Raum. Nach einem Blick über die Burgmauer radeln wir über Geislar in Richtung Sieg. Bei der Überquerung der L 16 müssen wir besonders Acht geben.

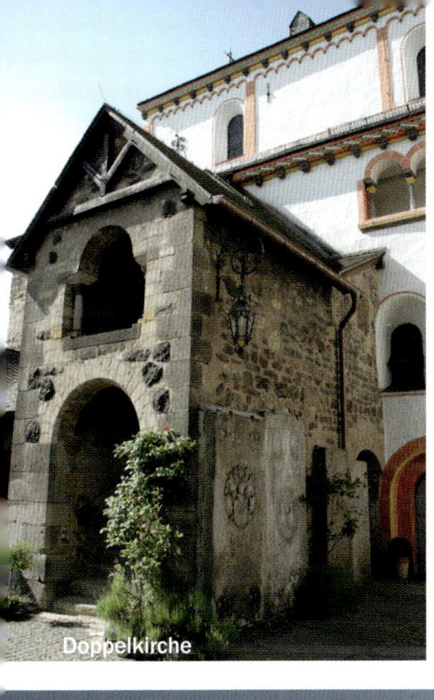

Doppelkirche

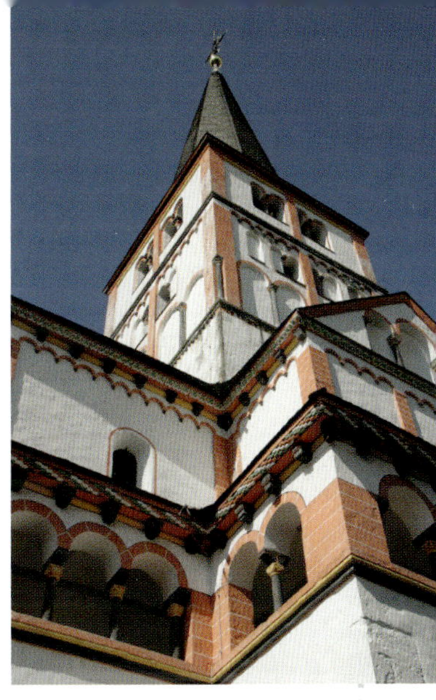

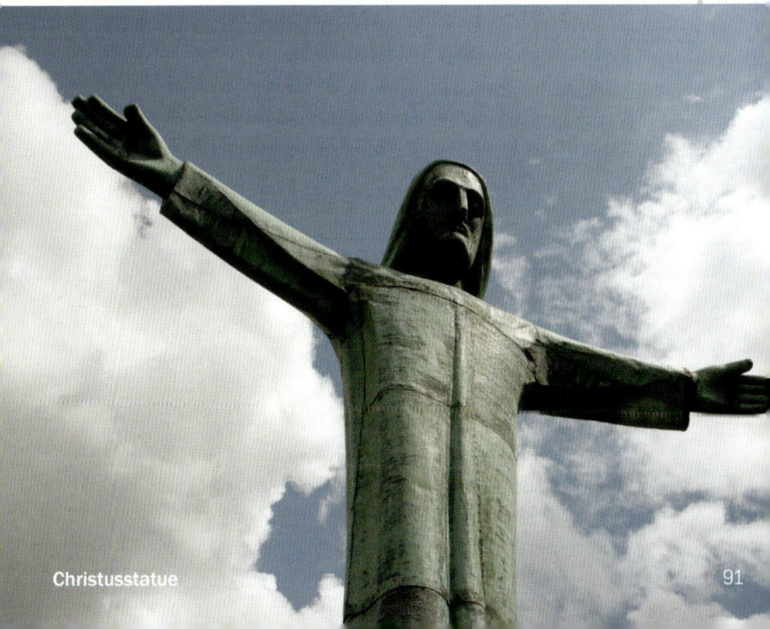

Christusstatue

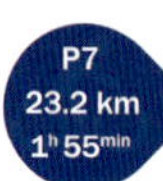

Unter der A 565 hindurch erreichen wir den **Siegdamm (P 7)** und die herrliche Siegaue. Die Auenlandschaft ist geprägt von weiten Wiesen mit einzelnen Erlen, Eschen und Pappeln. Kormorane und Graureiher bevölkern oft die Wiesen.

Die verschiedenen Wege des Grünen C laufen auf den Rheinübergang bei der Mondorfer Fähre zu und verästeln sich in der Gegenrichtung. Wir folgen den Bodenmarkierungen des Grünen C „vom Rhein weg" auf dem Siegdeich und über die Autobahnbrücke der A 59 hinweg in Richtung Flugplatz Hangelar. Der Flugplatz wird von der Hubschrauberstaffel der Bundespolizei, Privatpiloten und Segelfliegern genutzt.

P8
31.2 km
2h 35min

Der Wegverlauf des Grünen C führt uns nach dem Flugplatz an der Hangelarer Heide mit einer Aussichtsplattform vorbei zu einer riesigen **Christusstatue (P 8)** - ein Hauch von Rio am Rand der Hangelarer Heide. Die 9,5 Meter hohe Christusstatue steht vor dem Missionshaus der Steyler Missionare und erinnert mit ihren weit ausgebreiteten Armen an die berühmte Christusstatue auf dem Corcovado in Rio. Der „Christus aus dem Pott" stand lange Zeit in Recklinghausen und symbolisiert seit seinem Umzug im Jahr 2009 die weltumspannende Missionsarbeit der Steyler Missionare.

100 Meter vor der Christusstatue gabelt sich die Wegführung des Grünen C. Wir folgen dem Wegverlauf Richtung Mülldorf und zur Sieg. Es geht am Freibad Sankt Augustin vorbei über die L 143 zur Hochschule Bonn-Rhein-Sieg. Anschließend fahren wir am Ortsrand von Mülldorf entlang und überqueren die A 560. Das Grüne C endet an der Sieg, wo wir dem Sieg-Radweg flussaufwärts folgen.

P9
38.4 km
3h 10min

Mit Blick auf den Siegburger Michaelsberg kommen wir am Knotenpunkt 2 vorbei, ehe wir am Ortsrand von Niederpleis auf den Knotenpunkt 1 treffen. Insbesondere von September bis November lohnt sich ein Abstecher zum **Fischpass (P 9)** bei Buisdorf, wo wir mit etwas Glück bei der Unkelmühle springende Lachse beobachten können. Zurück am Knotenpunkt 1 verlassen wir die Sieg und queren die A 560.

Wir folgen erneut dem Grünen C und passieren die Kirche Sankt Martinus, unter der die Tunnelröhre der ICE-Strecke Köln-Frankfurt entlangführt. Wir sind oberirdisch unterwegs und können den Blick zum Großen Ölberg im Siebengebirge genießen. Entlang des Pleisbachs folgt **Burg Niederpleis (P 10)** mit einem Hofladen und Wochenendgastronomie. Alternativ bietet ein Abstecher zum Landgasthof Niederpleiser Mühle die Gelegenheit, sich zu stärken.

P10
41.2 km
3h 25min

Nach dem Knotenpunkt 17 überqueren wir die L 143 und erreichen das Gelände des Internationalen Golf Club Bonn. Wir verabschieden uns von dem Grünen C und biegen links in den Birlinghovener Wald ab. Nun heißt es gut durchschnaufen, da der anstrengende Aufstieg auf eine Hochfläche folgt. Von einer Waldschneise haben wir unterwegs einen herrlichen Blick auf **Schloss Birlinghoven (P 11)**.

P11
46.6 km
3h 55min

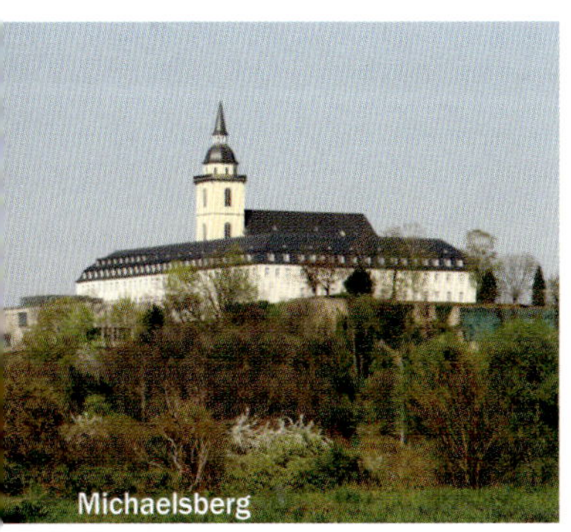
Michaelsberg

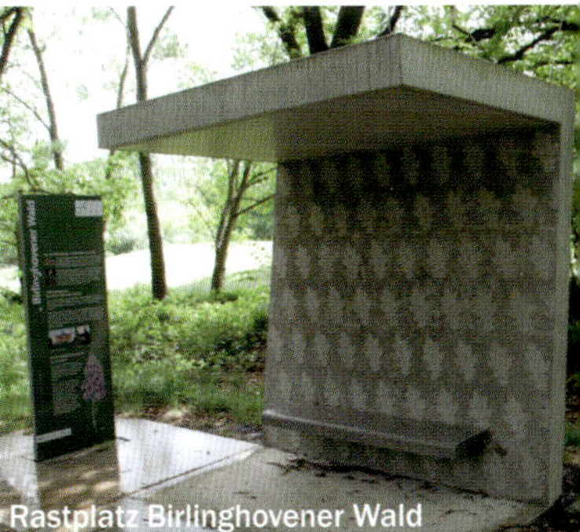
Rastplatz Birlinghovener Wald

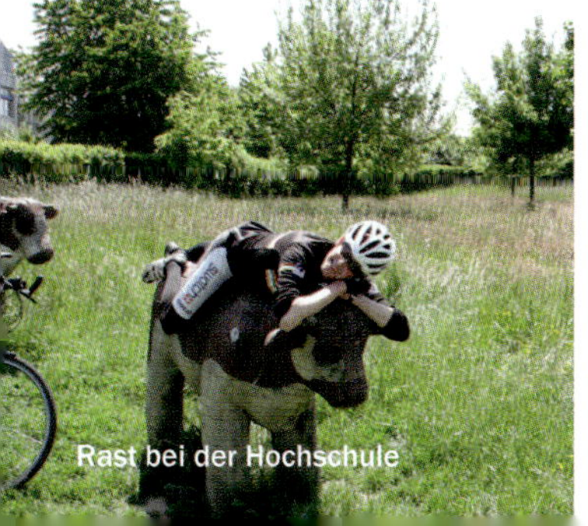
Rast bei der Hochschule

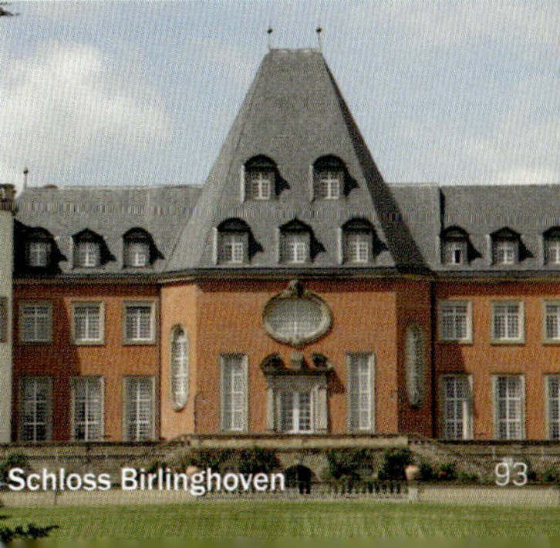
Schloss Birlinghoven

P12
51.9 km
4h 20min

Auf der Hochfläche angelangt, passieren wir Gielgen, das Gut Ettenhausen, Ungarten sowie Oberholtdorf und können uns auf eine rasante Waldabfahrt freuen. Im Laubwald des Naturparks Siebengebirge erreichen wir schließlich die steil abfallende Hangkante zur Rheinebene mit mehreren spektakulären Ausblicken wie dem „**Bonn-Blick**“ (**P 12**) oberhalb des Dornheckensees.

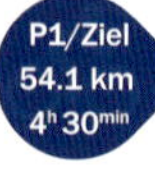

Nach einem kurzen Anstieg, führt der Weg steil nach Oberkassel hinunter. Bei dieser Abfahrt auf Schotteruntergrund muss man besonders achtsam sein. Wir queren die Ortschaft und erreichen unseren Ausgangspunkt, den **Bahnhof BN-Oberkassel** (**P 1**). Und einen schöneren Tourenausklang als den am Oberkasseler Rheinufer findet man kaum.

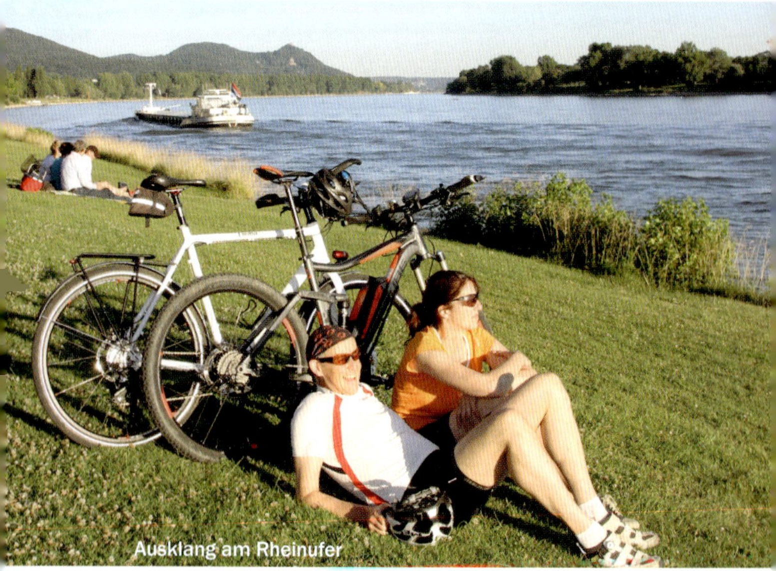

Ausklang am Rheinufer

Fazit

Eine Tour, bei der es ganz viel zu entdecken gibt. Das Grüne C ist unser „Wegweiser“. Bei Nässe kann die Strecke durch die Auenlandschaft an Rhein und Sieg matschig und bei Hochwasser eventuell gesperrt sein. Für die Rhein- und Siegfähre an Kleingeld denken.

TourTipps

- Bonn Information, Windeckstraße 1, Am Münsterplatz, 53111 Bonn
  0228/775000 www.bonn.de

- Rohmühle, Rheinwerkallee 3, 53227 Bonn
  0228/4100707 www.rohmuehle.com
- L'Osteria Bonn Rheinwerk, Portlandweg 4, 53227 Bonn
  0228/98148488 www.losteria.net
- Biergarten zum Blauen Affen, Elsa-Bränström-Straße 74, 53227 Bonn
  0228/465307 www.haus-am-rhein.de
- Biergarten Alter Zoll, Brassertufer, 53111 Bonn 0228/241243
- Rheinpavillon, Rathenauufer 1, 53113 Bonn
  01578/5548772 www.rheinpavillon-bonn.de
- Schänzchen, Rosental 105, 53111 Bonn 0228/9636529
- P4 Café Hafenschlösschen, Rheinallee 1, 53859 Niederkassel
  0228/452347 www.hafenschloesschen.de
- P5 Zur Siegfähre, Zur Siegfähre 7, 53844 Troisdorf 0228/475547 www.siegfaehre.de
- Restaurant und Hofladen Burg Niederpleis, Langstraße 1, 53757 Sankt Augustin
  P10 02241/333225 www.burg-niederpleis.de
- Niederpleiser Mühle, Pleistalstraße 56, 53757 Sankt Augustin
  02241/396045 www.niederpleisermuehle.de

- Sport Fahrrad Hübel, Königswinterer Straße 491, 53227 Bonn
  0228/442424 www.huebel-bonn.de
- Velocity, Belderberg 18 (B9), 53111 Bonn 0228/9813660 www.velo-city.de
- Fahrrad XXL Feld, Einsteinstraße 35, 53757 Sankt Augustin
  02241/9773 www.fahrrad-xxl.de/filiale/bonn-sankt-augustin/

- Römerbad, Eduard-Spoelgen-Straße 11, 53117 Bonn-Castell
  0228/7760850, www.bonn.de
- Freibad Sankt Augustin, Husarenstraße 51, 53757 Sankt Augustin
  02241/29013 www.sankt-augustin.de

Tour Download: **BRLSX8X8** (für GPS-Geräte)

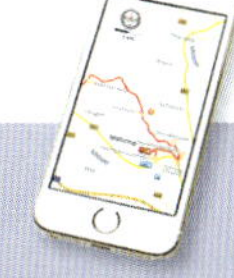

Startpunkte finden mit scan to go®

09 Bonner Nordschleife

Die Bonner Nordschleife verbindet Rheinradweg, Apfelroute und Erlebnisroute Süd. Wir erleben Rheinfeeling, die vielfältige Kulturlandschaft des Vorgebirges und die kurfürstliche Bonner Pracht. Die Kurzstrecke spart auf der Erlebnisroute Süd anstrengende Höhenmeter.

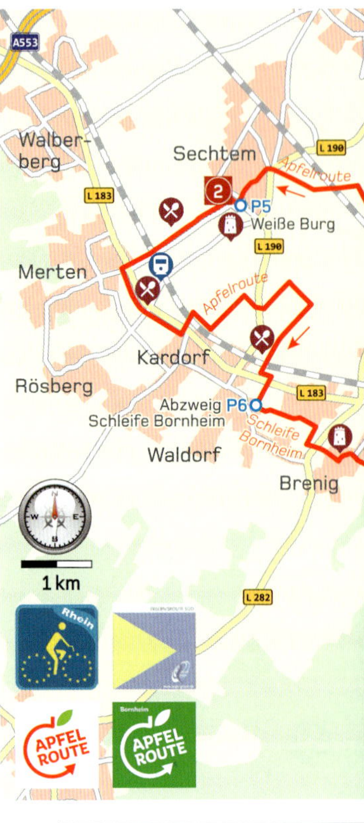

Start/Ziel: Parkplatz Römerbad, Eduard-Spoelgen-Straße 11, 53117 Bonn-Castell

N 50° 45' 13.7" E 7° 05' 48.4"

Anfahrt: A 565 bis Ausfahrt Bonn-Auerberg, Herseler Straße Richtung Graurheindorf, nach 350 Metern rechts in Werftstraße, nächster Kreisverkehr 1. Ausfahrt in Römerstraße, nach der Unterführung links abbiegen (Beschilderung Römerbad)

Parkplatz: Siehe Start/Ziel

Zug: Von Bonn Hbf bei Knotenpunkt 1 in die Tour einsteigen

Knotenpunkte: 14 - 13 - 12 - 11 - 2 - 4 - 71 - 73 - 1 - 79

Variante kurz: 

28.3 km 2h 20min 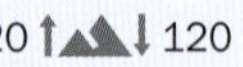 120 ↑ ↓ 120

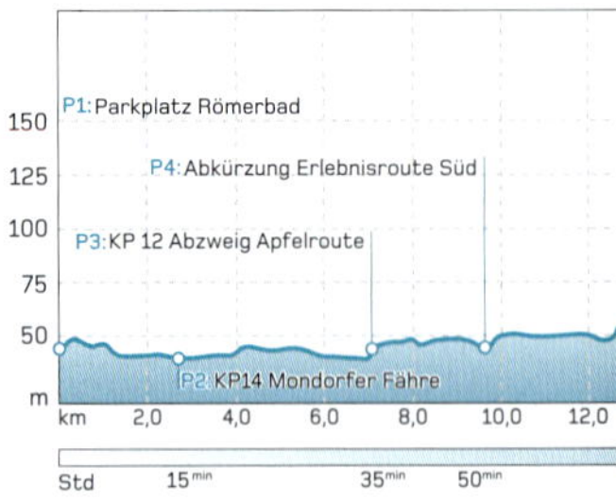

43.7	3h 40min	285 ↑	285 ↓
km	🕒		

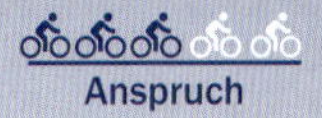

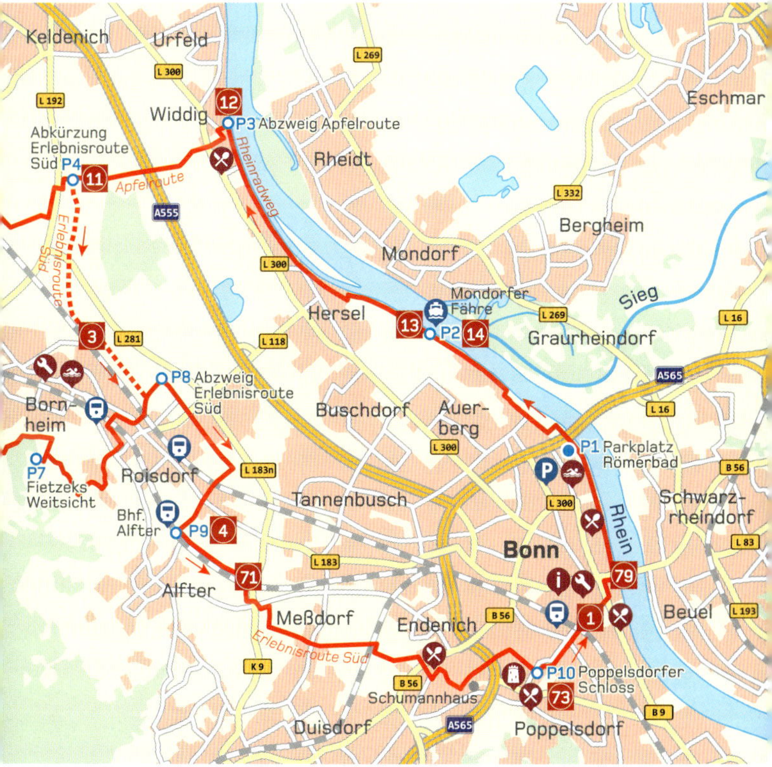

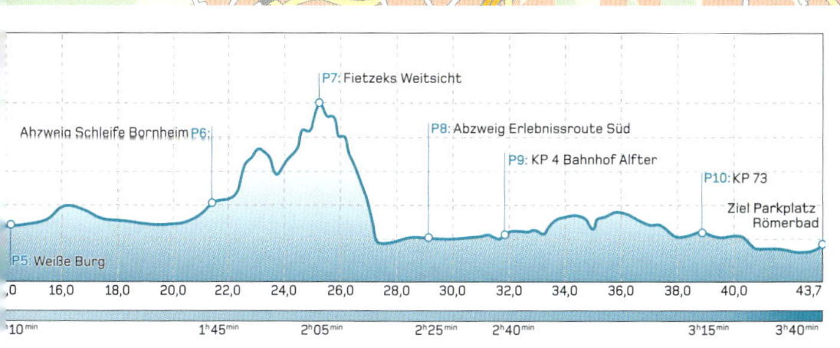

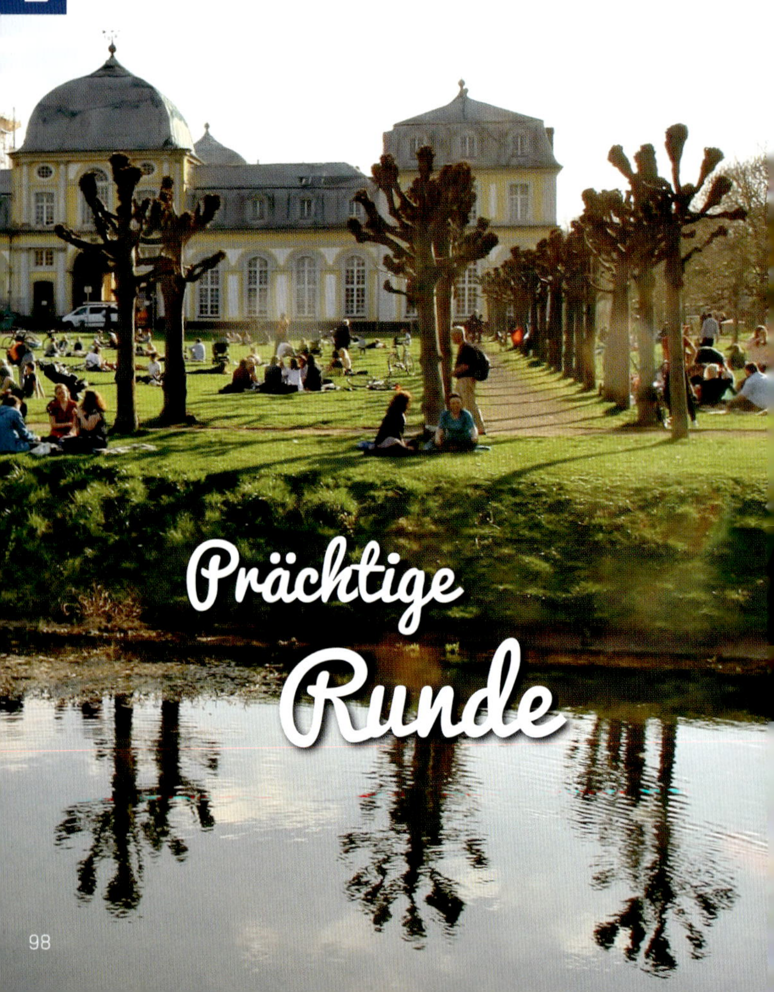

Prächtige Runde

Wir starten am Fuß der Bonner Nordbrücke am **Parkplatz Römerbad (P 1)** und orientieren uns Richtung Rheinufer. Nach ein paar Metern ist der Rheinradweg erreicht, dem wir Richtung Köln folgen. Wir rollen unter der Nordbrücke hindurch und kommen am Bonner Hafen mit den Gebäuden der Auermühle vorbei (▶ **Tour 4**). Beim Firmensitz von Wetter-Online gibt es hoffentlich keine Klagen über die heutige Wettervorhersage. Auf den folgenden 5,8 km von Graurheindorf bis Widdig verläuft der Radweg direkt am Rheinufer, ein herrlicher Streckenabschnitt und erster Höhepunkt der Tour. Besonders am Wochenende sind jedoch viele Radfahrer und Spaziergänger unterwegs.

P1
Start

Bei dem **Knotenpunkt 14 (P 2)** erreichen wir die Anlegestelle der Mondorfer Fähre. Mit dem Fährpavillon bietet sich uns eine erste Rastmöglichkeit. Am Fähranleger kreischen die Möwen, Sonnenhungrige bevölkern im Sommer die Kies- und Sandstrände, und Angler warten auf den großen Fang. Ein Päuschen am Rheinufer mit Blick auf den ruhig dahinziehenden Strom mit den Fracht- und Ausflugsschiffen ist immer wieder ein Erlebnis.

P2
2.6 km
15min

Nach dem Knotenpunkt 13 folgt mit der Herseler Werth die einzige nicht zugängliche Rheininsel in Nordrhein-Westfalen. Das Naturschutzgebiet ist ein Vogelparadies. Nach dem Rheinarm mit seinen Stegen für Sport- und Hausboote fällt es schwer, sich vom Rheinufer zu verabschieden. Das Hotel Rheinterrassen bietet noch einmal die Gelegenheit zum Päuschen mit Rheinblick, bevor wir in Widdig beim **Knotenpunkt 12 (P 3)** auf die Apfelroute abbiegen.

P3
7.0 km
35min

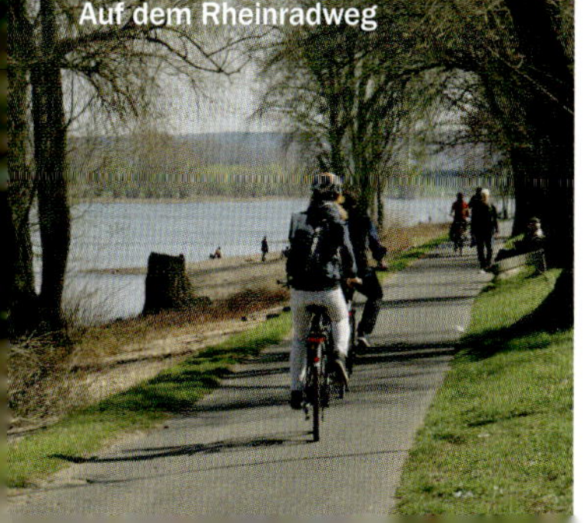
Auf dem Rheinradweg

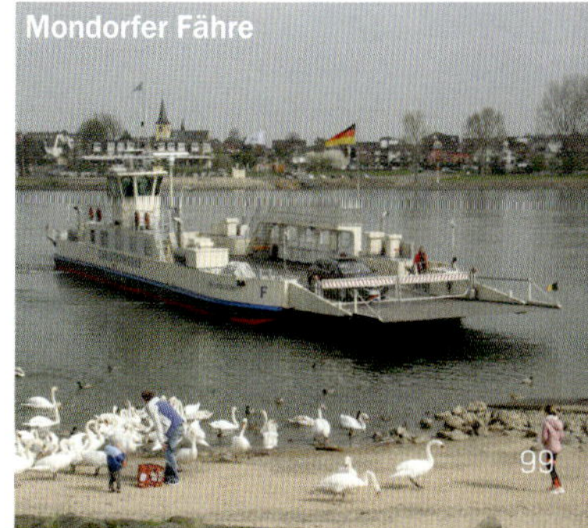
Mondorfer Fähre

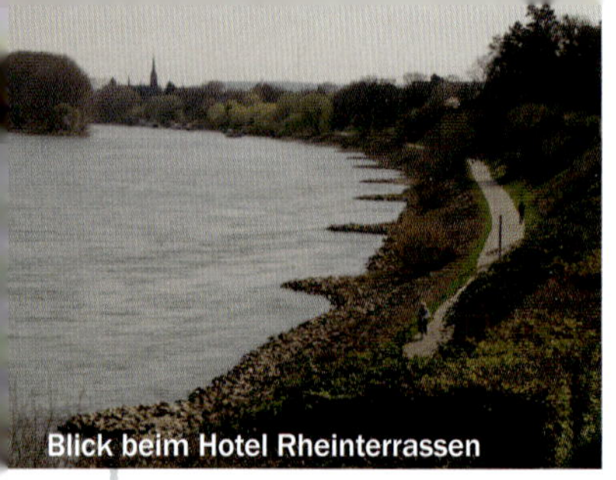
Blick beim Hotel Rheinterrassen

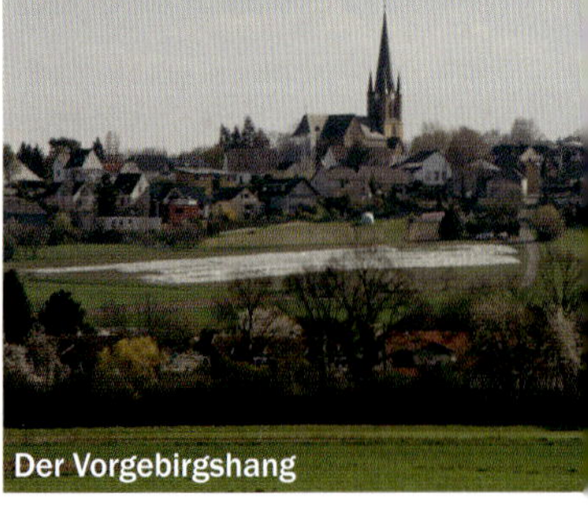
Der Vorgebirgshang

In der Rheinebene bestimmen weite Acker- und Feldflächen den Blick. Am Horizont taucht der Vorgebirgskamm mit den markanten Kirchtürmen der Vorgebirgsdörfer auf. Die Fahrt durch die fruchtbare Ebene kann bei Westwind recht anstrengend sein. Wir radeln unter der A 555 hindurch und erreichen den Knotenpunkt 11. Hier stößt der Radweg Erlebnisroute Süd zu uns, um nach gut 200 Metern links entlang des Alfter-Bornheimer Baches abzubiegen. An der **Weggabelung (P 4)** haben wir die Wahl zwischen **Kurz-** und **Langstrecke**.

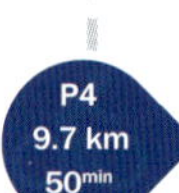

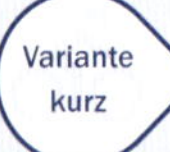

Die **Kurzstrecke** *folgt dem Radweg Erlebnisroute Süd am Alfter-Bornheimer Bach entlang in Richtung Schloss Bornheim. Die Erlebnisroute Süd verbindet auf 37,6 km den Kölner Volksgarten mit dem Bonner Hofgarten. Ein Teil der* **Kurzstrecke** *führt auf der sogenannten Treckerautobahn entlang. Die gut asphaltierte Gemüseroute reicht von Walberberg bis zum ehemaligen Centralmarkt in Roisdorf. Nach Knotenpunkt 3 am Ortsrand von Roisdorf sind wir zurück auf der* **Langstrecke**.

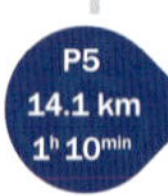

Auf der **Langstrecke** bleiben wir auf der Apfelroute. Der Radweg führt durch die Ortschaft Sechtem mit der markanten Pfarrkirche St. Gervasius und Protasius. Am Ortsrand kommen wir an der von einem Wassergraben umgebenen **Weißen Burg (P 5)** vorbei. Die Anlage befindet sich in Privatbesitz.

Das Burghaus wurde im Stil eines italienischen Landhauses erneuert und wird durch seinen weißen Anstrich dem Namen der Burg besonders gerecht. Nach einem Abstecher zum Tor der Weißen Burg erreichen wir Knotenpunkt 2. Weiter geht es durch das sogenannte Gartenland.

Die Ebene und die Hänge des Vorgebirges gehören zu den ältesten und ertragreichsten Anbaugebieten in Deutschland. Die Überschwemmungen des Rheins hinterließen über Jahrtausende den fruchtbaren Lössboden. Zusammen mit dem milden Klima ermöglicht dies bis zu 4 Ernten pro Jahr. Im Vorgebirge werden über 100 verschiedene Obst- und Gemüsesorten angebaut. Weit über die Region hinaus bekannt sind der Bornheimer Spargel und die Erdbeeren. Der Bornheimer Spargel wurde 2014 sogar in das EU-Register für regionale Spezialitäten aufgenommen und ist damit so geschützt wie Champagner und Parmaschinken. Je nach Jahreszeit erleben wir die Landschaft bunt blühend oder in Folie gepackt. Zudem prägen riesige Rollrasenflächen und Blumenfelder die Landschaft.

Nach dem Bahnhof Merten-Sechtem rollen wir am Ortsrand von Merten an der viel befahrenen Pappelstraße entlang. Dass die Apfelroute auch eine Genussroute ist, zeigt sich bei der Hofanlage Schmitz-Hübsch und dem Café „Der Apfelbäcker". Ein Flyer gibt Auskunft über die verschiedenen Apfel- und Birnensorten, deren Verfügbarkeit und Geschmack. Der Feinschmeckerapfel Wellant ist zum Beispiel sehr aromatisch, saftig und fest. Das Probieren ist erwünscht. Schmitz-Hübsch bietet nach Voranmeldung auch Gruppenführungen mit Rundgang durch die Obstplantagen und den Besuch des firmeneigenen Museums. Hofladen und Café sind am Sonntag geschlossen.

Beim Restaurant Zum alten Bahnhof biegen wir anschließend links von der Pappelstraße ab, und der Radweg verläuft im Zickzack durch die Felder. Wir passieren den Gemüsehof

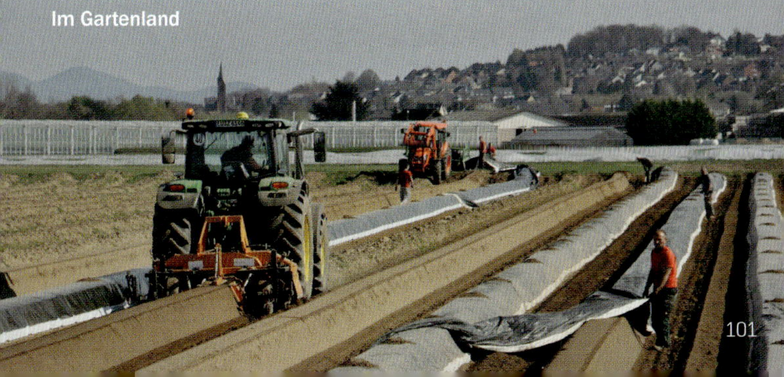
Im Gartenland

Steiger und wenig später den Biohof Bursch. Dort bietet sich das Café des Hofladens mit Terrasse und Garten für eine Erholungspause an. Wie Schmitz-Hübsch hat Bursch jedoch sonntags geschlossen. Weiter geht es nach Waldorf, wo wir bei einem grünen Holzhaus die Hauptroute der Apfelroute verlassen und nach links auf die **Schleife Bornheim (P 6)** abzweigen.

P6
21.4 km
1h 45min

Nun liegt der Vorgebirgshang mit Schloss Rankenberg vor uns. Ein kurzer, heftiger Steilanstieg führt uns nach Brenig mit seiner eindrucksvollen Kirche. Die Silhouette des Turmes kennen wir vom Blick aus der Ebene. Auf eine Abfahrt folgt ein 130 Meter langer Steilanstieg, ohne E-Bike ist Schieben keine Schande. Dafür werden wir mit der herrlichen Panoramasicht von Köln über Bonn bis zum Siebengebirge belohnt. Zudem ist auf dem Vorgebirgshang deutlich weniger los als am Rheinufer. Der Abstecher zum Aussichtsturm **Fietzeks Weitsicht (P 7)** (▶ **Tour 10**) lohnt sich, bietet aber kaum bessere Sicht.

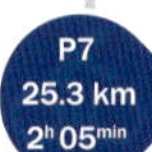

Weiter geht es am Vorgebirgshang entlang durch die herrliche Streuobstwiesenlandschaft. Nach der Bioland-Gärtnerei Schulz biegen wir links ab und fahren durch ein Wohngebiet den steilen Hang hinab nach Roisdorf. Nach etlichen Richtungswechseln passieren wir das Rathaus Bornheim, vor dem ein Teil der römischen Eifelwasserleitung steht. Beim gegenüber-

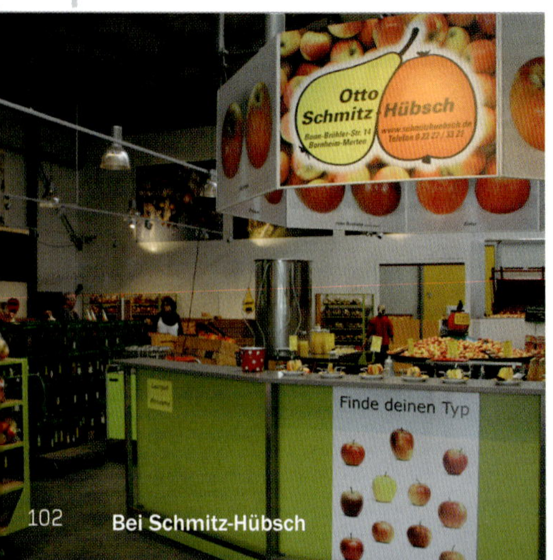

Bei Schmitz-Hübsch

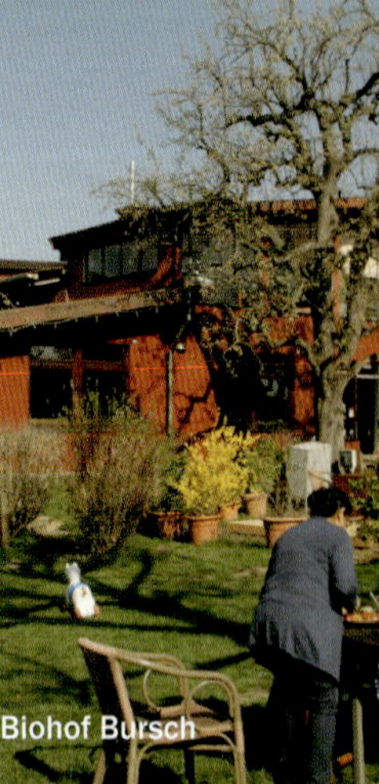

Biohof Bursch

liegenden Fachmarktzentrum halten wir uns links und rollen unter der Eisenbahntrasse hindurch. Am Ortsrand von Roisdorf stößt die **Kurzstrecke** zu uns, und wir wechseln auf den **Radweg Erlebnisroute Süd (P 8)**.

P8 29.1 km $2^{h} 25^{min}$

Anschließend pedalieren wir in einem Industrie- und Gewerbegebiet am ehemaligen Centralmarkt vorbei und zweigen am Knotenpunkt 4 beim **Bahnhof Alfter (P 9)** vor dem Bahnübergang links ab. Entlang der Bahnlinie geht es, flankiert von Kleingärten, zum Knotenpunkt 71. Nach einem Kreisverkehr rollen wir mit Blick auf Bonn und das Siebengebirge auf Meßdorf zu. Danach streift die Erlebnisroute Süd den quirligen Bonner Stadtteil Endenich mit zahlreichen Einkehrmöglichkeiten wie dem Eis-Café Fontanella.

P9 31.9 km $2^{h} 40^{min}$

Bei der Querung der Sebastianstraße lohnt sich ein Abstecher zum 50 Meter entfernten Schumannhaus. Das im klassizistischen Stil erbaute Landhaus ist das Sterbehaus des deutschen Komponisten Robert Schumann. Entlang der Endenicher Allee überqueren wir sodann auf einer Brücke die A 565 und biegen beim Mathematikzentrum rechts ab. Bis zum Poppelsdorfer Schloss reiht sich ein Universitätsinstitut an das nächste. Beim Knotenpunkt 73 haben wir schließlich das **Poppelsdorfer Schloss (P 10)** und den Botanischen Garten erreicht.

P10 38.9 km $3^{h} 15^{min}$

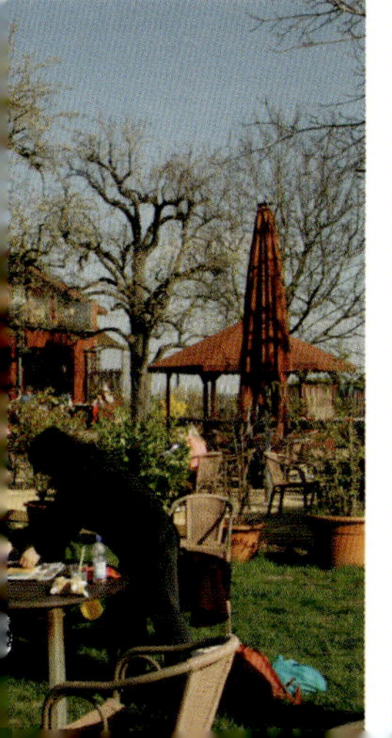

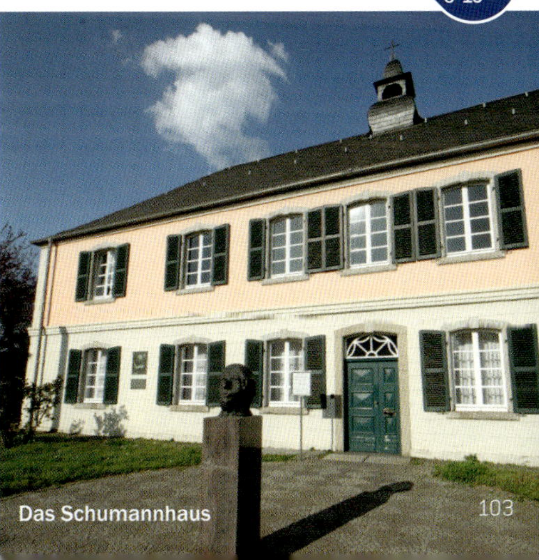

Das Schumannhaus

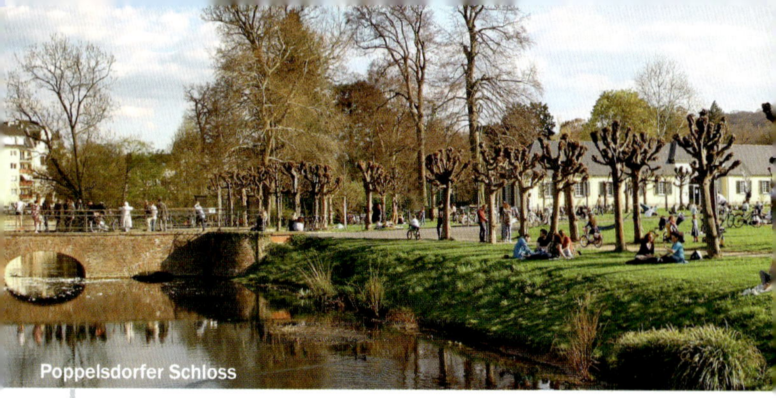
Poppelsdorfer Schloss

Das Poppelsdorfer Schloss wurde 1753 vom Kölner Kürfürst Clemens August fertiggestellt, Baumeister war Balthasar Neumann. Der quadratische Bau umschließt einen runden Arkadenhof. Schloss und Schlossgarten wurden 1818 der neuen Rheinischen Friedrich-Wilhelm-Universität Bonn übertragen. Im Schlossgarten ist ein Botanischer Garten mit über 8000 Pflanzenarten aus aller Welt angelegt worden. Ein Highlight für Musikfreunde sind die Poppelsdorfer Schlosskonzerte vor der am Abend beleuchteten Barockkulisse des Schlosses.

Für die wohlverdiente Verschnaufpause können wir es uns auf der Wiese vor dem ehemaligen Lustschloss gemütlich machen oder wir testen die Gastronomie entlang der Clemens-August-Straße südlich des Schlosses. Gut erholt fahren wir entlang der

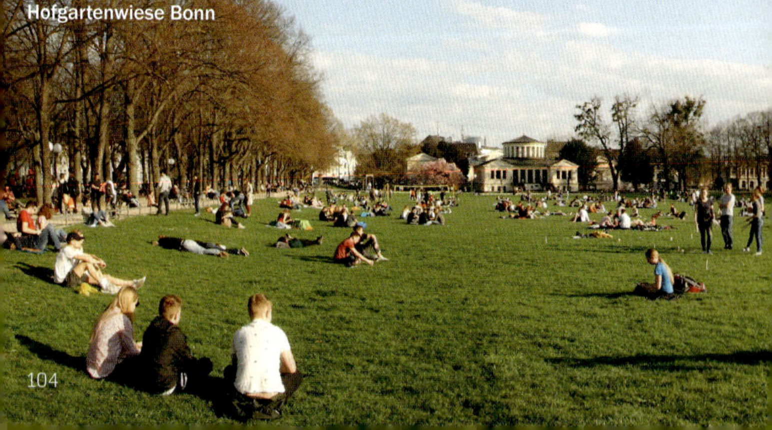
Hofgartenwiese Bonn

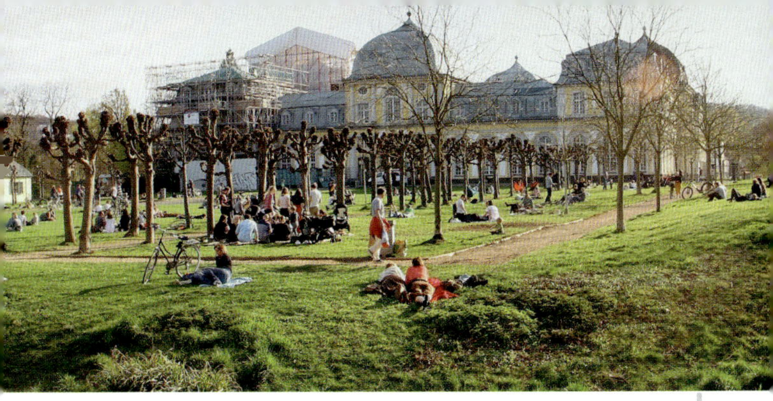

kastanienbestandenen Poppelsdorfer Allee weiter. Ursprünglich verband die Prachtstraße das Poppelsdorfer Schloss mit dem Kurfürstlichen Schloss. Heute unterbricht eine Bahnlinie den Straßenverlauf. Nach der Bahnunterführung sind wir beim Knotenpunkt 1 in der Bonner Innenstadt angelangt.

Bei der Hofgartenwiese am Kurfürstlichen Schloss endet die Erlebnisroute Süd. Die ehemalige Residenz der Kölner Kurfürsten wird heute wie das Poppelsdorfer Schloss von der Universität Bonn genutzt. Der Hofgarten ist ein beliebter Treffpunkt, und bei Sonnenschein ist die Wiese dicht bevölkert. Vom Hofgarten bis zum Rheinufer sind es nur ein paar Meter. Wir überqueren die Adenauerallee und können als Tourenausklang einen Abstecher in den Biergarten Alter Zoll unternehmen.

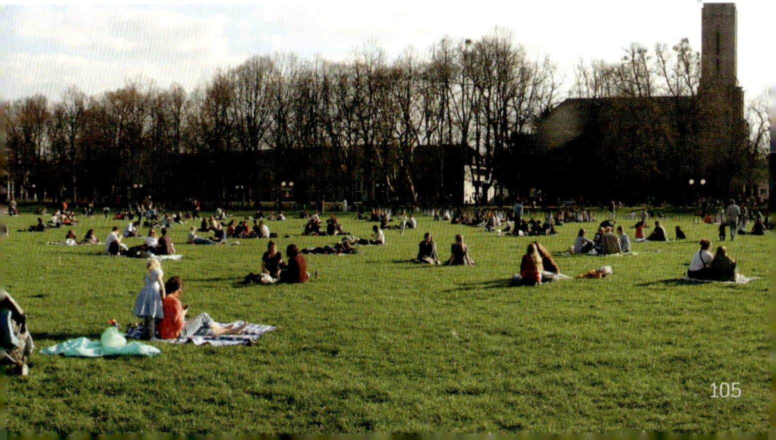

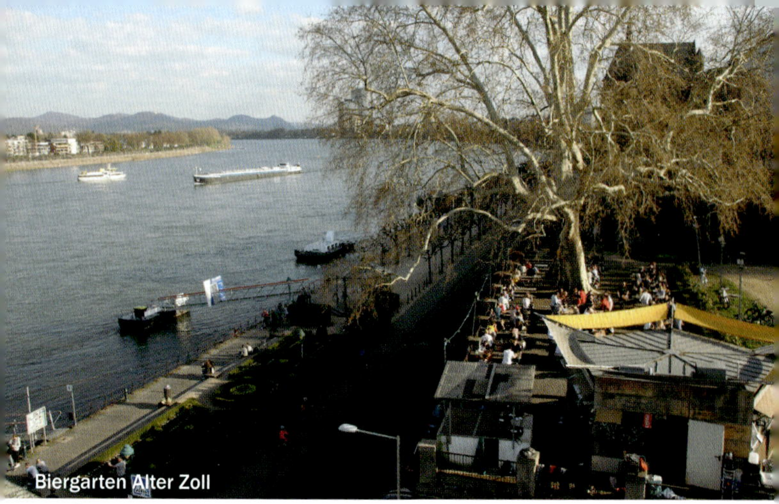

Biergarten Alter Zoll

Am Knotenpunkt 79 erreichen wir das Rheinufer. Wir rollen auf dem Rheinradweg am Opernhaus vorbei und unter der Kennedybrücke mit dem Bröckemännche hindurch. Die Sandsteinfigur streckt ihr Hinterteil in Richtung des rechtsrheinischen Beuel, weil Beuel unmittelbar vor Fertigstellung der Brücke seine Beteiligung an den Baukosten zurückzog. Auf der Beueler Rheinseite befindet sich als „Gegenstück“ ein grimmig schauendes Brückenweibchen. Danach radeln wir die letzten Meter gemütlich entlang des Rheins zurück zum Ausgangspunkt, dem **Parkplatz Römerbad (P 1)**.

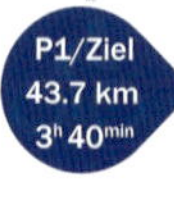

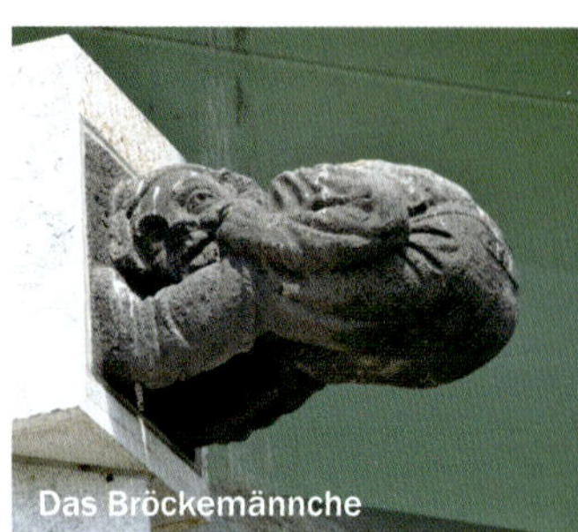
Das Bröckemännche

Fazit

Eine Genusstour mit vielen Facetten: Die Kombination von Rheinfeeling, Vorgebirgshang, Obstplantagen, Erdbeer-, Salat- und Spargelfeldern sowie städtischem Leben sorgt für den besonderen Pfiff. Da einige Passagen windanfällig sind, besser einen windstillen Tag wählen.

TourTipps

- Bonn Information, Windeckstraße 1, 53111 Bonn, 0228/775000, www.bonn.de

P3
- Fährpavillon, Milchgasserweg 22, 53117 Bonn-Graurheindorf, 0228/450090
- Hotel Rheinterrassen, Römerstraße 99, 53332 Bornheim-Widdig, 02236/922020, www.hotel-rheinterrassen.de
- Hofanlage Vorgebirgsblick, Händelstraße 45, 53332 Bornheim-Merten, 02227/905333, www.vorgebirgsblick.de
- Hofladen Schmitz-Hübsch mit Café „Der Apfelbäcker", Bonn-Brühler-Straße 14, 53332 Bornheim-Merten, 02227/8369996, www.schmitzhuebsch.de
- Biohof Bursch, Weidenpeschweg 31, 53332 Bornheim-Waldorf, 02227/9199-14 (Hofladen), www.biohof-bursch.de
- Eis-Café Fontanella, Endenicher Straße 304, 53121 Bonn-Endenich, 0228/6202478

P10
- Schloss Café Poppelsdorf, Clemens-August-Straße 21, 53115 Bonn, 0228/4330800, www.schloss-cafe-poppelsdorf.de
- Biergarten Alter Zoll, Brassertufer, 53111 Bonn, 0228/241243
- Biergarten Schänzchen, Rosental 105, 53111 Bonn, 0228/9636529

- Fahrradhaus Luft, Königstraße 81a, 53332 Bornheim, 02222/3304, www.fahrradhaus-luft.de
- Klingeling, Belderberg 32 (Eingang Franziskanerstraße 21), 53113 Bonn, 0228/88652365, www.klingeling-bonn.de
- Velocity, Belderberg 18 (B 9), 53111 Bonn, 0228/9813660, www.velo-city.de

- HallenFreizeitBad Bornheim, Rilkestraße 3, 53332 Bornheim, 02222/3716, www.stadtbetrieb-bornheim.de
- Römerbad, Eduard-Spoelgen-Straße 11, 53117 Bonn-Castell, 0228/7760850, www.bonn.de

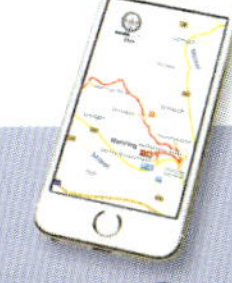

Tour Download: **BRLSX9X7** (für GPS-Geräte)

Startpunkte finden mit scan to go®

10 Apfelroute Nord

Die Apfelroute und zwei ihrer Schleifen führen uns von Rheinbach zum Vorgebirgshang und hinab in die fruchtbare Rheinebene. Die Kurzstrecke nutzt die Wasserburgen-Route als Abkürzung entlang des Swistbachs.

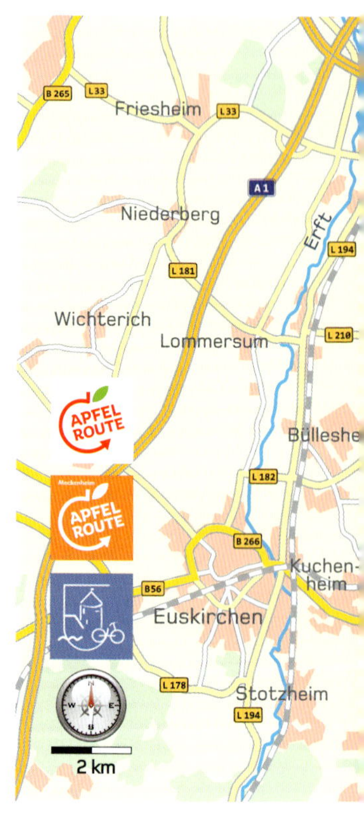

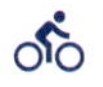

Start/Ziel: Bhf Rheinbach, Bahnhofstraße 36, 53359 Rheinbach

N 50° 37‘ 44.4“ E 6° 56‘ 53.7“

Anfahrt: A 61 bis Ausfahrt 28 Rheinbach, B 266 Richtung Euskirchen folgen, bei Ampelkreuzung auf Höhe Raiffeisentankstelle links Richtung „Zentrum/Bahnhof“ abbiegen, nach der Brücke rechts Richtung Bahnhof zum Parkplatz „Am Getreidespeicher“ fahren

Parkplatz: „Am Getreidespeicher“, von dort 300 Meter zum Bahnhof Rheinbach.

Zug: RB 23 und S 23 bis Rheinbach

Knotenpunkte:
84 - 75 - 76 - 5 - 86 - 88

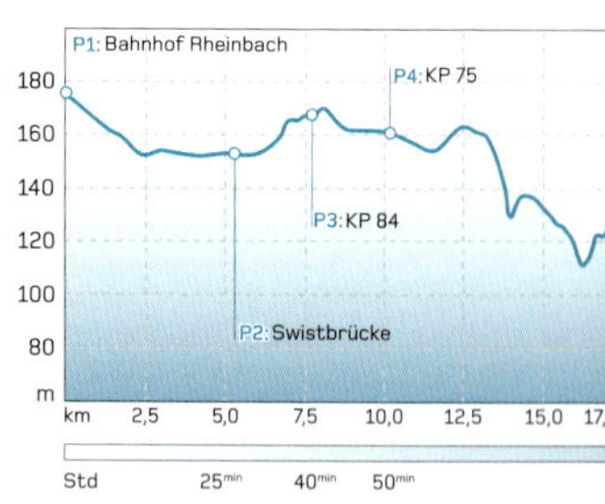

Variante kurz:

24.1 km | 2h | 80 ↑ ↓ 80

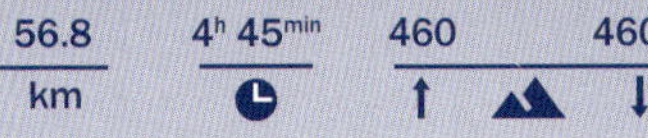

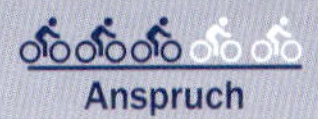

Rösberg
Kardorf
Apfelroute Hauptroute P7
Schleife Bornheim
Bornheim
A 555
Hersel
L 269
L 283
L 300
P6 Abzweig Schleife Bornheim
A 565
Auerberg
Swistbach
Roisdorf
Fietzeks Weitsicht
Rhein
Weilerswist
Tannenbusch
10
P5 Schloss Alfter
L 183
Bonn
Metternich
Alfter
L 182
B9
A 61
L 163
B56
Oedekoven
Lessenich
Heimerzheim
Endenich
Impekoven
P8 Burg Heimerzheim
B56
Duisdorf
Kessenich
5
L 182
Straßfeld
Apfelroute
Brüser Berg
Swisttal
Witterschlick
L 163
L 113
Apfel-route
Buschhoven
Röttgen
B56
Dom-Esch
Miel
76
L 261
Essig
86
B56
P9
P4 75
Schloss Miel
Schleife Meckenheim
Wasserburgenroute
Odendorf
A 565
Pech
A 61
P10
Zehnthaus
Apfelroute
Ober-drees
P2
Swistbrücke
P3 84 Abzweig Schleife Meckenheim
B 266
L 113
L 261
L 158
Villip
Merl
P1 Bhf. Rheinbach
Rheinbach
Meckenheim
88

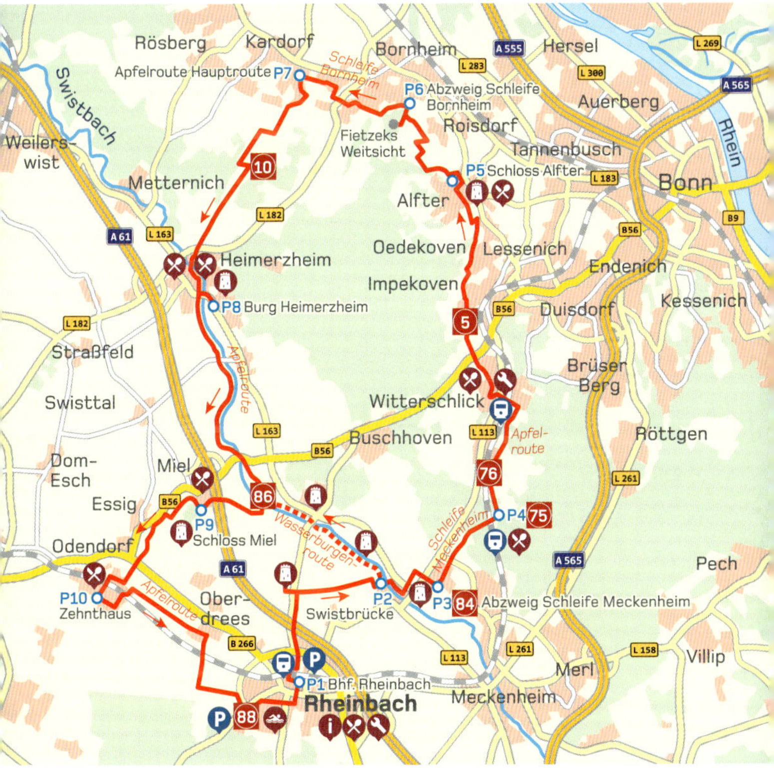

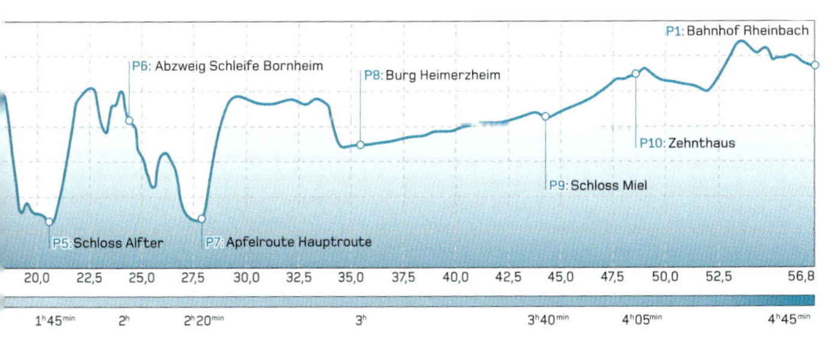

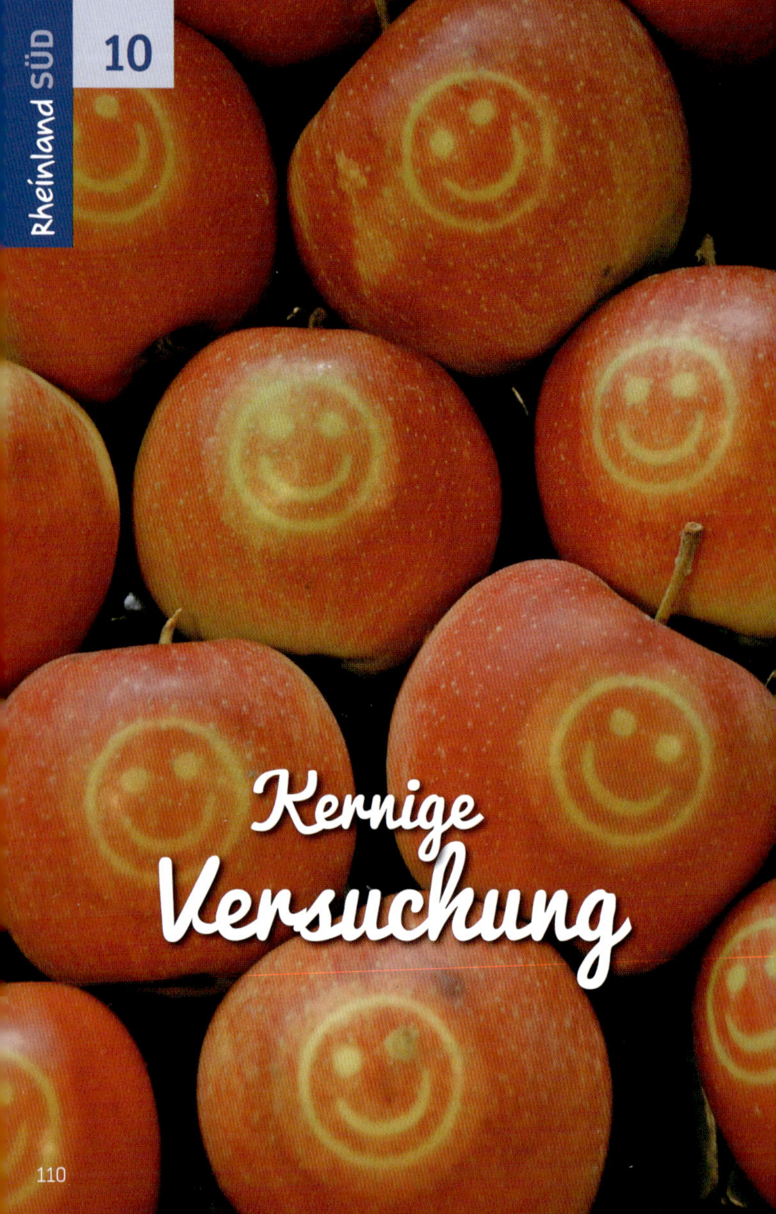

Kernige Versuchung

P1
Start

Wir starten vor dem **Bahnhof Rheinbach (P 1)**. Ich empfehle die Tour gegen den Uhrzeigersinn zu fahren. Durch die Bahnhofsunterführung gelangen wir auf die nördliche Gleisseite und folgen der Apfelroute durch ein Wohngebiet. Die rheinische Apfelroute ist rund 120 Kilometer lang und wird durch sechs Schleifen ergänzt. Wir beschränken uns auf den nördlichen Teil der Apfelroute (als Ergänzung ▶ **Tour 12**).

Beim Gründer- und Technologiezentrum kommen wir an einem Teil der berühmten Römischen Wasserleitung vorbei, die von der Eifel über Rheinbach ins 95 km entfernte Köln führte. Bis Peppenhoven fahren wir entlang der L 493 und überqueren auf einer Brücke die A 61. Der sanft abfallende Radweg ist gut zum Einrollen. Für einen Foto-Abstecher zur 1697 erbauten Burg Peppenhoven müssen wir die viel befahrene Straße kreuzen.

Weiter geht es durch weite Felder und vorbei an Baumschulplantagen in Richtung Flerzheim. Der auffällige Kirchturm des Dorfes ist ein guter Orientierungspunkt. Am Horizont bestimmt das Siebengebirge den Blick. Durch die offene Landschaft ist diese Passage jedoch windgefährdet.

Am Ortsrand von Flerzheim erreichen wir den Swistbach. Kaum zu glauben, dass ein so harmlos wirkender Bach sich im Juli 2021 in einen reißenden Strom mit immenser Zerstörungskraft verwandelte. Wer sich für die **Kurzstrecke** entscheidet, zweigt vor der **Swistbrücke (P 2)** links ab und radelt auf der Wasserburgen-Route weiter.

P2
5.3 km
25min

Die **Kurzstrecke** *folgt der Wasserburgen-Route entlang des Swistbachs vorbei an Burg Müttinghoven und Burg Morenhoven zum Knotenpunkt 86, wo sie auf die* **Langstrecke** *trifft. Dieser Streckenabschnitt wurde durch das Hochwasser im Juli 2021 beschädigt und wird peu à peu wiederhergestellt.*

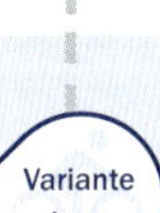

Auf der Apfelroute fahren wir durch Flerzheim und gelangen nach Lüftelberg. Beim **Knotenpunkt 84 (P 3)** müssen wir besonders achtgeben, weil wir auf die Schleife Meckenheim abbiegen. Zuvor bietet ein Abstecher einen Blick auf Burg Lüftelberg und die ehemalige Burgmühle (▶ **Tour 12**). Auf der

P3
7.6 km
40min

Schleife Meckenheim kommen wir wenig später bei der beliebten Waldgaststätte Bahnhof Kottenforst vorbei.

P4
10.3 km
50min

Jenseits der Bahngleise sind wir am **Knotenpunkt 75 (P 4)** zurück auf der Hauptroute der Apfelroute. Anschließend fahren wir beim Knotenpunkt 76 geradeaus und verlassen den Kottenforst. Rechter Hand fällt ein weithin sichtbarer Fernmeldeturm ins Auge. Nach der Ortschaft Heidgen geht es bergauf bergab weiter. In Witterschlick rollen wir am Hauptsitz der Deutsche Steinzeug AG und an einem schönen Fachwerkensemble vorbei.

Nun können wir auf der sanften Abfahrt in Richtung Ramelshoven die ländliche Idylle mit Feldern, Obstplantagen und Pferdeweiden genießen. Wir passieren den Hofladen Naturhof Wolfsberg und den Knotenpunkt 5. Danach beginnt der steile Anstieg nach Impekoven und Oedekoven. Dieser Wegabschnitt der Apfelroute ist auch Teil des Kunst- und Kulturlandschaftspfades Streuobst mit mehreren Infotafeln.

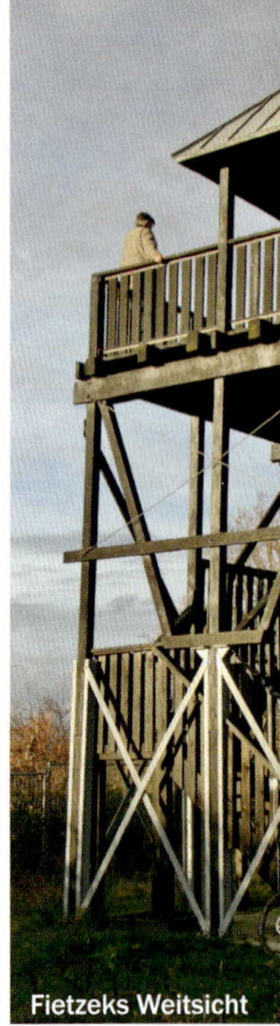
Fietzeks Weitsicht

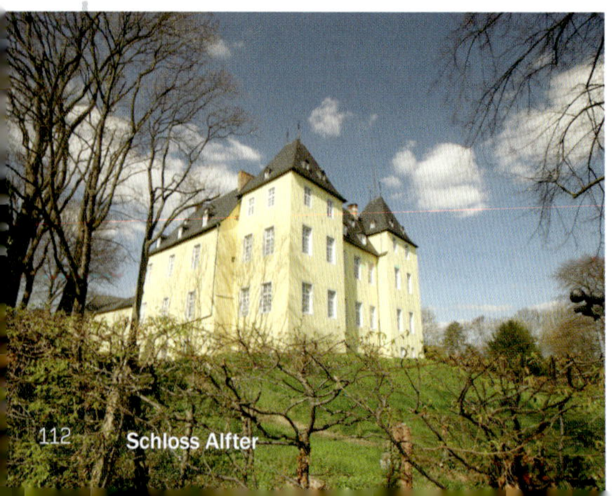
Schloss Alfter

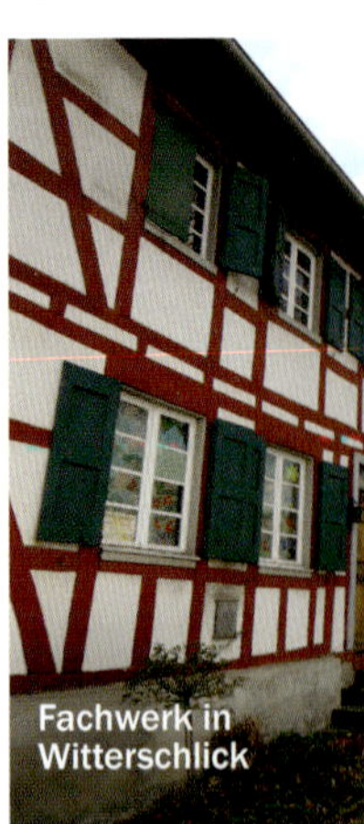
Fachwerk in Witterschlick

Beim Wasserturm Gielsdorf ist der Anstieg geschafft, und in rasanter Abfahrt zischen wir in die Rheinebene hinunter.

Am Fuß des Vorgebirgshangs müssen wir uns in einer Spitzkehre links halten und erreichen Alfter, das dank der Alanus Hochschule für Kunst und Gesellschaft sogar Hochschulstadt ist. Bei der Fahrt durch den Ort müssen wir auf die Einbahnstraßenregelung achten. Alfter bietet sich zum Einkehrstopp an und verfügt mit Möhren & Tulpen, Smillashops Cafébar sowie zwei nette Cafés. **Schloss Alfter (P 5)** prägt das Stadtbild. Der Verlauf der Apfelroute führt im Halbkreis um das gelb gestrichene Wahrzeichen der Stadt herum.

P5
20.6 km
$1^{h} 45^{min}$

Gut gestärkt beginnt nach Alfter der Steilanstieg am Vorgebirgshang zum Herrenhaus Buchholz. Ohne E-Bike ist die Steigung eine ziemliche Schinderei. Das Herrenhaus oben am „Berg" erinnert an einen englischen Landsitz. Vorbei an Brombeerhecken, Streuobstwiesen und Pferdeställen machen wir auf der welligen Fahrt entlang der Hangkan-

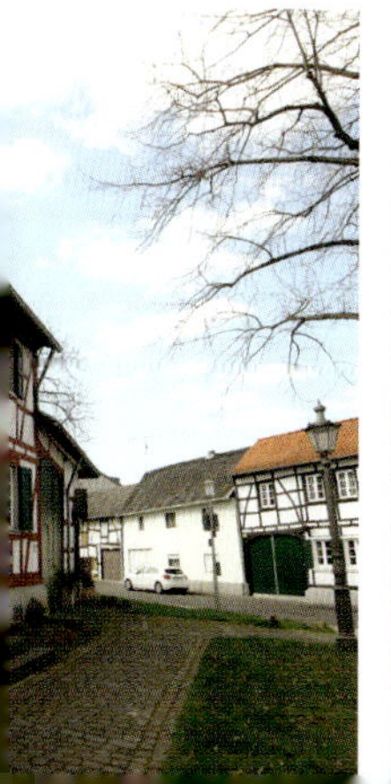

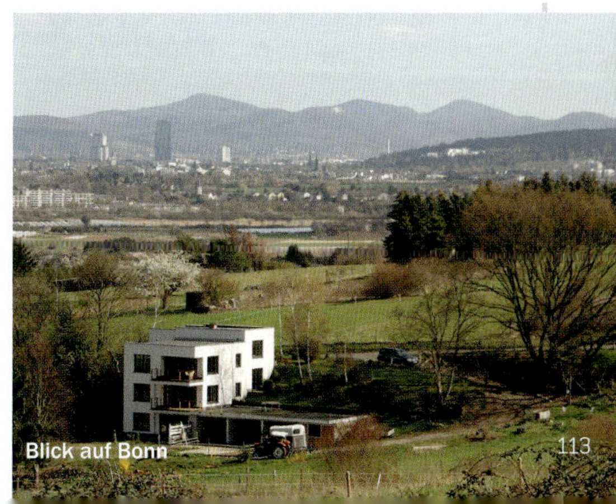

Blick auf Bonn

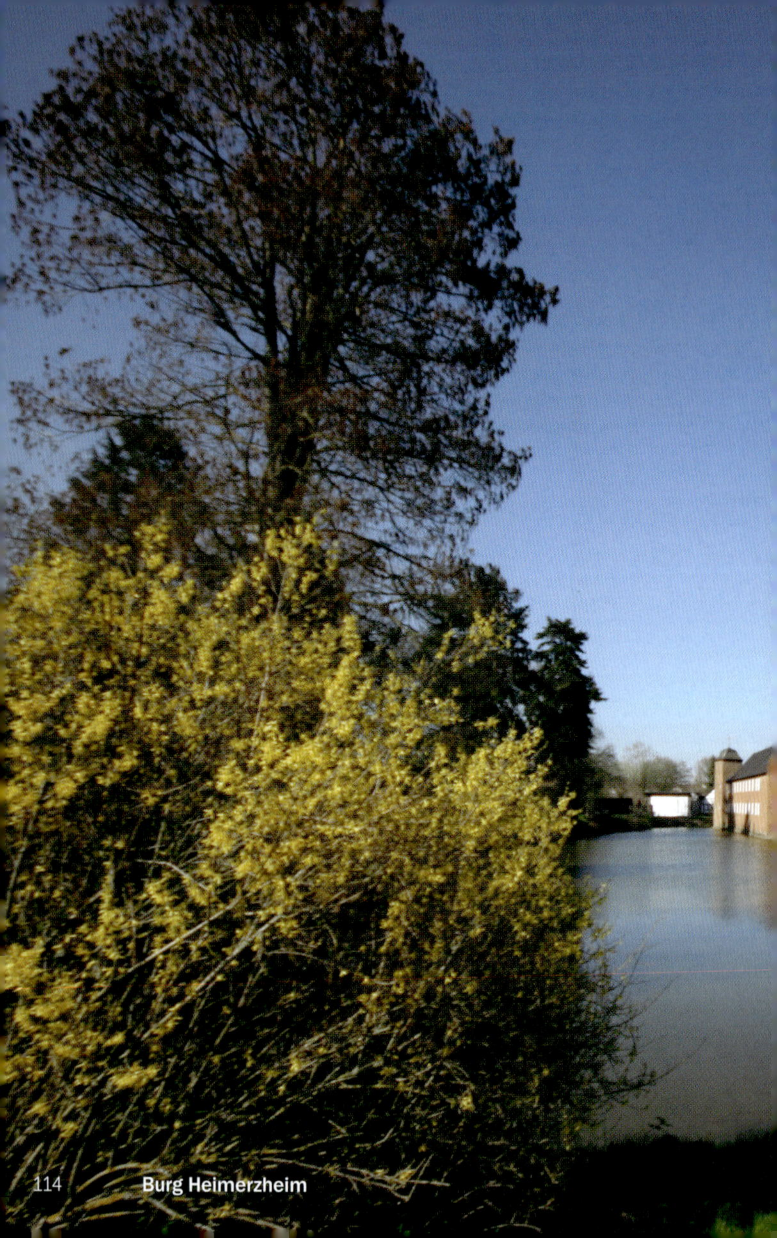

Burg Heimerzheim

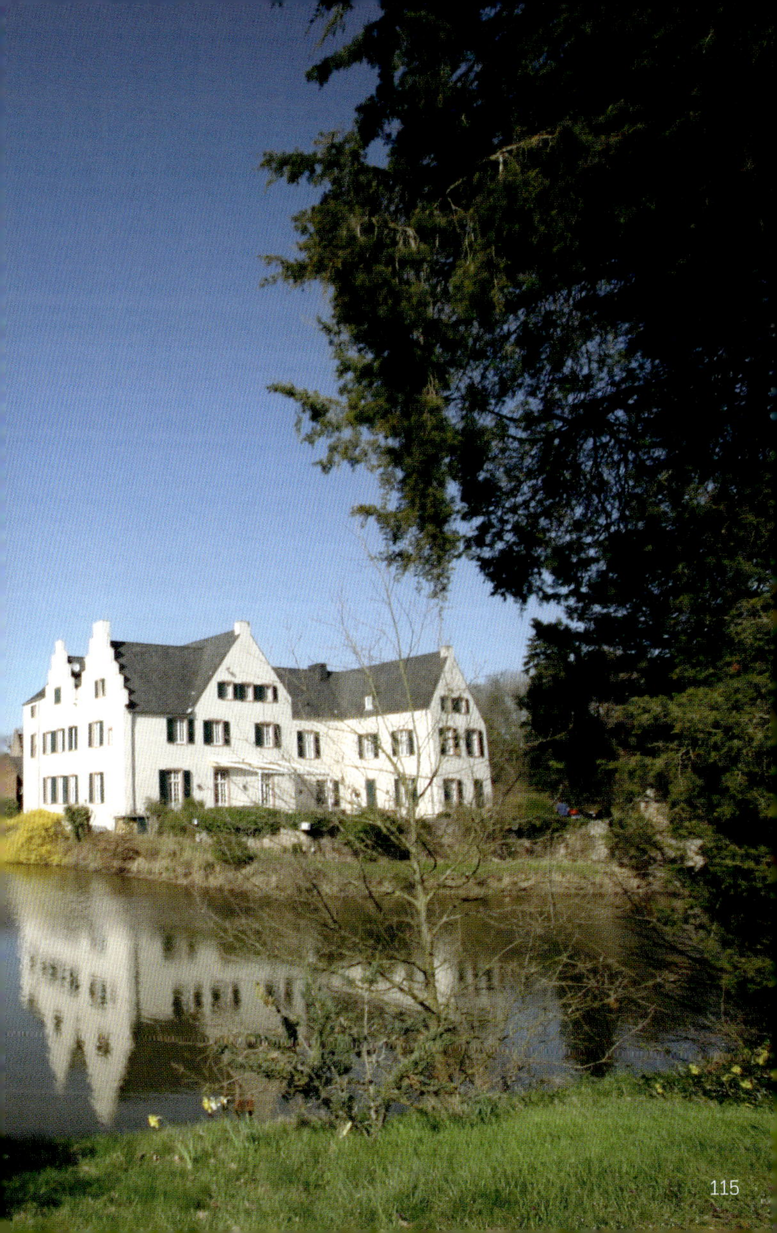

te weitere Höhenmeter. Der Blick hinab auf die Rheinebene ist kolossal und reicht vom Siebengebirge über Bonn und Köln bis zum rheinischen Braunkohlerevier.

Nach einem Abstecher zu Fietzeks Weitsicht, einem Aussichtsturm am Rand einer ehemaligen Quarzgrube (▶ **Tour 9**), dürfen wir in der folgenden Abfahrt die **Abzweigung** auf die **Schleife Bornheim (P 6)** nicht verpassen. Während die Hauptroute der Apfelroute dirket nach Botzdorf hinunterführt, biegen wir am Hang links ab und kommen auf der Schleife Bornheim nach Brenig. In dem Höhenort erwartet uns ein 300 Meter langer Steilanstieg zur Pfarrkirche St. Evergislus, dem sogenannten Vorgebirgsdom.

P6
24.3 km
2h

Es folgt die erneute Abfahrt hinab in die Ebene. Waldorf bietet einen bunten Mix aus Wohnhäusern, Backsteinhöfen, Fachwerkhäusern und modernen Bungalows. Noch vor dem Ortskern biegen wir links ab und sind wieder zurück auf der **Hauptroute** der **Apfelroute (P 7)**. Der anschließende Anstieg lässt sich trotz 6,7 Prozent Steigung recht gut treten. Wir fahren über die Hangkante hinweg, ein letzter Blick zurück auf die Rheinebene, dann rollen wir durch die ebene, weite Ackerfläche der Ville. Die Fahrt durch die offene Landschaft ist bei Gegenwind anstrengender als gedacht.

P7
27.9 km
2h 20min

Am Horizont taucht der sanft geschwungene Bergrücken der Eifel auf. In Heimerzheim erwartet uns eine kurze Abfahrt, bevor wir beim Traditionsgasthaus Zur Linde den Swistbach erreichen. Heimerzheim wurde von der Flutkatastrophe 2021 schwer getroffen. Die Apfelroute führt entlang des Swistbachs zum

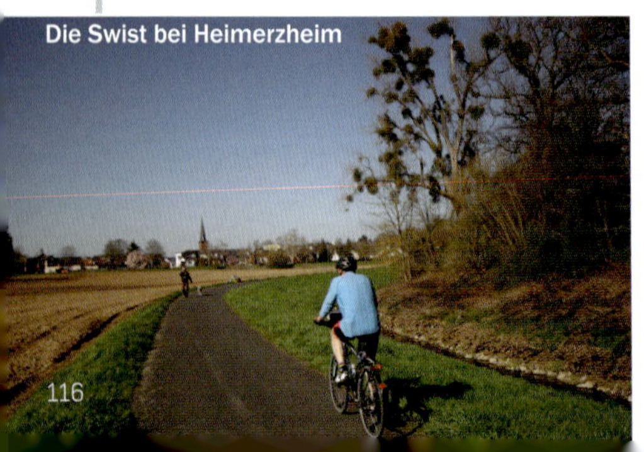
Die Swist bei Heimerzheim

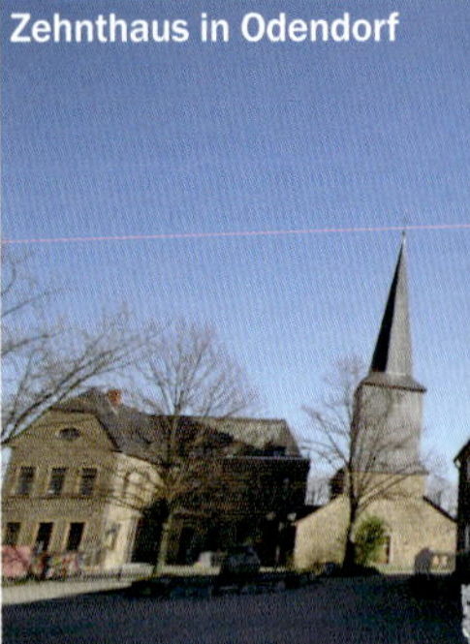
Zehnthaus in Odendorf

Ortsrand mit der imposanten **Burg Heimerzheim (P 8)**, die sich seit sechs Generationen im Familienbesitz der Freiherrn von Boeselager befindet. Auch die Burg Heimerzheim blieb von der Flut nicht verschont.

P8
35.5 km
3h

Die Parkanlage ist nach Beseitigung der Flutschäden hoffentlich weiterhin für die Öffentlichkeit zugänglich. Die Hauptachse der ehemals barocken Parkanlage ist auf den 13,5 Kilometer entfernten Vulkankegel des Tombergs ausgerichtet.

Es folgt ein Streckenabschnitt entlang des Swistbachs durch die weite Landschaft. Der Rollrasen im eigenen Garten stammt vielleicht von einer der Rollrasenflächen entlang des Radwegs. Auf unserem Weg durch die Swistaue überqueren wir die B 56 (Achtung: Gefahrenstelle!) und kommen an einer aufgelassenen Kiesgrube vorbei, die heute als Naturschutzgebiet ausgewiesen ist. Beim Knotenpunkt 86 stößt die **Kurzstrecke** zu uns, und wir nehmen Abschied vom Swistbach. Danach fahren wir auf einer kurzen Straßenpassage unter der A 61 hindurch und erreichen Miel, wo wir zum **Schloss Miel (P 9)** abbiegen.

P9
44.2 km
3h 40min

Am einstigen Sitz einer Ritterburg ließ 1767 der kurkölnische Staatsminister Freiherr Maximilian von der Heyden, genannt Graf Belderbusch, ein Jagdschloss im Stil Ludwig XVI. für sich und seine Geliebte errichten. Schloss Miel ist heute Sitz eines Golfclubs und als Eventlocation sowie Drehort für Filme bekannt. Das Schloss mit seinen prächtigen Barockräumen steht Besuchern gegen Eintritt teilweise offen. In der ehemaligen Remise befindet sich das Restaurant Graf Belderbusch. Dessen Terrasse ist ein herrlicher Ort für ein Päuschen.

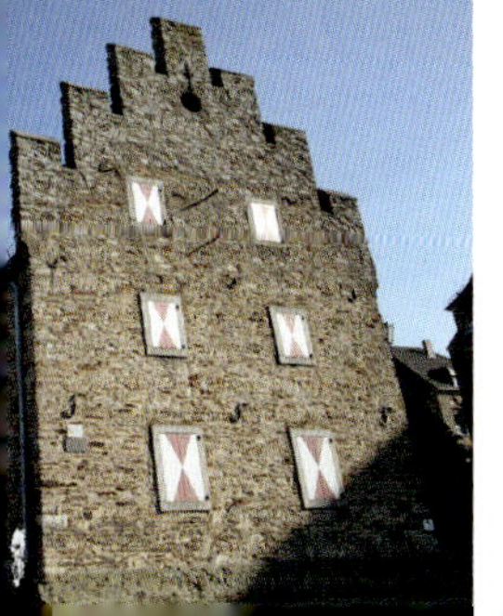

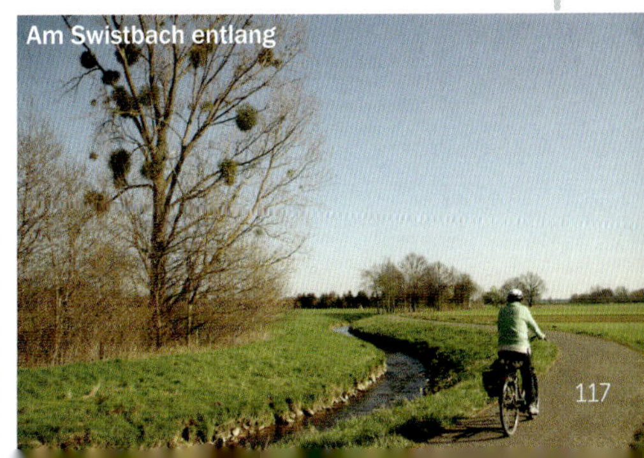

Am Swistbach entlang

P10
48.5 km
4h 05min

Zurück auf der Apfelroute rollen wir ein paar Meter am Golfplatz entlang, begleiten ein Stück den Orbach und kommen schließlich nach Odendorf, wo wir dem Radweg in einer weiten Schleife durch den Ort folgen. Das Café von Sturm lockt mit seiner leckeren Kuchenauswahl bevor wir mit dem **Zehnthaus (P 10)** und der alten Pfarrkirche St. Peter und Paulus aus dem 12. Jahrhundert den Ortskern erreichen. In der Kirche sind Teile der römischen Eifelwasserleitung verbaut.

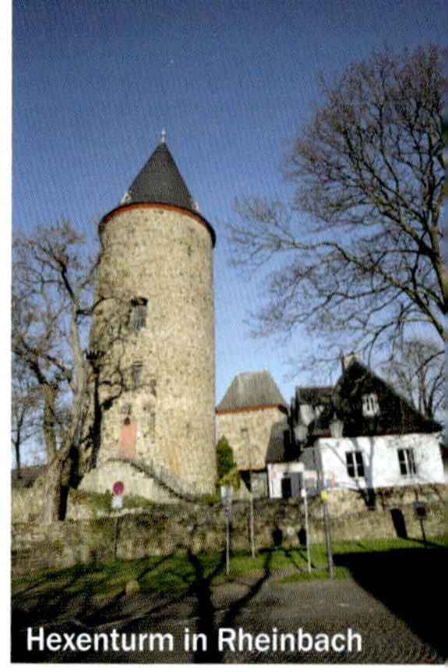
Hexenturm in Rheinbach

Über Oberdrees radeln wir anschließend durch die freie Feldlandschaft nach Rheinbach, dass ebenfalls von der Flutkatastrophe 2021 heftig betroffen war. Beim Knotenpunkt 88 ist das Freizeitbad monte mare nur ein paar Meter entfernt. Rheinbach beeindruckt mit seinem mittelalterlichen Flair. An der Stadtmauer mit Wasemer- und Windmühlenturm entlang fahren wir zum Bürger-, Kultur- und Naturparkzentrum Himmeroder Hof mit dem angeschlossenen Glasmuseum sowie dem Römerkanal-Infozentrum.

P1/Ziel
56.8 km
4h 45min

Ein paar Meter weiter stehen wir vor dem Wahrzeichen Rheinbachs, dem 1980 restaurierten Hexenturm, in dem im 17. Jahrhundert rund 130 Frauen und Männer als Hexen und Zauberer denunziert, gefoltert und getötet wurden. Auf dem Rückweg zum **Bahnhof Rheinbach (P 1)** bieten sich zahlreiche Cafés und Restaurants zur Einkehr an, um die Tour gemütlich ausklingen zu lassen. Wer mit dem Auto am Parkplatz „Am Getreidespeicher" geparkt hat, kann dort ein weiteres Stück der römischen Eifelwasserleitung bewundern.

Fazit

Die Kurzstrecke verspricht entspannten Radelgenuss auf ebener Strecke im Wasserburgenland bei Rheinbach. Die Langstrecke führt durch das hügelige Terrain am Vorgebirgshang, wo man für ein E-Bike dankbar ist. Wegen der vielen freien Flächen besser einen windstillen Tag auswählen.

TourTipps

- Naturparkzentrum Himmeroder Hof mit Glasmuseum, Himmeroder Wall 6, 53359 Rheinbach, 02226/2343, www.rheinbach.de

- Waldgaststätte Bahnhof Kottenforst, Bahnhof Kottenforst 8, 53340 Meckenheim, 02225/7322, www.waldgaststätte-bahnhof-kottenforst.de
- Hofladen Naturhof Wolfsberg, Raiffeisenstraße 51, 53347 Alfter-Witterschlick, 0228/96499450, www.naturhof-wolfsberg.de
- Möhren & Tulpen, Knipsgasse 25, 53347 Alfter, 01515/0009831, www.moehren-und-tulpen.de
- Smillashops Cafébar, Am Herrenwingert 16, 53347 Alfter, 02222/9790733, www.smilla-shops.de (P5)
- Traditionsgasthaus Zur Linde, Bachstraße 1, 53913 Swisttal-Heimerzheim, 02254/2459, www.traditionsgasthaus-zur-linde.de
- Café Amorini, Euskirchener Straße 1, 53913 Swisttal-Heimerzheim, 02254/81555, www.cafe-amorini.de
- P9 Restaurant Graf Belderbusch, Schlossallee 17, 53913 Swisttal-Miel, 02226/9078807, www.belderbusch.de
- P10 Café von Sturm, Essiger Straße 9, 53913 Swisttal-Odendorf, 02255/1235, www.cafe-vonsturm.de
- Der Silberlöffel, Bachstraße 18, 53359 Rheinbach, 02226/9008777, www.cafe-silberloeffel.de
- Restaurant Anna Seibert, Am Bürgerhaus 5, 53359 Rheinbach, 02226/8923713, www.anna-seibert.de
- Das Eiswerk, Weiherstraße10c, 53359 Rheinbach, 02226/9058683, www.daseiswerk.de
- Zuckerstück, Hauptstraße 10, 53359 Rheinbach, 02226/8923580, www.zuckerstueck-rheinbach.de

- Fahrrad Strack, Hauptstraße 232, 53347 Alfter-Witterschlick, 0228/36936101, www.fahrrad-strack.de
- Radsport Botz, Koblenzer Straße 7, 53359 Rheinbach, 02226/16300, www.radsport-botz.de

- monte mare Rheinbach, Münstereifeler Straße 69, 53359 Rheinbach, 02226/9030-0, www.monte-mare.de

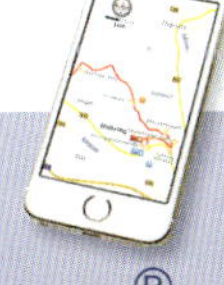

Tour Download: **BRLS1XX6** (für GPS-Geräte)

Startpunkte finden mit scan to go®

11 Im Wasserburgenland

Wir fahren durch die hügelige Landschaft der Voreifel von Satzvey nach Flamersheim und zur Steinbachtalsperre. Bei den Burgen Satzvey und Flamersheim gerät man schnell ins Träumen, hört Pferdegetrappel und hat Ritter, Burgfräulein und prächtige Kutschen vor Augen.

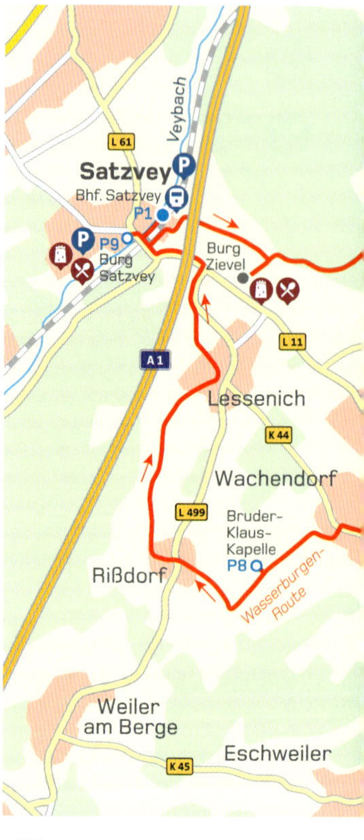

Start/Ziel: Bahnhof Satzvey, Veybachstraße 9, 53894 Mechernich-Satzvey

N 50° 37' 19.9" • E 6° 42' 44.2"

Anfahrt: A 1 bis Ausfahrt Wißkirchen, B 266 Richtung Gemünd/Mechernich folgen, links auf L 11 Richtung Satzvey abbiegen, im Kreisverkehr der L 11 bis Satzvey folgen, in Satzvey vor der Bahnlinie links in die Veybachstraße abbiegen.

Parken: P&R Bahnhof Satzvey

Zug: Eifel-Bahn RB 24 bis Bahnhof Satzvey.

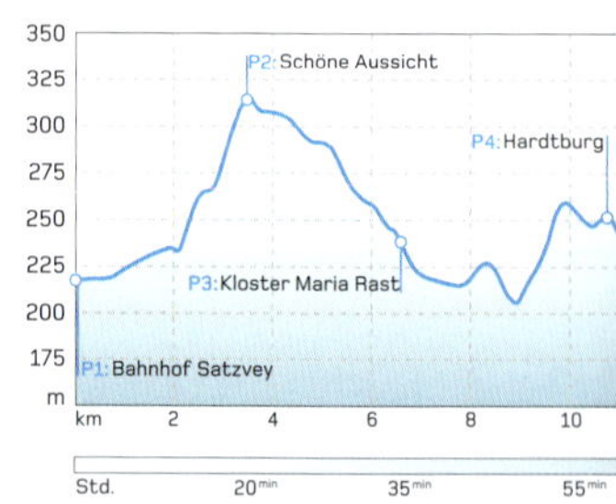

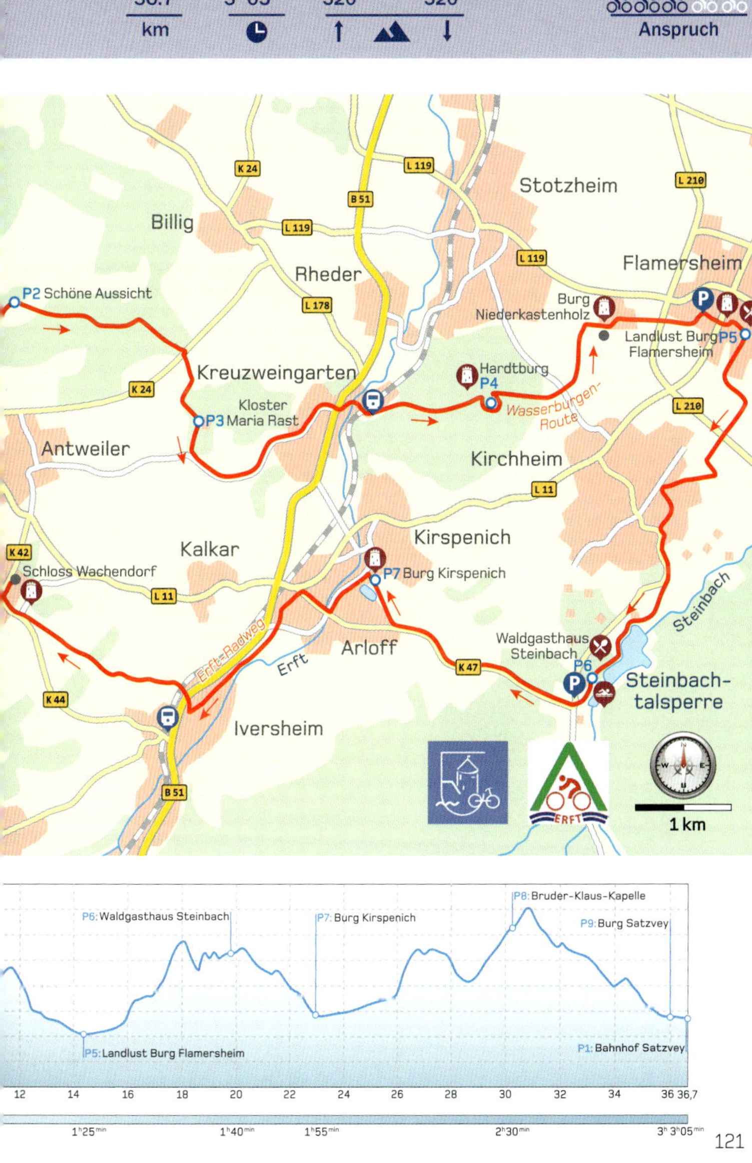

36.7 km
3h 05min
520
520
Anspruch
K 24
L 119
Stotzheim
L 210
B 51
Billig
L 119
Rheder
L 119
Flamersheim
P2 Schöne Aussicht
L 178
Burg Niederkastenholz
Landlust Burg Flamersheim
P5
Hardtburg
P4
Kreuzweingarten
K 24
Kloster
P3 Maria Rast
Wasserburgen-Route
L 210
Antweiler
Kirchheim
L 11
Kirspenich
Kalkar
K 42
Schloss Wachendorf
P7 Burg Kirspenich
L 11
Steinbach
Erft-Radweg
Waldgasthaus Steinbach
Arloff
Erft
P6
K 47
Steinbach-talsperre
K 44
Iversheim
B 51
ERFT
1 km
P6: Waldgasthaus Steinbach
P7: Burg Kirspenich
P8: Bruder-Klaus-Kapelle
P9: Burg Satzvey
P5: Landlust Burg Flamersheim
P1: Bahnhof Satzvey
12
14
16
18
20
22
24
26
28
30
32
34
36 36,7
1h25min
1h40min
1h55min
2h30min
3h 3h05min

Einmal Schlossherr sein

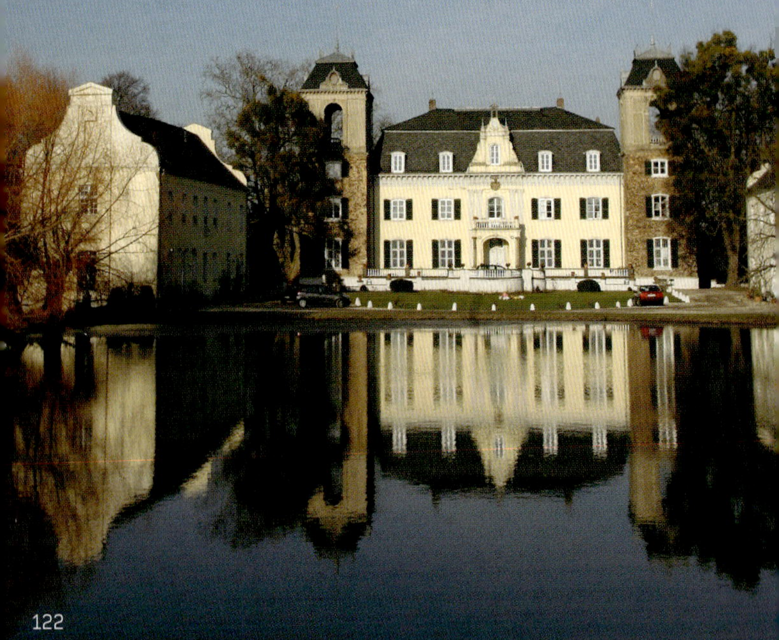

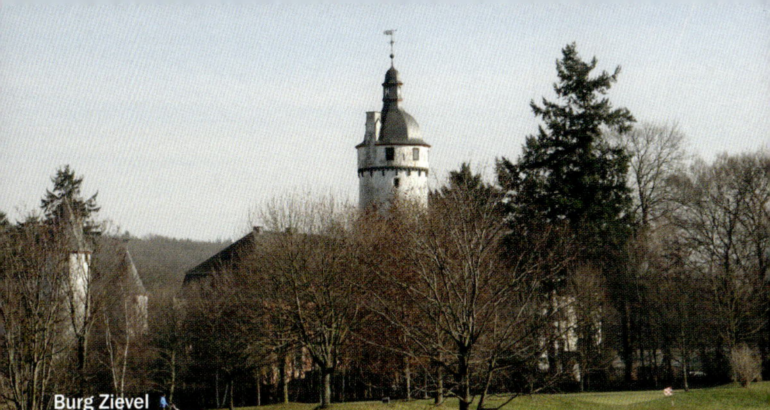
Burg Zievel

Da die Strecke nicht durchgängig als Radweg markiert ist, empfiehlt es sich zur sicheren Orientierung ein Bike-Navi oder das Smartphone mit einer Navigations-App zu nutzen. Bei der Tour stoßen wir mehrfach auf Zeugnisse der verheerenden Flut vom Juli 2021. Trotz aller Aufräum- und Wiederaufbaumaßnahmen werden die Wunden der Katastrophe länger sichtbar bleiben.

P1 Start

Ausgangspunkt der Tour ist der **Bahnhof Satzvey (P 1)**, der durch die Flut in Mitleidenschaft gezogen wurde. Nach einer 180 Grad Kehre rollen wir auf der anderen Gleisseite durch einen kleinen Gewerbepark. Dort biegen wir rechts ab, fahren durch einen Tunnel unter der A 1 hindurch und stehen unvermittelt auf dem Gelände des Golfclubs Burg Zievel. Schilder warnen uns vor fliegenden Golfbällen. Wir fahren umsichtig an einigen Spielbahnen entlang und können einen kurzen Abstecher zur Burg Zievel unternehmen.

P2 3.5 km 20min

Anschließend folgt der erste Tagesanstieg entlang des Waldrandes mit Blick auf den Golfplatz und den Astropeiler auf dem Stockert zur **Schönen Aussicht (P 2)**. Der Name verspricht nicht zu viel. Das „halbe Rheinland" liegt ausgebreitet vor uns. Die Sicht reicht bei klarem Wetter bis zum Kölner Dom. An einem eingezäunten Militärgelände vorbei folgen wir dem Eifelvereinsweg 10.

Der abschüssige Forstweg führt uns zum Waldrand, wo wir die K 24 queren und nach einer kurzen Abfahrt das Kloster

P3
6.4 km
30min

Maria Rast (P 3) erreichen. Für eine Rast ist es jedoch noch zu früh. Bis zum Haus Broich, dem Herrenhaus einer Adelsfamilie, fahren wir weiter bergab und folgen dem Mersbach nach Kreuzweingarten. Der Ort liegt an der Erft und die Häuser in Flussnähe wurden bei der Flutkatstrophe im Juli 2021 schwer beschädigt. Nach der Heilig-Kreuz-Kirche überqueren wir die B 51 und erreichen vor dem Bahnhof Kreuzweingarten die Erft. Kaum zu glauben, dass ein so harmlos wirkender Fluss sich in einen reißenden Strom mit immenser Zerstörungskraft verwandeln kann.

P4
10.7 km
55min

Nachdem wir den Erft-Radweg gekreuzt haben, folgt mit dem Anstieg zur **Hardtburg (P 4)** eine sportliche Herausforderung. Doch die Mühe lohnt sich. Wo gibt es schon eine Wasserburg, die fern von Siedlungen auf einem Hügel mitten im Wald liegt? Wir umrunden die Burganlage mit netten Picknickgelegenheiten und fahren auf dem sog. Eremitageweg zum Waldrand.

Vor uns breitet sich das Rheinland und die Jülich-Zülpicher Börde aus. Der Blick reicht bei klarer Sicht vom Siebengebirge bis zu den Kohlekraftwerken des rheinischen Braunkohlereviers. Seit dem Anstieg zur Hardtburg folgen wir der Wasserburgen-Route, einem 470 km langen Radweg, der durch die wasserburgenreichste Region Europas führt. Einige Passagen der Wasserburgen-Route bilden die Grundstruktur dieser Tour.

Über Feld- und Flurbereinigungswege sind wir schnell nach Niederkastenholz hinuntergefahren. Ein nettes Örtchen mit vielen gepflegten Höfen, Fachwerkhäusern und der Burg Niederkastenholz. Der Radweg führt uns weiter nach Flamersheim, wo die **Landlust Burg Flamersheim (P 5)** zur Einkehr einlädt. Das

P5
14.4 km
1h 25min

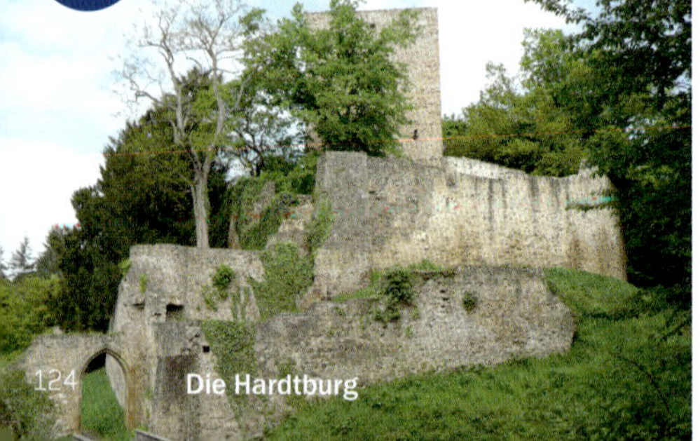
Die Hardtburg

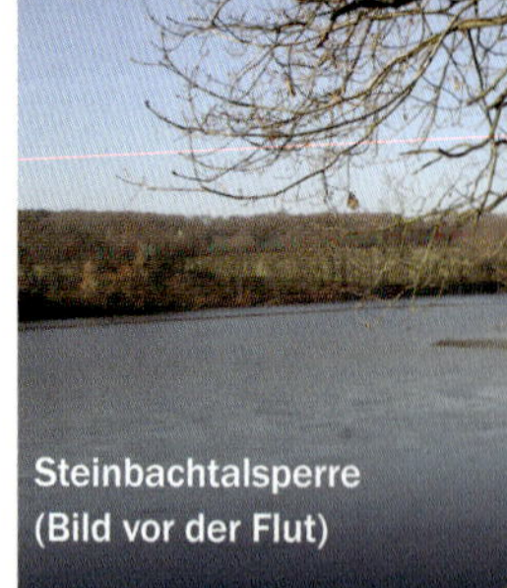
Steinbachtalsperre
(Bild vor der Flut)

Gourmet-Restaurant Bembergs Häuschen hat sogar einen Stern. Mit Blick auf die prachtvolle, zweitürmige Barockanlage hinter dem Wassergraben verabschieden wir uns von Burg Flamersheim und der Wasserburgen-Route und biegen rechts auf einen unbefestigten Fußweg (auf Fußgänger achten!) entlang des Flammerbaches ab.

Sodann queren wir die L 210 und sehen uns dem nächsten Anstieg über die freie Feldfläche vorbei am Ziegenhof Zickzack nach Kirchheim gegenüber. Als Belohnung folgt die Abfahrt zur Staumauer der Steinbachtalsperre. Die Talsperre machte 2021 bundesweit Schlagzeilen, als am 14. Juli Hochwasser die Dammkrone überflutete und der Damm einzubrechen drohte. Zigtausende Menschen wurden vorsorglich evakuiert, ehe ein mutiger Baggerfahrer den Grundablassablaufkanal freibaggerte und sich dadurch am 16 .Juli die Lage entspannte. Anschließend wurde die Talsperre komplett entleert.

Zum Zeitpunkt der Drucklegung dieses Buches ist die Zukunft der Steinbachtalsperre offen. Es ist derzeit davon auszugehen, dass die Talsperre wiederhergestellt wird und künftig nicht nur der Naherholung und als Brauch- bzw. Löschwasserreservoir dient, sondern auch eine zentrale Funktion beim Hochwasserschutz einnimmt.

Wir fahren rechts um die Talsperre herum zum **Waldgasthaus Steinbach (P 6)**, das hoffentlich nach Beseitigung der Flutschäden wiedereröffnet wird. Gleiches gilt für das Waldfreibad Steinbachtalsperre, ehemals mit 7.500 qm das größte Naturwasserbad der Eifel. Beim Parkplatz der Talsperre biegen wir links auf die Talsperrenstraße und 50 Meter danach rechts

P6
19.8 km
1h 40min

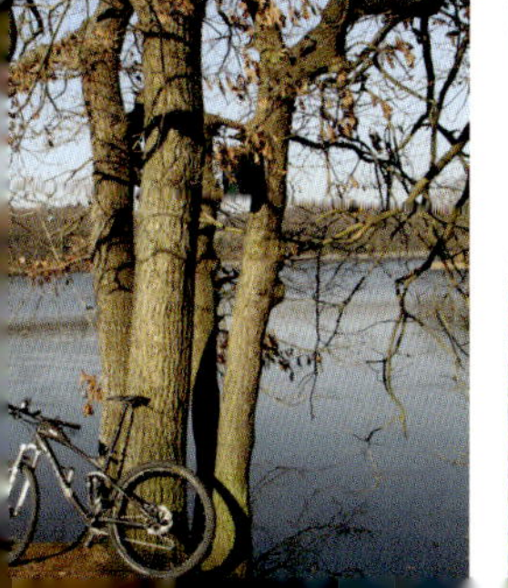

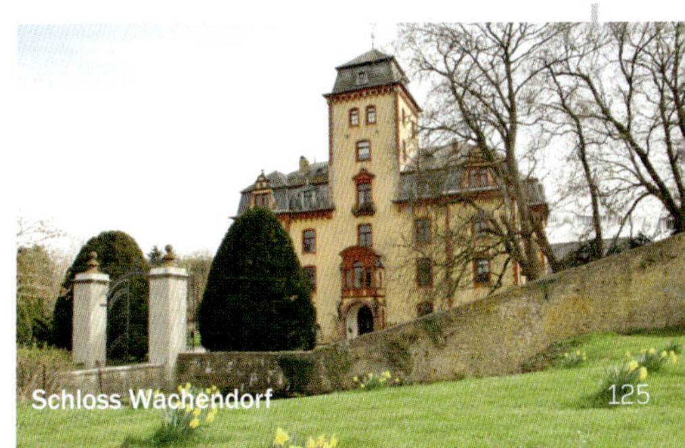

Schloss Wachendorf

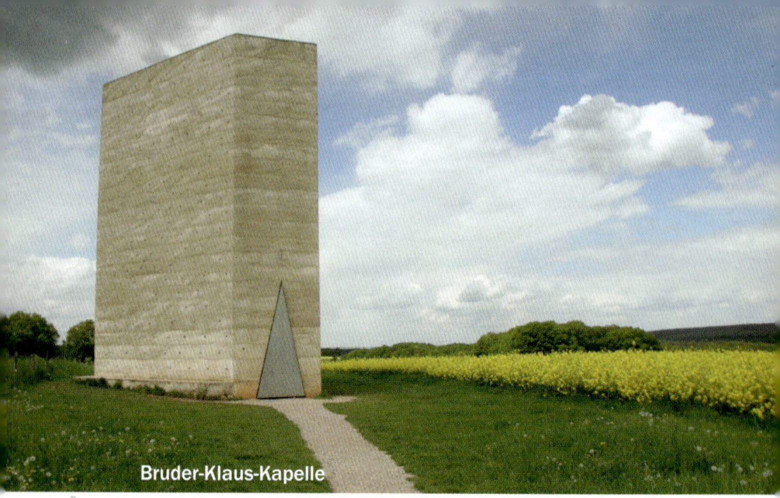

Bruder-Klaus-Kapelle

auf den Arloffer Weg ab. Auf der K 47 geht es den Hang hinab nach Arloff ins Tal der Erft.

P7
23 km
1h 55min

Bei einer Abzweigung vor dem Ortseingang halten wir uns rechts und kommen zur **Burg Kirspenich (P 7)**. Anschließend folgen wir dem Radweg entlang der Erft durch Arloff. Auch hier hinterließ die Flutkatastrophe vom Juli 2021 ein Bild der Verwüstung. Am Ortseingang von Iversheim verlassen wir den Erft-Radweg, biegen rechts ab und überqueren vorsichtig die B 51 und die Bahnlinie. Wer geschichtlich interessiert ist, kann einen Abstecher zur römischen Kalkbrennerei unternehmen.

Es folgt der Anstieg „Antweiler Höll". Aber keine Bange, Höllenanstiege sehen anders aus. Auf dem Hügelkamm geht die Teerstraße in einen Feldweg über (Achtung bei Nässe, der Weg kann matschig sein) und das wellige Voreifelland liegt vor uns. Von einer Anhöhe sehen wir schon die Bruder-Klaus-Kapelle am Horizont. Doch zunächst rollen wir nach Wachenburg hinab und schauen beim Schloss Wachendorf vorbei. Es ist das Wohnhaus der Familie von Blumencron, dient aber auch dem Standesamt Mechernich für Trauungen.

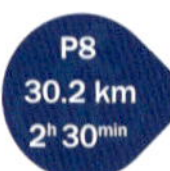

Nach Wachendorf erklimmen wir einen sanften Hügel und kommen zur **Bruder-Klaus-Kapelle (P 8)**. Sie ist montags

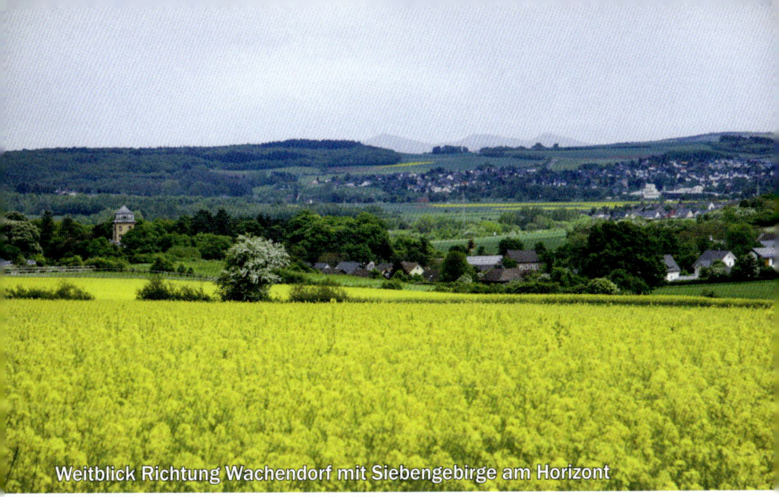

Weitblick Richtung Wachendorf mit Siebengebirge am Horizont

geschlossen und in der Sommerzeit von 10 bis 17 Uhr sowie in der Winterzeit von 10 bis 16 Uhr geöffnet. Die meisten Feldkapellen sehen anders aus. Man sollte sich unbedingt die Zeit nehmen und das Gotteshaus betreten. Mit etwas Glück hat man die Kapelle ganz für sich, dann ist das Erlebnis besonders intensiv.

Die Bruder-Klaus-Kapelle ist ein besonderer Ort der Stille, der Kraft, der Meditation und des Gebets. Der 12 Meter hohe, fensterlose Turm aus Beton, Sand und Kies wurde von 2005 bis 2007 erbaut. Die Kapelle ist dem Schweizer Einsiedler und Nationalheiligen Nikolaus von Flüe geweiht. Das Ehepaar Scheidtweiler konnte den weltbekannten Schweizer Architekten Peter Zumthor für den Bau einer Feldkapelle „im nirgendwo“, d.h. mitten auf einem ihrer Äcker gewinnen.

Nach einem Rechtsschwenk kommen wir über Felder und Wiesen hinweg nach Rißdorf. Im Ort biegen wir halblinks auf die Nebenstraße nach Lessenich ab. Am Ortseingang müssen wir uns links halten und folgen weiterhin der ausgeschilderten Wasserburgen-Route. Nun dringt der Verkehrslärm der A 1 an unsere Ohren und nach der Autobahnunterführung sind wir zurück in Satzvey. Mit der **Burg Satzvey (P 9)** haben wir uns einen Höhepunkt zum Schluss aufgehoben. Wer eine Bilderbuch-

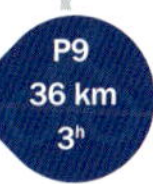

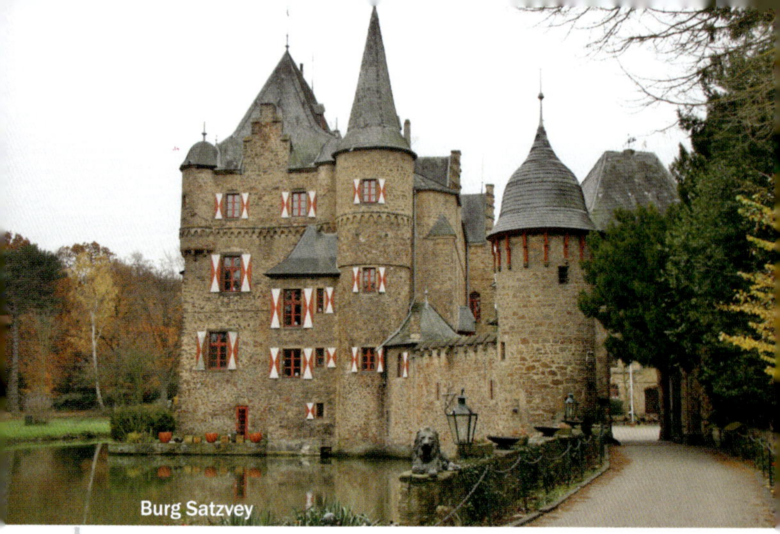

Burg Satzvey

Wasserburg mit Türmchen, rot-weiß lackierten Schlagläden und einem majestätischen Wassergraben sucht, hier ist sie! Auch Burg Satzvey war im Juli 2021 vom Hochwasser betroffen.

Die Anfänge der Burg gehen ins 12. Jh. zurück. Damals standen Vor- und Hauptburg noch auf zwei getrennten Inseln. Burg Satzvey ist seit über 300 Jahren Wohn- und Stammsitz der Familie Beissel von Gymnich. Nach Abschluss der flutbedingten Renovierungsmaßnahmen sind die Burghöfe mit ihren Restaurants und Läden wieder zugänglich. Einzelne Räume können für Hochzeiten, Feiern und Tagungen gemietet werden und Events wie die Ritterfestspiele, Gothic Castle, der Oster- und Hexenmarkt und die Burgweihnacht sind absolute Renner.

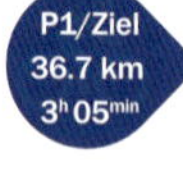

Unser Ausgangspunkt, der **Bahnhof Satzvey (P 1)** ist nur ein paar Meter von der Burg entfernt.

Fazit

Die Tour führt durch die wellige Hügellandschaft der Voreifel, was sich im Auf und Ab des Streckenprofils zeigt. Es ist wichtig, sich die Kräfte gut einzuteilen. Einige Streckenpassagen führen über freie Hochflächen und sind windanfällig.

TourTipps

- Tourist-Info Bad Münstereifel, Kölner Straße 13 (im Bahnhof), 53902 Bad Münstereifel ✆ 02253/542244 ⓘ www.bad-muenstereifel.de

- Golfclub Gastronomie, Burg Zievel, 53894 Mechernich-Satzvey ✆ 02256/957463 ⓘ www.gcburgzievel.de
- P5 Landlust Burg Flamersheim, Eiflers Zeiten - Das Gasthaus und Bembergs Häuschen, Burg Flamersheim, 53881 Euskirchen ✆ 02255/945752 ⓘ www.burgflamersheim.de
- P6 Waldgasthaus Steinbach, Talsperrenstraße 107, 53881 Euskirchen ✆ 02255/9217485 ⓘ www.steinbach-waldgasthaus.de
- P9 Burg Satzvey, An der Burg 3, 53894 Mechernich-Satzvey ✆ 02256/95830 ⓘ www.burgsatzvey.de

- Schmiko Der Fahrradhändler, Kölner Straße 13 (im Bahnhof), 53902 Bad Münstereifel ✆ 02253/543877 ⓘ www.derfahrradhändler.de

- Waldfreibad Steinbachtalsperre, Talsperrenstraße 125, 53881 Euskirchen ✆ 02255/6520 ⓘ www.vffw-steinbach.de

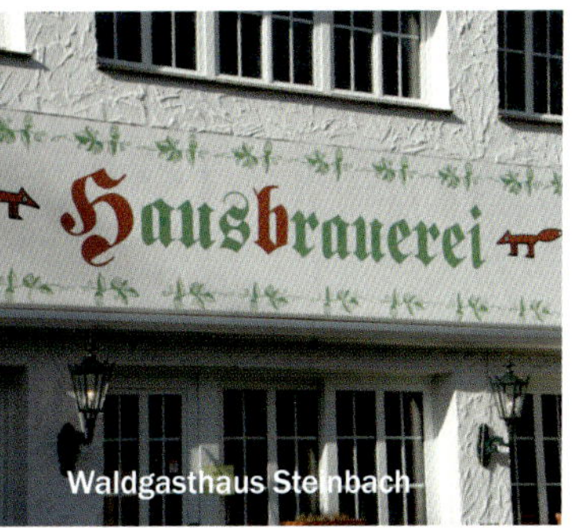

Waldgasthaus Steinbach

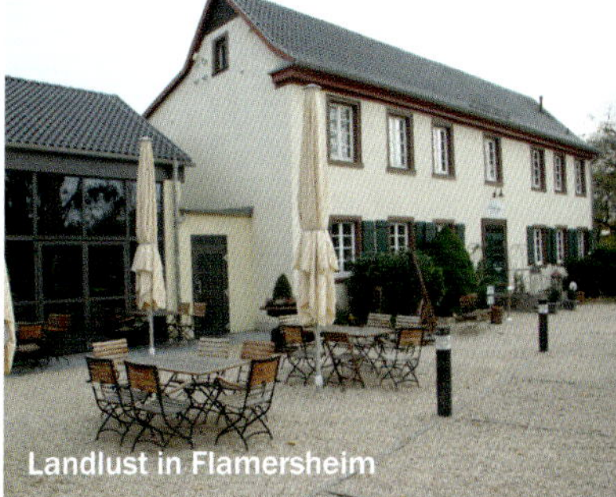

Landlust in Flamersheim

Tour Download: **BRLS11X5** (für GPS-Geräte)

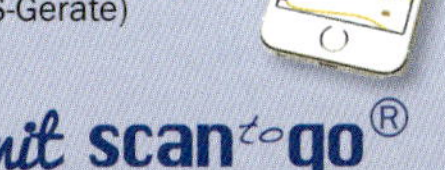

Startpunkte finden mit scan to go®

12 Apfelroute Süd

Die Apfelroute und die Schleife Meckenheim führen uns durch Baumschulfelder, Obstplantagen und den Kottenforst ins Drachenfelser Ländchen. Das herrliche Siebengebirgs- und Eifelpanorama begleitet unseren Rückweg durch die vulkanisch geprägte Hügellandschaft.

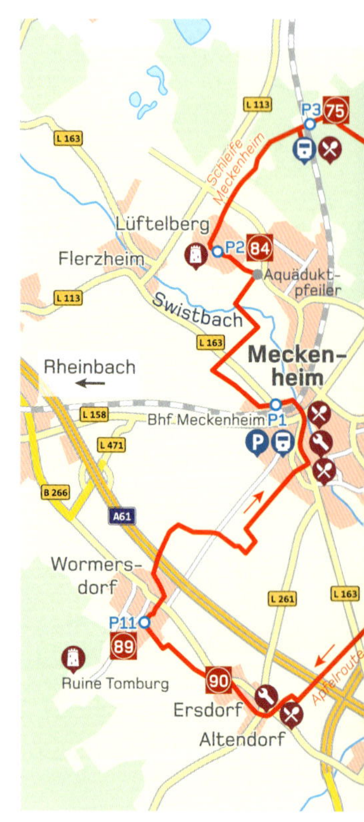

Start/Ziel: Bahnhof Meckenheim, Bahnhofstraße 32, 53340 Meckenheim (Ausgang Baumschulenweg)

N 50° 37' 37.8" E 7° 00' 53.1"

Anfahrt: A 61 Ausfahrt Rheinbach, L 471 Richtung Meckenheim folgen, nach 1 km rechts auf L 158 Richtung Meckenheim, vor dem Bahnhof Meckenheim links auf P&R Parkplatz abbiegen

Parkplatz: P&R Bhf Meckenheim

Zug: RB 23 und S 23 bis Bahnhof Meckenheim

Knotenpunkte:
84 - 75 - 74 - 95 - 94 - 92 - 90 - 89

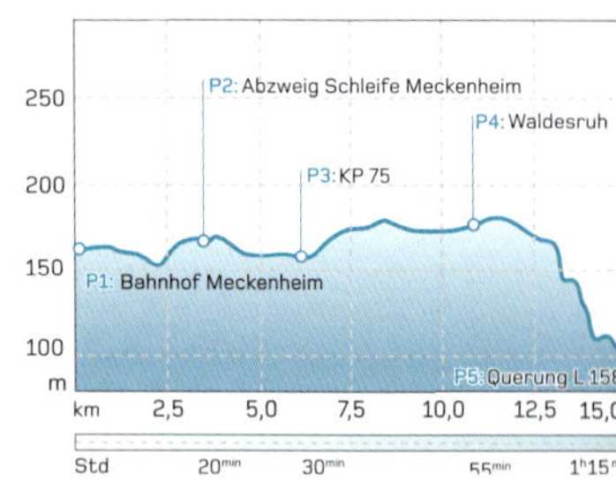

49.4 km	4h 05min	465 ↑	465 ↓

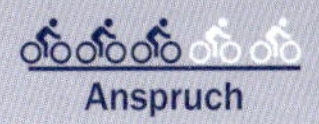

Röttgen
L 158
Bonn ↑
Rhein
L 261
B 9
Heiderhof
Mehlem
Apfelroute
Jägerhäuschen
Dicke Eiche
Pech
P5 Querung L 158
P6 Köllenhof
Apfel-route
Ließem
Niederbachem
74
Waldesruh P4
Villiprott
L 158
Gimmers-dorf
Rheinhöhen-friedhof
A565
Merl
L 158
P7 Querung L 123
L 123
Oberbachem
Ehrenmal Wachtberg
Berkum
L 267
95
Marienkapelle
94
P9
Adendorf
L 123
92
Klein-Villip
P8 Radom
Radom
P10 Burg Adendorf
Werthhoven
Wachtberg
Arzdorf
Oedingen
APFEL ROUTE
Meckenheim APFEL ROUTE
Fritzdorf
Birresdorf
Eckendorf
L 267
L 80
L 79
L 79
A61
1 km

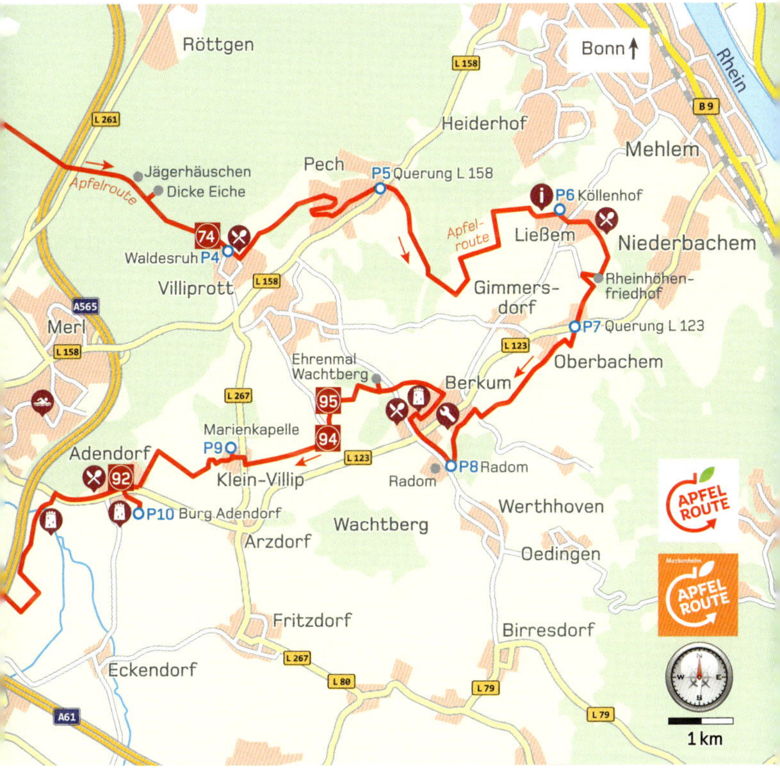

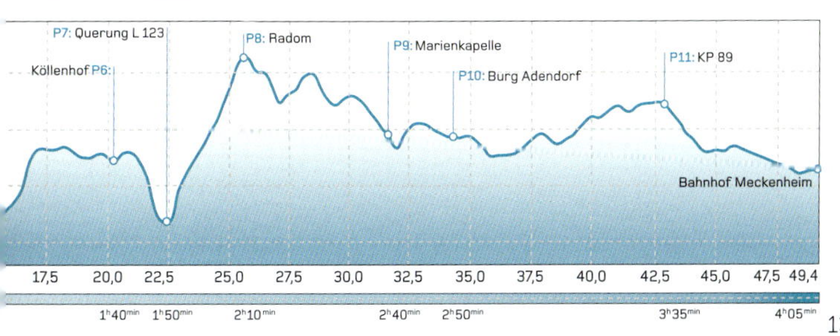

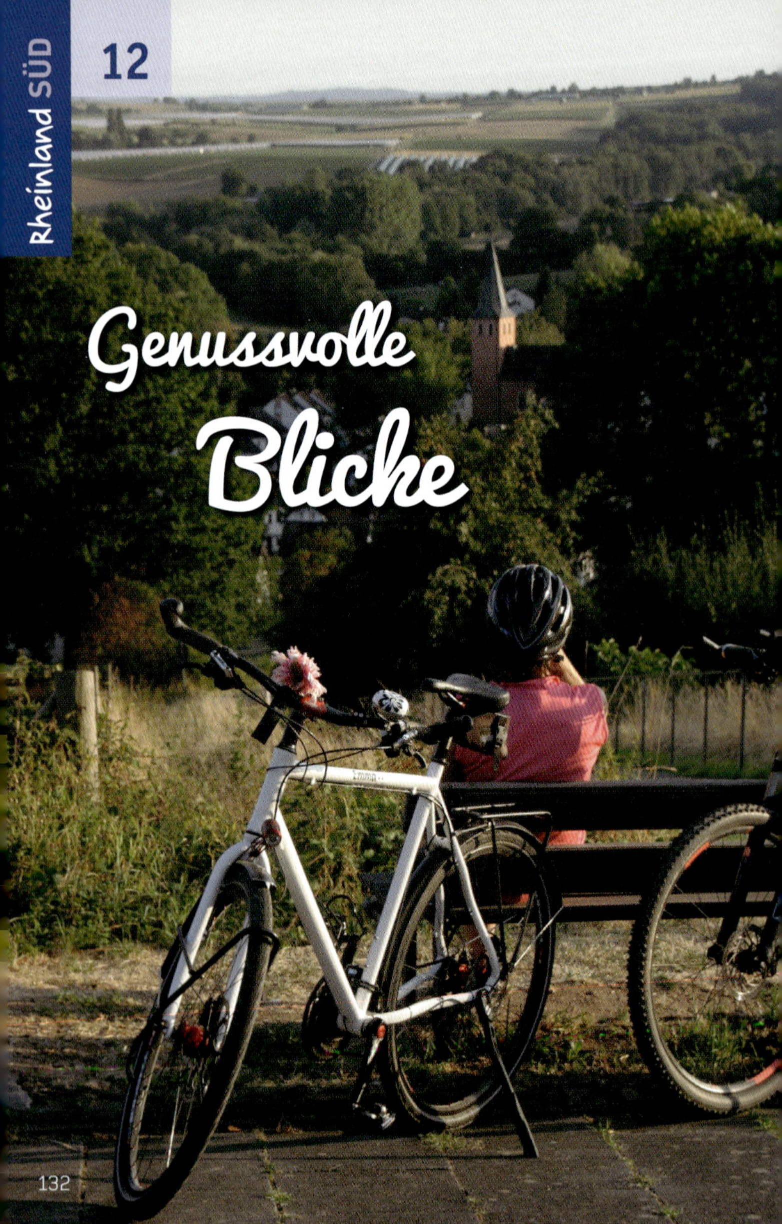

Genussvolle Blicke

P1
Start

Der **Bahnhof Meckenheim (P 1)** bietet sich als Ausgangspunkt für die „Südschleife" der Apfelroute (▶ „Nordschleife" **Tour 10**) an. Die Tour hat während der Baumblüte im Frühling und zur Erntezeit im Herbst einen besonderen Reiz. Dank nahezu durchgängig geteerter Wege ist die Strecke das ganze Jahr über gut befahrbar. Traktoren oder andere landwirtschaftliche Geräte können aber ihre „Spuren" hinterlassen haben. Ich empfehle, die Tour im Uhrzeigersinn zu fahren. So kommt man am Ende durch Meckenheim und kann gemütlich einkehren und in mehreren Hofläden Obst und Gemüse probieren und einkaufen.

Die Tour beginnt am „Hinterausgang" des Bahnhofs, dem Ausgang Baumschulenweg. Der Name ist Programm. Wir rollen zunächst durch Baumschulfelder mit einer beeindruckenden Vielfalt an Bäumen. Das Familienunternehmen Ley zählt zu den führenden Baumschulen Europas und „Meckenheimer Bäume" zieren unter anderem den Park von Versailles und die Hamburger Hafencity. Die Strecke ist auf den ersten Kilometern flach und prima zum Einrollen. Nach 2,3 km überqueren wir einen unscheinbar wirkenden Bach. Ein paar Meter weiter erreichen wir die Nachbildung eines römischen Aqäduktpfeilers, die den Swistbach in ein anderes Licht rückt.

Der Pfeiler erinnert an die römische Wasserleitung, die auf fast 100 km von Nettersheim in der Eifel nach Köln führte. Als reine Gefälleleitung konzipiert, wurde das Wasser bei Talsenken über Aquädukte hinweggeleitet. Eine 1.400 Meter lange und bis zu 11 Meter hohe Brücke mit 300 Bogenstellungen überquerte zwischen Rheinbach und Meckenheim das Swistbachtal. Im Mittelalter wurde das Aquädukt komplett abgebrochen und zum Bau von Kirchen, Klöstern und Burgen verwandt. Der „kleine" nachgebildete Pfeiler gibt die wirkliche Dimension des Bauwerks nicht wieder. Zudem lag der Römerkanal in der Nähe der nachgebildeten Stütze bereits drei Meter tief in der Erde. Aber mit etwas Fantasie kann man sich dennoch die gewaltige Wasserleitung über das Swistbachtal vorstellen.

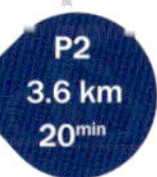

In Lüftelberg müssen wir beim **Knotenpunkt 84 (P 2)** aufpassen, da wir von der Hauptroute der Apfelroute auf die Schleife Meckenheim abbiegen. Doch zuvor können wir vom

Knotenpunkt 84 einen Abstecher zur 100 Meter entfernten zweiteiligen Wasserburg Lüftelberg (▶ **Tour 10**) unternehmen. Da sich die Burg in Privatbesitz befindet, bleibt es jedoch beim Blick von der Straße. Gegenüber befindet sich die ehemalige Burgmühle mit einem riesigen Mühlrad. Zurück am Knotenpunkt verabschieden wir uns aus Lüftelberg in Richtung Kottenforst.

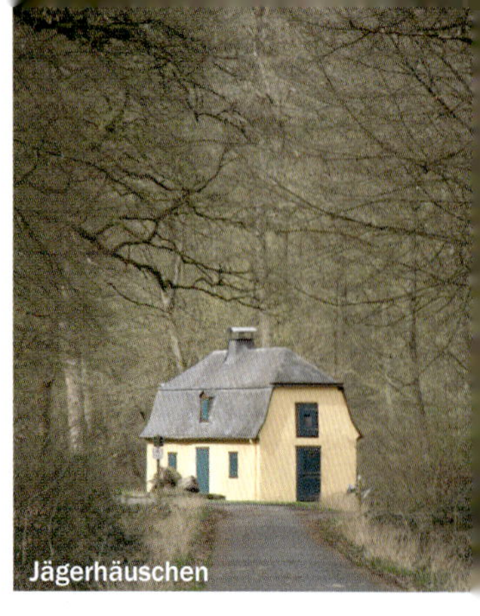
Jägerhäuschen

P3
6.3 km
30min

In dem ausgedehnten Waldgebiet bietet die Gaststätte Bahnhof Kottenforst eine erste Rastmöglichkeit. Der historische Fachwerkbahnhof diente sogar als Vorlage für einen Modellbahnhof. Nach den Bahnschienen treffen wir auf den **Knotenpunkt 75 (P 3)** und sind zurück auf der Hauptroute der Apfelroute. Wir passieren das Königsmaar und blicken linker Hand auf einen weithin sichtbaren Fernmeldeturm. Die Apfelroute zweigt rechts ab und führt auf meist schnurgeraden Wegen durch den Kottenforst.

Die Wegschneisen wurden im 18. Jahrhundert spinnennetzförmig zwischen dem Schloss Augustusburg in Brühl und dem Jagdschloss Herzogsfreude in Bonn-Röttgen angelegt. Sie präsentieren sich heute gut asphaltiert, eben und sind prima

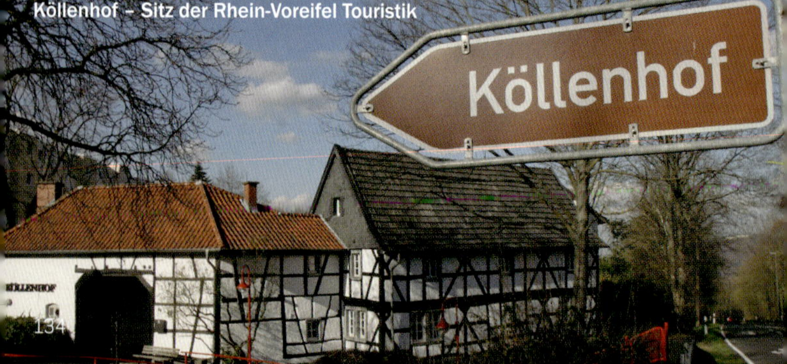

Köllenhof – Sitz der Rhein-Voreifel Touristik

zu fahren. Weiter geht es unter der A 565 hindurch zum gelben Jägerhäuschen, das wie ein Hexenhaus im Wald liegt. Wir befinden uns im einstigen Jagdrevier des Kölner Kurfürst Clemens August. Das zwischen 1730 und 1740 erbaute Häuschen diente bei den damaligen Hetzjagden als Station für Pferdewechsel und als Aufenthaltsraum der Jagdhelfer. 150 Meter weiter passieren wir das Naturdenkmal Dicke Eiche.

Die „Dicke Eiche" war die vermutlich älteste und dickste Eiche im Kottenforst und ragte imposant zwischen den anderen Bäumen hervor. Am 27. Dezember 2010 kippte der 250 bis 400 Jahre alte Baum unter der Eis- und Schneelast um. Aus einem Teil des Stammes wurde ein Altar für die Namen-Jesu-Kirche in Bonn gebaut. Der übrige Stamm wurde nicht abtransportiert, sondern erinnert an das Naturdenkmal. Die Verrottung des mächtigen Eichenstamms wird über 50 Jahre dauern.

Beim Knotenpunkt 74 am Forsthaus Schönewaldhaus verlassen wir den Kottenforst und erreichen Villiprott. Für durstige Kehlen und hungrige Mägen bietet sich ein Stopp in der **Gaststätte Waldesruh (P 4)** an. Nach einem Linksschwenk führt uns die Apfelroute vorbei an Feldern, Pferdekoppeln und weidenden Ponys nach Pech. In einer S-Kurve fahren wir durch eine vornehme Wohngegend mit weißen Villen teils steil den Hang hinab in den Ortskern.

P4
11.3 km
55 min

Dort queren wir am niedrigsten Punkt der Strecke die viel befahrene **L 158 (P 5)** (▶ **Tour 13**) und betrachten schmunzelnd das Ortsschild mit dem Untertitel „Zum Glück gibt's Pech". Im

P5
15.0 km
1 h 15 min

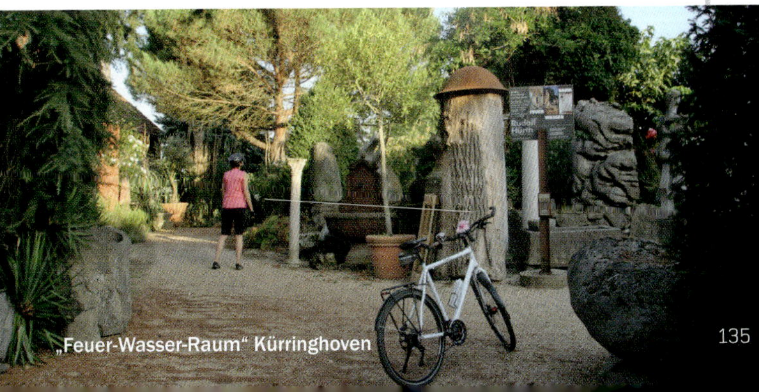

„Feuer-Wasser-Raum" Kürringhoven

idyllischen Heltenbachtal folgt ein kräftezehrender Anstieg, bei dem sich ein E-Bike lohnt. Anschließend führt die Apfelroute im Zickzack über die Hochfläche in Richtung Ließem.

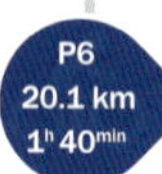

Vor uns liegt ein herrlicher Wegabschnitt mit grandiosen Panoramablicken. Hinter den Feldern erhebt sich das Siebengebirge mit Petersberg, Schloss Drachenburg und Drachenfels. „Auf der anderen Seite" blicken wir Richtung Eifel und zum Radom, das wie ein überdimensionaler Golfball des Landschaftsbild bestimmt. In Ließem kommen wir am **Köllenhof (P 6)**, dem Sitz der Rhein-Voreifel Touristik, und am Gasthaus Zur Schüür vorbei. Ein paar Meter von der Apfelroute entfernt, bietet der Obsthof Schwind dank Frischeautomat täglich 24 Stunden Obst zum Mitnehmen.

P7
22.4 km
1h 50min

Nachdem wir am Rheinhöhenfriedhof den Blick auf Oberbachem, das Radom und die Hügelkette der Eifel ausgekostet haben, erwartet uns eine rasante Abfahrt den steilen Hang hinab. In Oberbachem queren wir die vielbefahrene **L 123 (P 7)** (Achtung Gefahrenstelle). Nun haben wir den langen Anstieg zum Radom vor uns. Erste Zwischenstation ist Kürrighoven. Im Dorf kommen wir am Ausstellungs- und Ideenpark Feuer-Wasser-Raum vorbei. Den Weg nach Berkum begleitet ein Obstlehrpfad, der anschaulich über die Entwicklung des Obstbaus und seine Grundlagen informiert.

Das Drachenfelser Ländchen ist seit Jahrhunderten bäuerliches Kulturland und, von oben betrachtet, ein riesiger Flickenteppich. Viele Erdbeerfelder sind zum Schutz vor Frost und Starkregen „in Folie gepackt". Früher waren die Dörfer

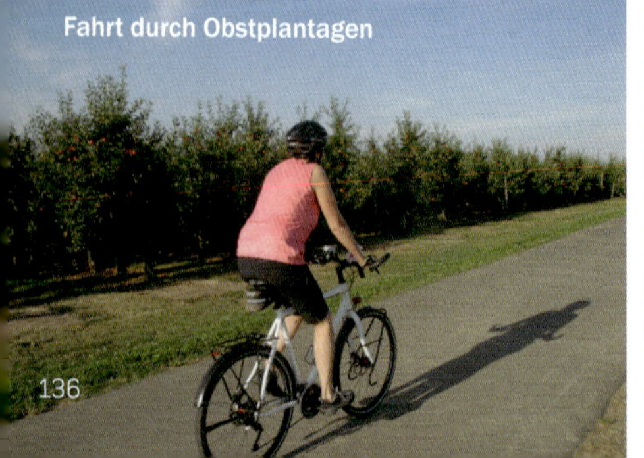
Fahrt durch Obstplantagen

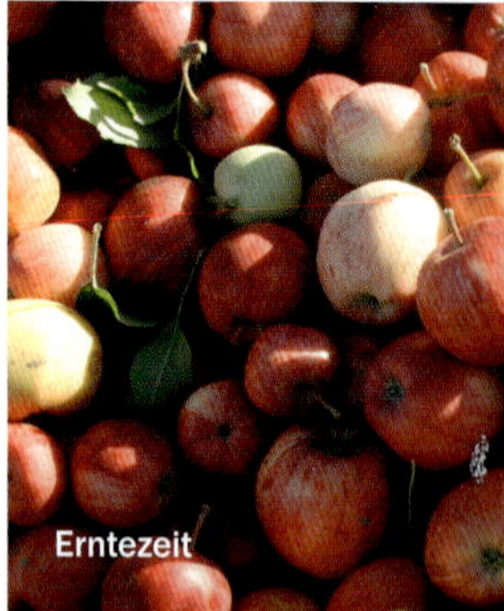
Erntezeit

von Streuobstwiesen umgeben. Unter den hochstämmigen Obstbäumen weidete das Vieh, und die Wiesen wurden zur Heugewinnung genutzt. Heute werden Apfelbäume in Spindelform angebaut. Neupflanzungen stehen nach 4 Jahren in vollem Ertrag und werden nach rund 15 Jahren durch neue ersetzt. Der Erdbeeranbau erfolgt im jährlichen Wechsel mit zeitlich abgestufter Pflanzung, um eine Erntezeit von Mai bis Oktober zu gewährleisten.

Wir passieren den Berkumer Friedhof und haben einen letzten Anstieg durch ein Wohngebiet zum Sportplatz des SV Wachtberg vor der Brust, ohne E-Bike eine ziemliche Plackerei. Oben angekommen, können wir erst einmal durchschnaufen. Wir haben den höchsten Punkt der Strecke erreicht. Vor uns liegt die Einfahrt zum Fraunhofer Institut mit dem **Radom (P 8)**. Star Wars lässt grüßen.

P8
25.7 km
2h 10min

Das weltweit größte Radom ist das Wahrzeichen der Gemeinde Wachtberg und der Orientierungspunkt im Drachenfelser Ländchen. Man kann die weiße Kugel aus einer Entfernung von 50 Kilometern sehen. Die umkleidete Radaranlage der Fraunhofer Gesellschaft wurde Ende der 1960er-Jahre errichtet. Die Kugel hat einen Durchmesser von rund 50 Metern. Die weiße Außenhaut schützt eine riesige Parabolantenne. Mit dem Radom können Satelliten und Weltraumschrott (2 cm große Partikel in 1.000 km Entfernung) erkannt und kartografiert werden.

Nach der weißen Kugel überqueren wir die L 123 und erreichen das Einkaufszentrum Wachtberg Mitte. Hier bietet sich die Marktscheune von Schneiders Obsthof für einen Zwischen-

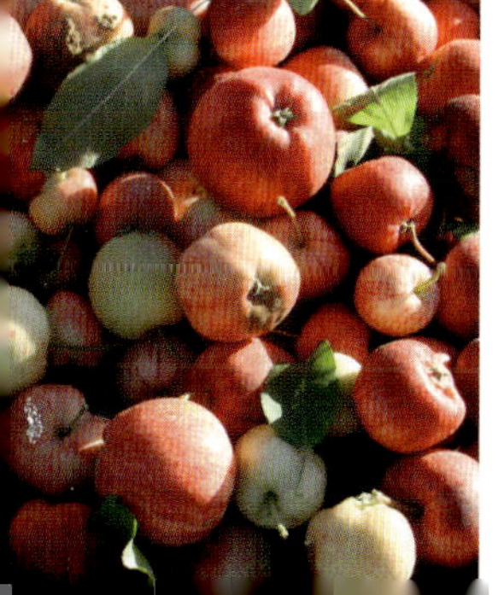

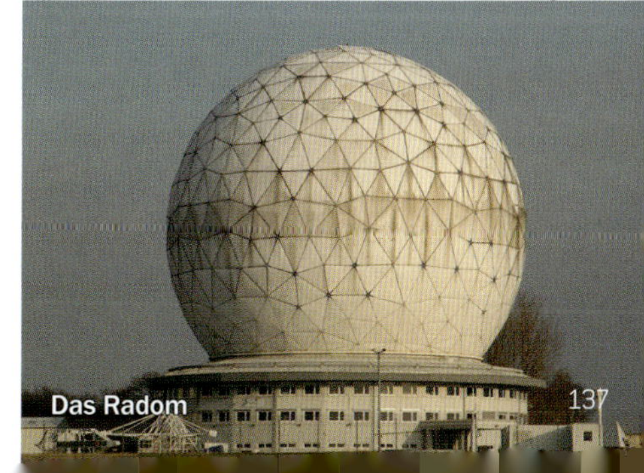

Das Radom

stopp an. Durch ein Neubaugebiet geht es zur Burg Odenhausen. Die zweiteilige Wasserburg besteht aus Wirtschaftshof und Herrenhaus und wurde 1316 erstmals erwähnt. Nachdem wir vorsichtig die Straße am Wachtbergring überquert haben, erreichen wir den Abzweig zum gut 100 Meter entfernten Ehrenmal Wachtberg. Hier sollte man sich eine Verschnaufpause gönnen und die einmalige Sicht genießen.

Der Wachtberg ist ein ehemaliger Vulkan und mit 358 Metern die höchste Erhebung des Drachenfelser Ländchens. Der Name Drachenfelser Ländchen geht auf das Geschlecht der Burggrafen zu Drachenfels zurück. Die herrliche Sicht auf den Drachenfels würde den Namen aber auch rechtfertigen. Den Standort wussten schon die Römer zu schätzen und errichteten hier einen Wachturm.

P9
31.7 km
$2^h\ 40^{min}$

Anschließend bestimmt die Eifel unseren Blick. Bei Holzem passieren wir die Knotenpunkte 95 und 94. Durch Erdbeerfelder rollen wir in den Weiler Klein-Villip, wo uns mit der **Marienkapelle (P 9)** ein Kleinod bäuerlich-barocker Baukunst erwartet. Der „Klein-Villiper Dom" liegt keine hundert Meter von der Apfelroute entfernt. Es folgt eine kurze Abfahrt auf einem schmalen Sträßchen (Vorsicht bei Gegenverkehr!).

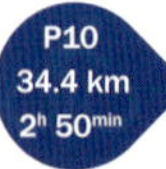

Im Töpferdorf Adendorf lohnt sich beim Knotenpunkt 92 ein Abstecher zur **Burg Adendorf (P 10)**. Die Eigentümer Freiherr und Freifrau von Loe laden im Mai jeden Jahres zur Landpartie ein. Zurück im Ort kann man in den zahlreichen Töpfereien stöbern, den „Kannen- bzw. Krugbäckern" über die Schulter schauen und sich im Bistro des Kinos Drehwerk erfrischen. Die Ortsdurchfahrt entlang der Töpferstraße verlangt wegen des Verkehrs gute Konzentration.

Siebengebirgspanorama vom Wachtberg

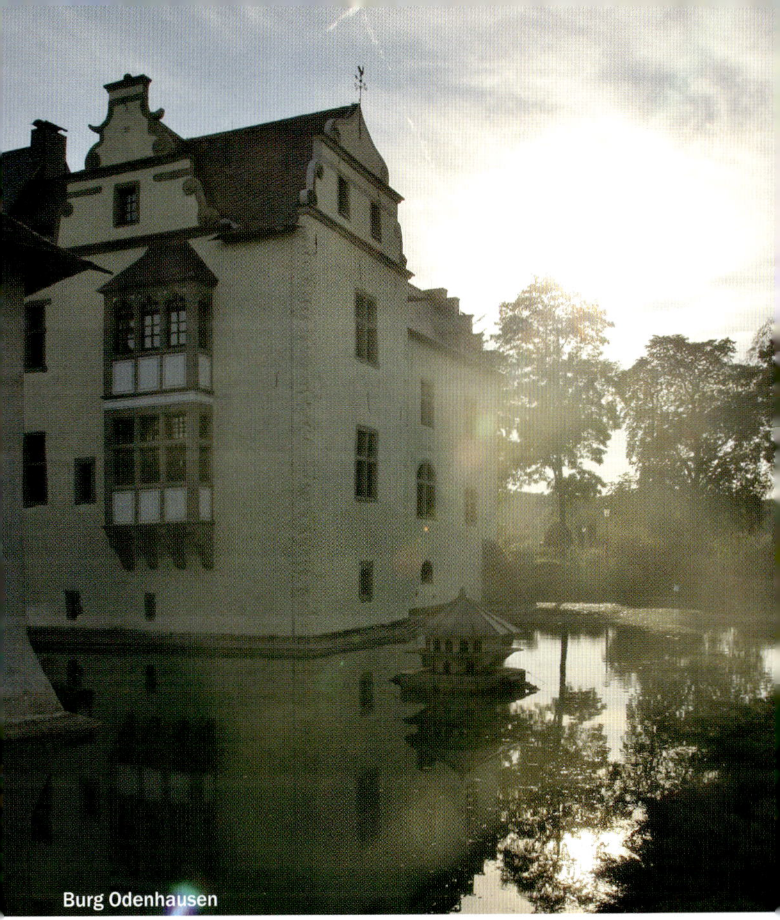

Burg Odenhausen

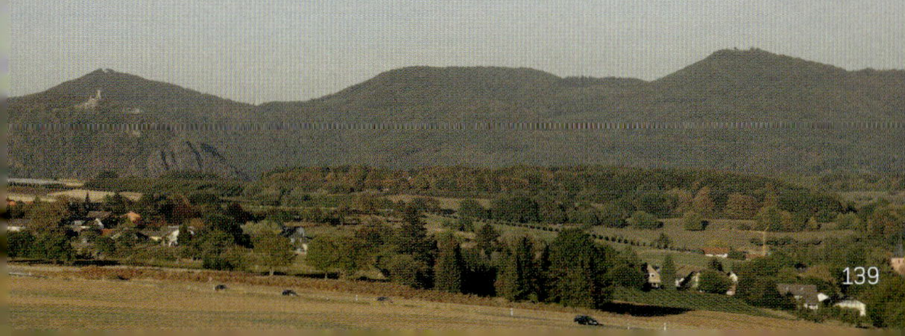

Auf der Apfelroute folgt Burg Münchhausen mit Reitstall und Reitschule. Auf zwei Brücken überqueren wir die A 565 und A 61 und gelangen nach Altendorf. Hier liegt die Edelobstbrennerei Brauweiler direkt am Weg. Nach Überquerung der Ahrstraße bietet sich ein Abstecher zum Herrenhaus der Burg Altendorf an. Altendorf und Ersdorf gehen ineinander über, wobei wir an mehreren schönen Fachwerkhäusern vorbeifahren. Am Ortsausgang von Ersdorf weist der Knotenpunkt 90 den weiteren Weg. Durch Obstplantagen pedalieren wir auf die auffällige weiße Kirche von Wormersdorf zu. Im Hintergrund bestimmt die Ruine Tomburg den Blick.

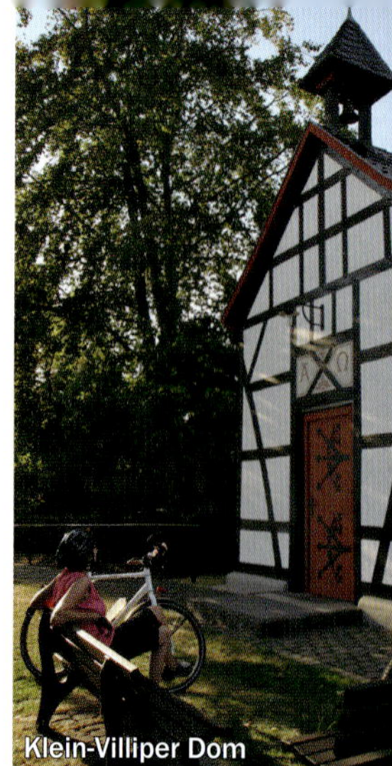
Klein-Villiper Dom

P11
43.2 km
3h 35min

Dann biegen wir in Wormersdorf beim **Knotenpunkt 89 (P 11)** Richtung Meckenheim ab. Auf der sanft abfallenden Strecke fällt rechter Hand die mit Graffiti verzierte Nabu Turmstation ins Auge. Es folgt Klein-Altendorf mit Forschungscampus und High-Tech-Außenlabor der Universität Bonn. Durch die weiten Felder und Obstplantagen rollen wir sodann nach Meckenheim. Entlang der Hauptstraße gibt es mehrere Einkehrmöglichkeiten.

Beim Kreisverkehr am Ende der Hauptstraße halten wir uns rechts. In der Bonner Straße locken drei Hofläden mit ihrem Angebot. Die ideale Gelegenheit zum Naschen und für den Vitamineinkauf für zu Hause. Bis zu unserem Ziel am **Bahnhof Meckenheim (P 1)** sind es danach noch 750 Meter.

P1/Ziel
49.2 km
4h 05min

Fazit

Dieser Teil der Apfelroute könnte auch Panoramaroute heißen. Eine Tour der Extraklasse mit herrlichen Natur-, Kultur- und Genusserlebnissen. Eine meiner Lieblingstouren! In der hügeligen Vulkanlandschaft des Drachenfelser Ländchens ist man für ein E-Bike dankbar.

TourTipps

- Rhein-Voreifel Touristik im Köllenhof, Marienforster Weg 14, 53343 Wachtberg-Ließem, 0228/35026236, www.rhein-voreifel-touristik.de

- Stellwerk Meckenheim, bahnhofstraße 32, 53340 Meckenheim 02225/7099545, www.stellwerk-meckenheim.de
- P3 Waldgaststätte Bahnhof Kottenforst, Bahnhof Kottenforst 8, 53340 Meckenheim, 02225/7322, www.waldgaststätte-bahnhof-kottenforst.de
- P4 Waldesruh, Dorfstraße 62, 53343 Wachtberg-Villiprott, 0228/325488, www.waldesruh.stripestyle.net
- Zur Schüür, Marienstraße 8, 53343 Wachtberg-Ließem, 0228/5506876, www.zur-schuur.jimdofree.com
- P7 Schneiders Obsthof Marktscheune, Brunnengarten 1b, 53343 Wachtberg-Berkum, 0228/55099210, www.schneiders-marktscheune.de
- P10 Gasthaus Kräutergarten, Töpferstraße 30, 53343 Wachtberg-Adendorf, 02225/7578, www.gasthaus-kraeutergarten.de
- Bistro im Drehwerk, Töpferstraße 17-19, 53343 Wachtberg-Adendorf, 02225/7081719, www.drehwerk-1719.de
- Edelobstbrennerei Brauweiler, Krötenpfuhl 8, 53340 Meckenheim-Altendorf, 02225/7385, www.brennerei-brauweiler.de
- P11 Zum Fässchen, Hauptstraße 92, 53340 Meckenheim, 02225/3012, www.zumfaesschen.eu
- Hofladen Krämer, Bonner Straße 1, 53340 Meckenheim, 02225/2577, www.biokraemer.de
- Obstbau Felten, Am Rasselberg 1, 53340 Meckenheim, 02225/953623, www.obstbau-felten.de

- Picala-Fahrradladen, Rathhausstraße 38, 53343 Wachtberg-Berkum, 0228/32957391, www.picala-fahrradladen.de
- Benny Bommel MTB Tours, Ahrstraße 9, 53340 Meckenheim-Altendorf, 02225/8395307, www.benny-bommel-mtb-tours.de
- 2Rad Leuer, Hauptstraße 50, 53340 Meckenheim, 02225/2272, www.2rad-leuer.de

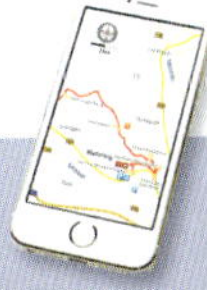

Tour Download: **BRLS12X4** (für GPS-Geräte)

Startpunkte finden mit scan to go®

13 Godesberg-Achter

Von Bad Godesberg gelangen wir auf der Wasserburgen- und Apfelroute ins Drachenfelser Ländchen, wo wir die herrlichen Weitblicke auf Rhein, Siebengebirge und Eifel genießen können. Die Langstrecke bietet zusätzlich Rheinfeeling pur auf einer Zusatzschleife entlang des Flusses.

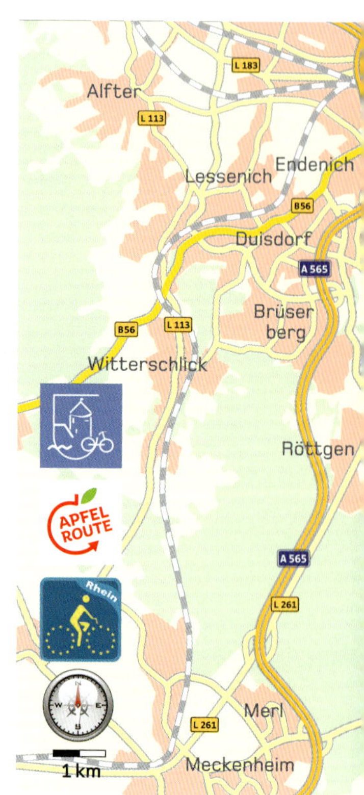

Start/Ziel: Bhf Bad Godesberg, Moltkestraße 43, Bad Godesberg

N 50° 41' 00.5" E 7° 09' 32.9"

Anfahrt: B 9 Bonn - Koblenz, Bad Godesberg Zentrum abfahren, über Friedrich-Ebert-Straße oder Theodor-Heuss-Straße zum Parkplatz Rigal'sche Wiese

Parkplatz: Rigal'sche Wiese, von dort vorbei an der Stadthalle ca. 500 Meter bis zum Bahnhof Bad Godesberg

Zug: RE 5, RB 26, RB 30 und RB 48 bis Bhf Bad Godesberg

Knotenpunkte: 2 - 3 - 79 - 80 - 3

Variante kurz:

27.5 km 2h 20min 410 ↑ ↓ 410

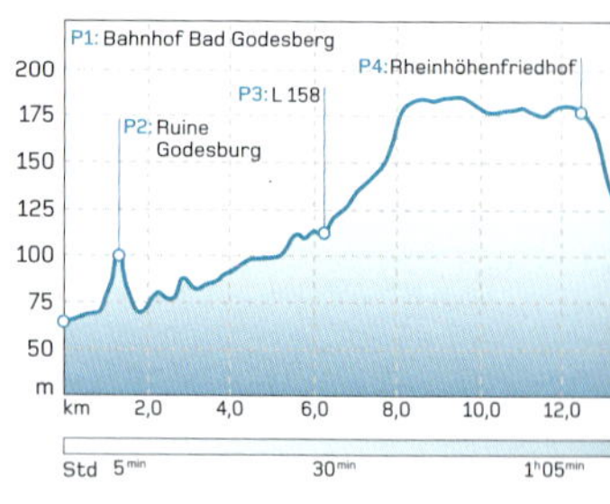

43.7 km | 3h 40min | 460 ↑ 460 ↓

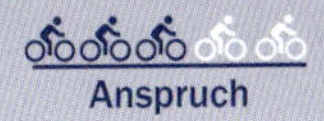

P10 Kennedybrücke
80
79
Bonn
Beuel
A 59
L 193
B9
Rheinradweg
Poppelsdorf
UN-Campus P9
P11 Rohmühle
B42
Gielgen
Rauschendorf
L 83
L 490
L 331
Oelinghoven
A 3
Vinxel
Oberkassel
Kessenich
Gronau
A 562
Rheinradweg
Oberpleis
L 268
Dottendorf
Oberdollendorf
Ippendorf
Friesdorf
L 268
Heisterbacherrott
L 331
L 83
3 P8
Bad Godesberg
Petersberg
Ruine Godesburg P2
B42
P1
Bhf. Bad Godesberg
Ittenbach
L 331
Königswinter
L 158
B9
2
Drachenfels
Wasserburgen-Route
Heiderhof
Mehlem
P7 Rheinradweg
Pech
Querung L 158 P3
L 158
L 144
Apfelroute
Niederbachem
Villiprott
Rheinhöhenfriedhof P4
Bad Honnef
Wasserburgen-Route
P6 Rolandsbogen
Villip
Oberbachem
L 123
P5 Abzweig Wasserburgen-Route
B42
B9
Wachtberg

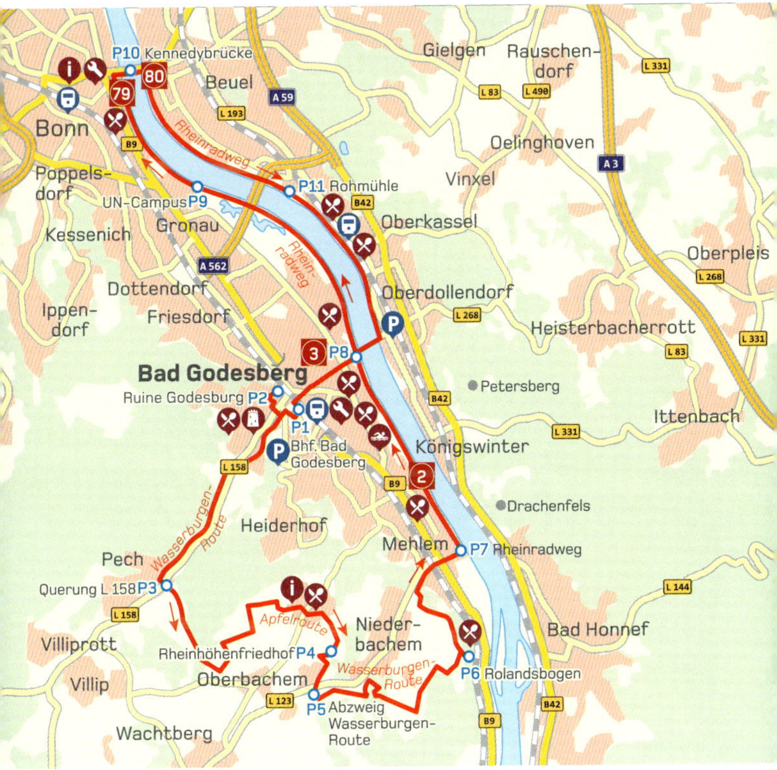

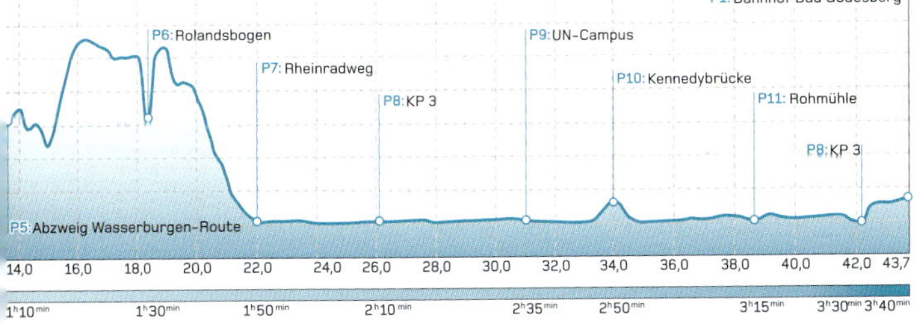

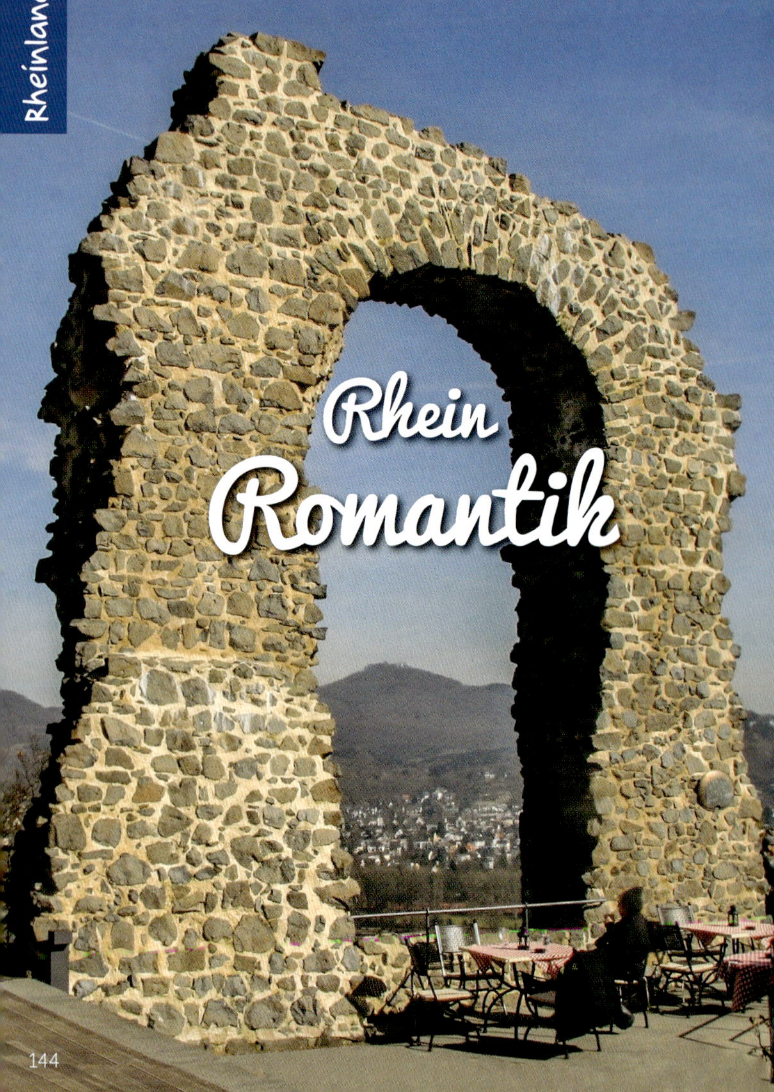

Rhein Romantik

P1
Start

Nach dem Start am **Bahnhof Bonn-Bad Godesberg (P 1)** können wir die Fahrt durch Bad Godesberg mit einem kurzen Sightseeing Programm verbinden. Auf der Wasserburgen-Route geht es entlang der Löbestraße in Richtung Innenstadt (Vorsicht, die Beschilderung im Godesberger Stadtgebiet ist unvollständig). Wir umkurven den Kurpark und erreichen das Ensemble der Redoute mit Ballsaal, kurfürstlichen Logierhäusern und Redüttchen.

Der Ballsaal wurde unter dem letzten Kölner Kurfürst Max Franz gebaut, und in ihm musizierte 1792 der junge Ludwig van Beethoven vor Joseph Haydn. In ihrer Geschichte war die Redoute auch Gemäldegalerie, Mädchenpensionat, Lazarett, Bürgermeisterhaus und Club für Mitglieder der Alliierten Hohen Kommission.

Bad Godesberg trägt seit 1925 den Titel Bad und entwickelte sich zum beliebten Sommer- und Alterssitz wohlhabender Bürger. Die Stadt überstand den 2. Weltkrieg weitgehend unzerstört. Nachdem Bonn 1949 zur provisorischen Hauptstadt erklärt wurde, siedelten sich viele Botschaften im schönen Bad Godesberg an, und die Stadt erhielt den Spitznamen „Diplomatenstadt“ mit der B 9 als „Diplomatenrennbahn“. 1969 erfolgte die Eingemeindung von Bad Godesberg zu Bonn.

P2
1.3 km
05 min

Beim Einkaufszentrum Fronhofer Galeria lohnt sich ein Abstecher den steilen Hang hinauf zum Wahrzeichen der Stadt, der **Ruine Godesburg (P 2)**. Wenn der Turm geöffnet ist, sollte man unbedingt hinaufsteigen. Der 360-Grad-Panoramablick von oben sucht seinesgleichen. Zurück an der Fronhofer Galeria biegen wir in die Brunnenallee ab und kommen am Draitschbrunnen vorbei, wo wir die staatlich anerkannten Heilwässer

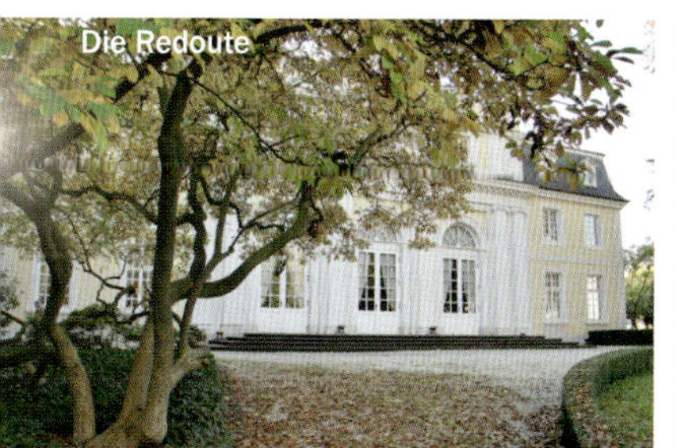
Die Redoute

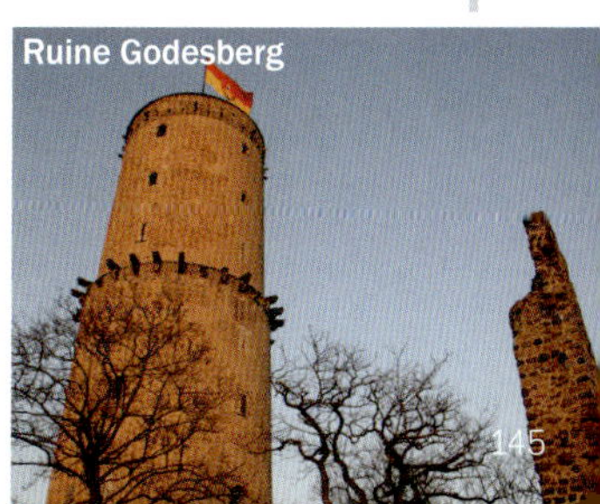
Ruine Godesberg

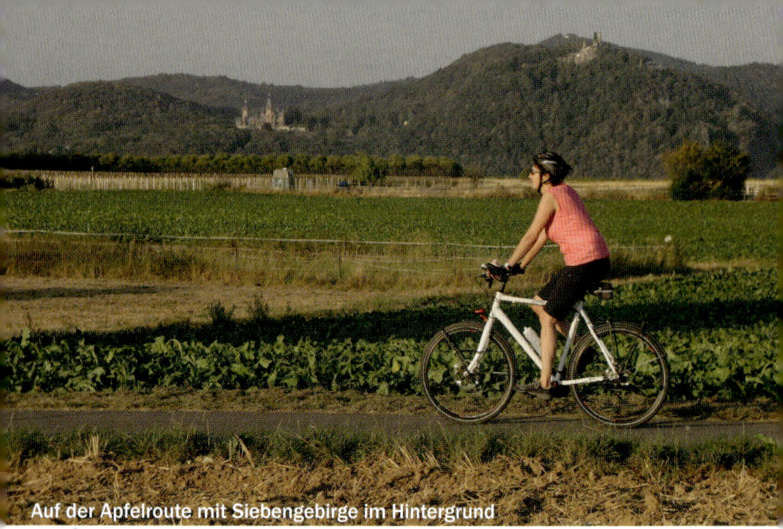

Auf der Apfelroute mit Siebengebirge im Hintergrund

der Draitsch- und Kurfürstenquelle probieren können. Schon die Römer wussten das Quellwasser zu schätzen.

Während die Wasserburgen-Route entlang der Marienforster Straße in Richtung Pech verläuft, zweigt der landschaftlich reizvollere Weg nach dem Draitschbrunnen links ab. Die Marienforster Promenade führt, sanft ansteigend, entlang des Godesberger Baches durch das idyllische Tal. Bei trockenem Boden ist der Spazierweg gut zu befahren. Bei Nässe sind wir auf dem straßenbegleitenden Radweg besser aufgehoben. Bei Gut Marienforst, einem ehemaligen Rittergut und Kloster, endet die Promenade, und wir überqueren die L 158 (Achtung: Gefahrenstelle!).

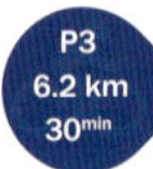

Weiter geht es auf der Wasserburgen-Route entlang der Landstraße zum Ortsrand von Pech, wo wir den Radweg wechseln und auf die Rheinische Apfelroute abbiegen (▶ **Tour 12**). Die Apfelroute kreuzt die **L 158 (P 3)** und führt im Heltenbachtal aus Pech heraus. Nun erwartet uns ein heftiger Anstieg. Aber die Anstrengung lohnt sich. Auf dem Hochplateau angekommen, können wir auf der Fahrt über die offene Feldfläche nach Ließem und zum Rheinhöhenfriedhof das großartige Panorama von Siebengebirge und Eifel genießen.

Das Drachenfelser Ländchen ist seit Jahrhunderten bäuerliches Kulturland. Es ist geprägt von intensivem Obstanbau mit Apfelplantagen und Erdbeerfeldern. Beim **Rheinhöhenfriedhof (P 4)** erreichen wir einen herrlich gelegenen Aussichtspunkt direkt an der steilen Hangkante. Unser Blick schweift über den auffälligen Kirchturm von Oberbachem, das Radom bei Berkum und die hügelige Vulkanlandschaft der Eifel mit dem Fernmeldeturm Heckenbach-Schöneberg am Horizont.

P4
12.5 km
1h 05min

Anschließend zischen wir rasant den Hang hinab und queren in Oberbachem die L 123 (Achtung: Gefahrenstelle!). Ein paar Meter weiter treffen wir auf den **Abzweig** der **Wasserburgen-Route (P 5)**, der wir nun wieder folgen. Auf dem Eselsweg pedalieren wir nach Niederbachem und können unterwegs einen Abstecher zum Aussichtsturm am Dächelsberg unternehmen. Der ehemalige Vulkan fiel dem Basaltabbau zum Opfer. Vom Turm an der L 123 blickt man auf die ehemalige Abbauwand des stillgelegten Steinbruchs. Nach einer Schleife am Ortsrand von Niederbachem liegt der Steilanstieg durch Obstplantagen hinauf auf den Rodderberg vor uns. Ohne E-Bike ein Kraftakt.

P5
13.6 km
1h 10min

Der 1927 unter Naturschutz gestellte Rodderberg ist ein abflussloser Vulkan, dessen letzter Ausbruch rund 300.000 Jahre zurückliegt. Der riesige Sprengtrichter mit 800 Meter Durchmesser bildet eine Bodensenke. Das Areal ist heute ein Reit-Eldorado, insbesondere der Vielseitigkeitsreiterei.

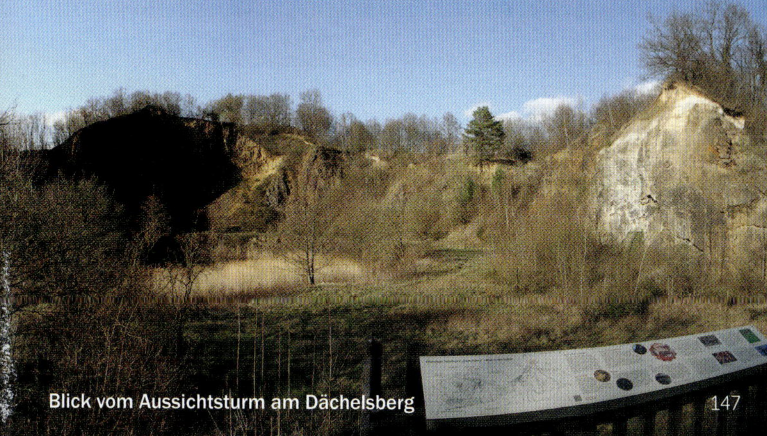

Blick vom Aussichtsturm am Dächelsberg

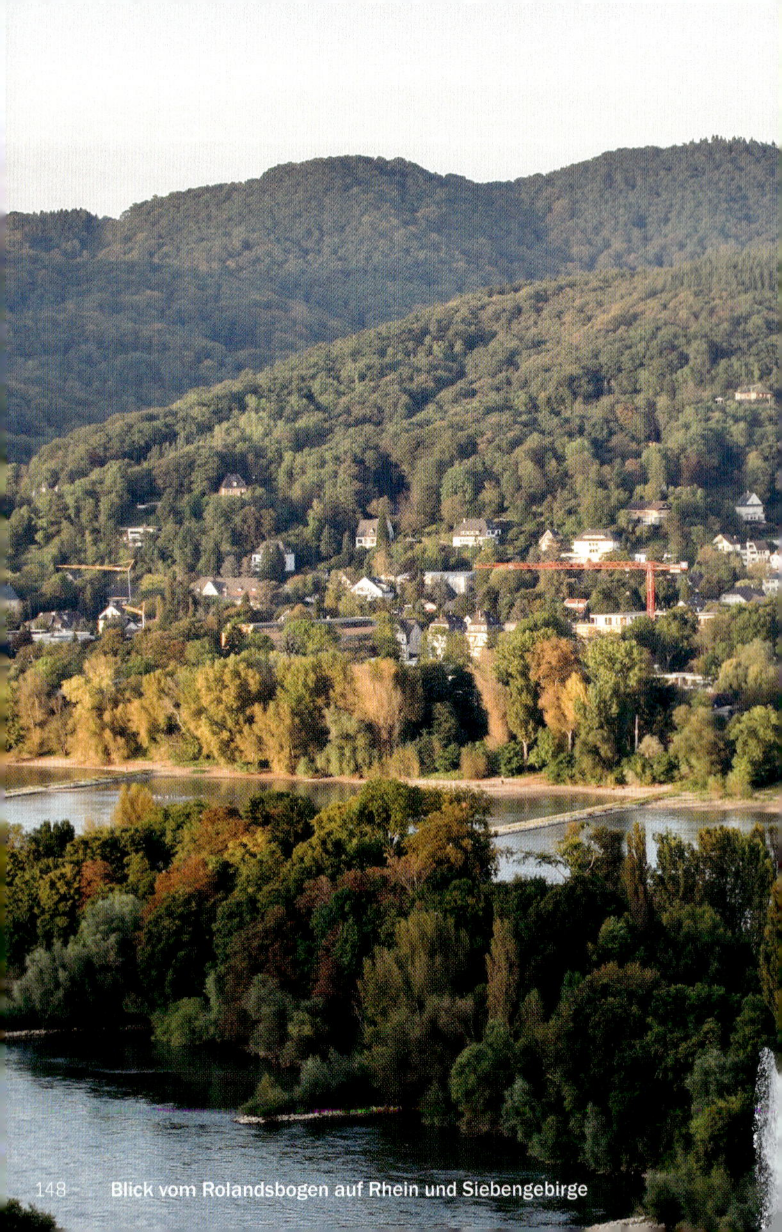

Blick vom Rolandsbogen auf Rhein und Siebengebirge

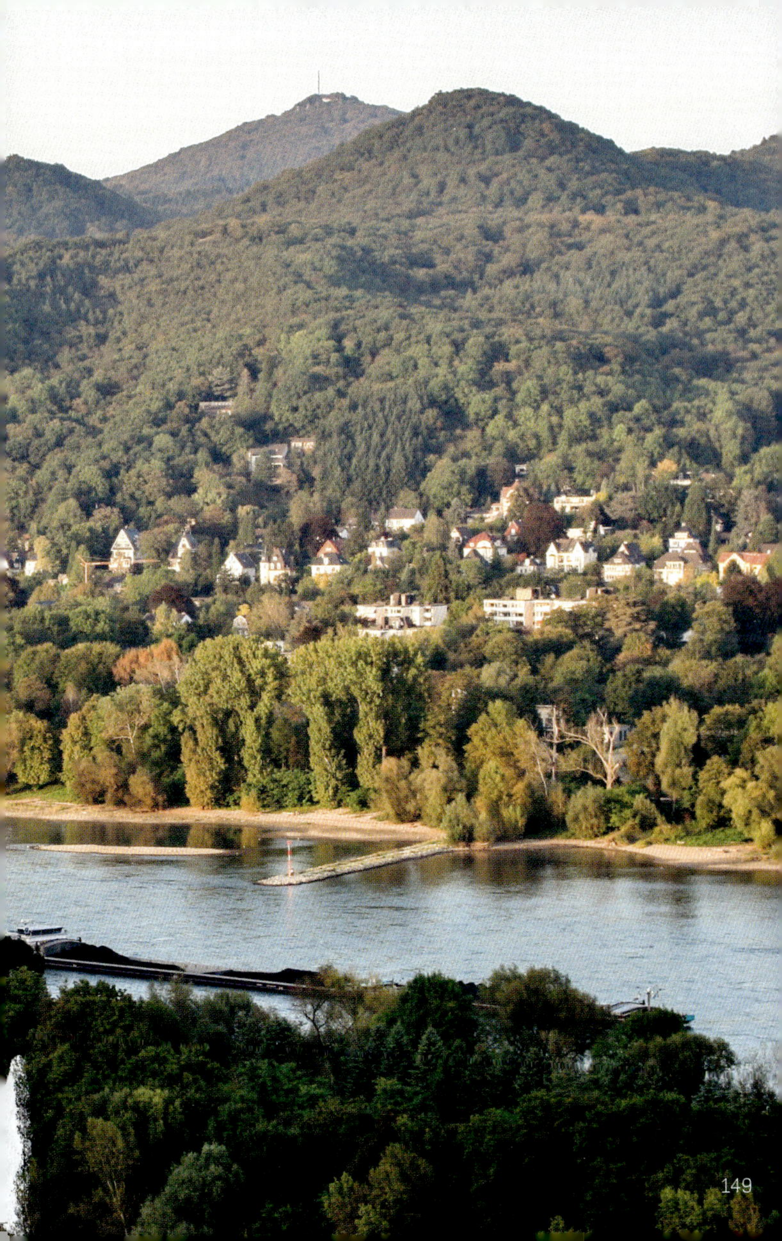

P6
18.3 km
$1^h 30^{min}$

Oben angekommen, radeln wir an Pferdeweiden und Obstbaumwiesen entlang zum Steilhang, der zum Rhein abfällt. Ein lohnender Abstecher führt in der Direttissima hinunter zum **Rolandsbogen (P 6)**. Man lässt das Fahrrad am besten an der Hangkante stehen und geht den steilen Weg zu Fuß. Das Restaurant am Rolandsbogen mit einer sensationell gelegenen Panoramaterrasse bietet uns einen der schönsten Rhein- und Siebengebirgsblicke.

Burg Rolandseck wurde 1122 zusammen mit dem Frauenkloster Nonnenwerth errichtet, im Dreißigjährigen Krieg schwer beschädigt und verfiel anschließend zur Ruine. Diese stürzte 1673 bei einem Erdbeben bis auf ein letztes Burgfenster, den sogenannten Rolandsbogen, ein. Der Rolandsbogen war eines der Wahrzeichen der Rheinromantik im 18. und 19. Jahrhundert und ist ein Ort vieler Geschichten und Legenden.

P7
22.0 km
$1^h 50^{min}$

Zurück auf dem Fahrrad rollen wir am Aussichtspunkt Heinrichsblick, der ehemaligen Richtstätte des Amts Mehlem, vorbei. In rasanter Abfahrt jagen wir anschließend ins Rheintal hinunter und überqueren in Mehlem die B 9. Ein paar Meter weiter sind wir am Rheinufer angelangt und biegen auf den **Rheinradweg (P 7)** ab. Von der Rheinpromenade können wir den Blick auf den mächtigen Strom, das Siebengebirge und die prächtigen Villen genießen. Den Promenadenweg müssen wir uns allerdings mit anderen Radfahrern, Inlinern, Spaziergängern und Hunden teilen.

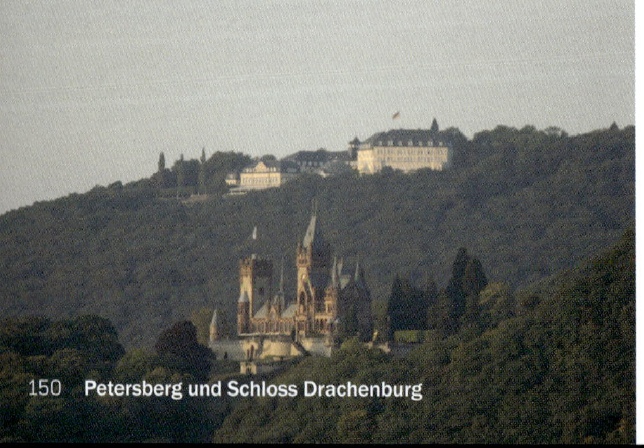

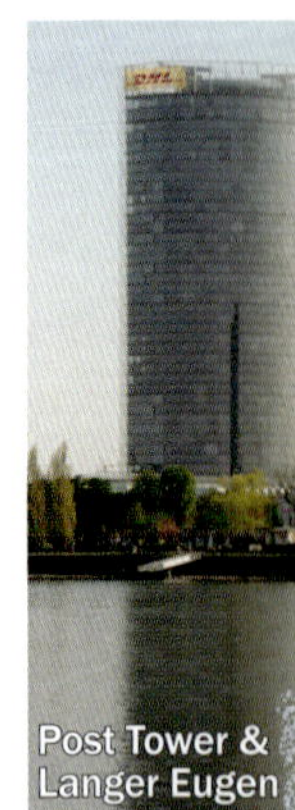

Post Tower & Langer Eugen

Bei schönem Wetter verführen die Sandbuchten am Rheinufer zu einer Verschnaufpause. Alternativ gibt es reichlich Einkehrmöglichkeiten in allen Preiskategorien, wie das Weinhäuschen am Rhein, den Imbiss an der Fähre Mehlem-Königswinter bei Knotenpunkt 2, den Kastaniengarten des Rheinhotels Dreesen oder die Bastei beim **Knotenpunkt 3 (P 8)** am Fähranleger Bad Godesberg-Niederdollendorf. Wir haben nun die Wahl zwischen **Kurz-** und **Langstrecke**.

P8
26.1 km
2h 10min

Während die **Kurzstrecke** *direkt zum Ausgangspunkt zurückführt, gönnen wir uns auf der* **Langstrecke** *eine Zusatzschleife entlang des Rheinufers.*

Variante
kurz

Die **Langstrecke** folgt dem Rheinradweg vorbei an Villen, ehemaligen Botschaften und Gastronomie. Nach der Südbrücke passieren wir Post Tower, **UN-Campus (P 9)** und World Conference Center (▶ **Tour 8**). Bonn ist heute Sitz von zahlreichen Organisationen der Vereinten Nationen. Das ehemalige Abgeordnetenhochhaus, der Lange Eugen, ist zum Herzstück des UN-Campus geworden.

P9
31.0 km
2h 35min

Andererseits wird bei der Fahrt entlang des Rheins mit der Bonner Republik eine Periode der deutschen Nachkriegszeit lebendig. In Richtung Zentrum folgen die Anlegestellen akademischer Rudervereine. Beim Knotenpunkt 79 (▶ **Tour 9**) biegen wir links ab und fahren um das Opernhaus herum auf

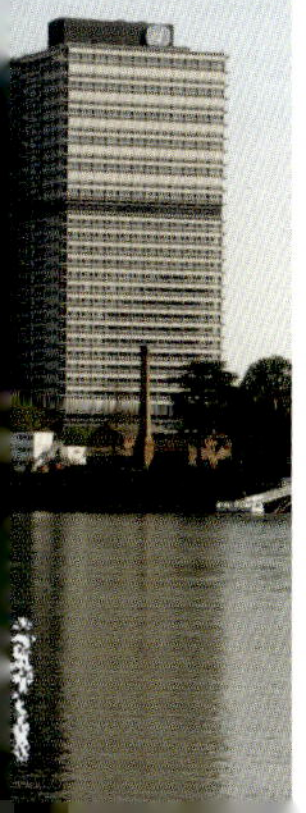

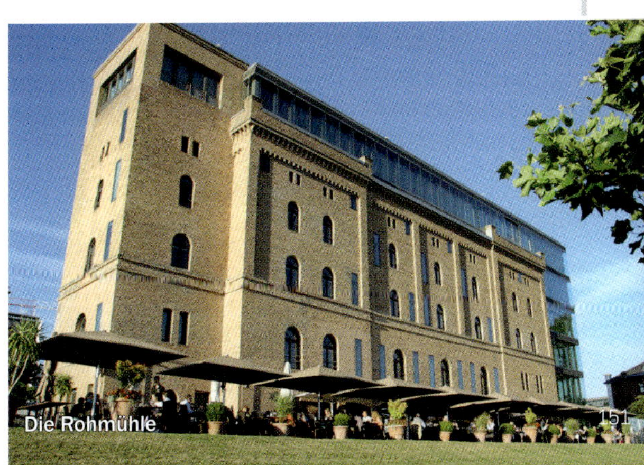

Die Rohmühle

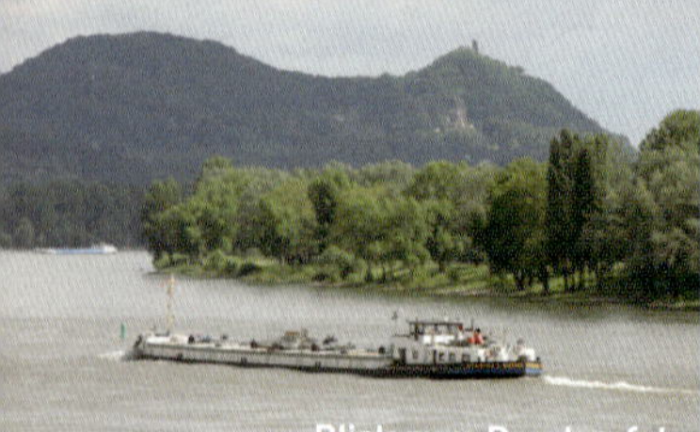

Blick zum Drachenfels

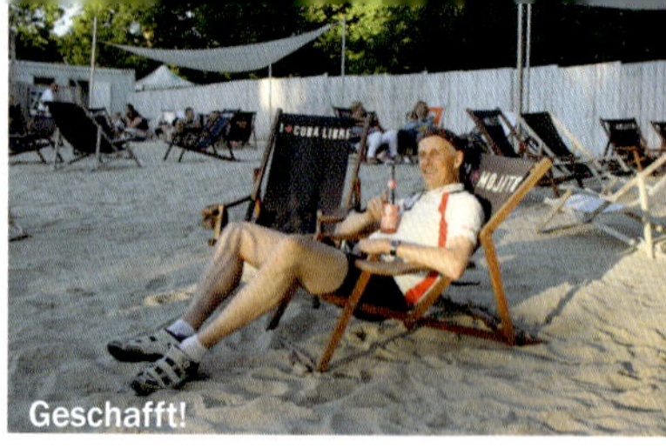

Geschafft!

P10
34.0 km
2h 50min

die **Kennedy-brücke (P 10)**. Wir haben den Wendepunkt unserer Rheinschleife erreicht und rollen um das Brückenforum herum zum Knotenpunkt 80 am Fuß der Brücke. Der Rheinradweg ist auf der rechten Uferseite ebenso schön, und wir haben „auf der Rückfahrt“ sogar Nachmittags- und Abendsonne. Mit Blick auf die Bonner Skyline laden Bänke, Wiesen, Restaurants und Biergärten zum Verschnaufen ein. Ein beliebter Treffpunkt ist der Blaue Affe, wo man bei Bratwurst, Brezel und kühlen Getränken den Feierabend genießen kann.

P11
38.6 km
3h 15min

Zu Stoßzeiten herrscht auf dem Radweg reger Betrieb. Nach der Südbrücke fahren wir an den teils futuristischen Neubauten am Bonner Bogen vorbei. Mit der Rheinalm beim Kameha Grand, der **Rohmühle (P 11)** und dem Bundeshäuschen bieten sich uns weitere Einkehrmöglichkeiten.

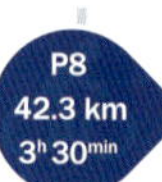

Die Sandstrandbuchten am Rheinufer und die Rheinwiesen sorgen für südliches Flair. In Niederholtdorf setzen wir schließlich mit der Fähre über und sind zurück am **Knotenpunkt 3 (P 8)** bei der Bastei.

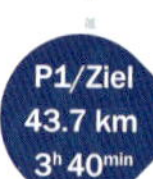

Zum Ausradeln geht es auf der Wasserburgen-Route durch das Godesberger Villenviertel, ein großbürgerliches Quartier der Jahrhundertwende, zurück zum **Bahnhof Bad Godesberg (P 1)**. Schräg gegenüber dem Bahnhof lockt das Limao zum Abschluss mit erfrischenden Cocktails.

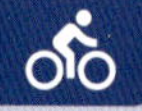

Fazit

Ein abwechslungsreiches Fahrraderlebnis, das mit herrlichen Panoramablicken, einem Abstecher ins Drachenfelser Ländchen, der Bundesstadt Bonn und Rheinromantik am legendären Rolandsbogen besticht. Auf der Langstrecke an Geld für die Fähre denken.

TourTipps

- Bad Godesberg Stadtmarketing, Ria-Maternus-Platz 1, 53173 Bad Godesberg, 0228/1842690, www.bad-godesberg.info.de
- Bonn Information, Windeckstraße 1, 53111 Bonn, 0228/775000, www.bonn.de
- Rhein-Voreifel Touristik im Köllenhof, Marienforster Weg 14, 53343 Wachtberg-Ließem, 0228/35026236, www.rhein-voreifel-touristik.de

- Limao Brasil, Moltkestraße 64, 53173 Bad Godesberg, 0228/3680555, www.limao.de
- Godesburg, Auf dem Godesberg 5, 53177 Bad Godesberg, 0228/38678890, www.godesburg-bonn.de
- Zur Schüür, Marienstraße 8, 53343 Wachtberg-Ließem, 0228/5506876, www.zur-schuur.jimdofree.com
- P6 Restaurant & Biergarten am Rolandsbogen, Rolandsbogen 0, 53424 Rolandseck, 02228/372, www.rolandsbogen.de
- K.u.K. Weinhäuschen am Rhein, Fährstraße 26, 53179 Bonn-Mehlem, 0228/362756, www.kuk-weinhaus.de
- Kastaniengarten Rheinhotel Dreesen, Rheinstraße 45-49, 53179 Bad Godesberg, 0228/8202-0, www.rheinhoteldreesen.de
- P8 Bastei, Von-Sandt-Ufer 1, 53173 Bad Godesberg, 0228/3680433, www.bastei-bonn.de
- Schaumburger Hof, Am Schaumburger Hof 10, 53175 Bonn, 0228/9563529, www.schaumburger-hof.de
- P10 Biergarten Alter Zoll, Brassertufer, 53111 Bonn, 0228/241243
- Rheinlust, Rheinaustraße 134, 53225 Bonn, 0228/467091
- Biergarten Zum Blauen Affen, Elsa-Brändström-Straße 74, 53227 Bonn, 0228/465307, www.haus-am-rhein.de
- P11 Rohmühle, Rheinwerkallee 3, 53227 Bonn, 0228/4100707, www.rohmuehle.com
- Bundeshäuschen, Oberkasseler Ufer 4, 53227 Bonn-Oberkassel, 0228/441103, www.bundeshaeuschen.de

- Drahtesel Bonn, Moltkestraße 10-12, 53173 Bad Godesberg, 0228/361545, www.drahtesel-bonn.de
- Velocity, Belderberg 18 (B 9), 53111 Bonn, 0228/9813660, www.velo-city.de
- Sport Fahrrad Hübel, Königswinterer Straße 491, 53227 Bonn, 0228/442424, www.huebel-bonn.de

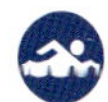

- Panoramabad Rüngsdorf, Am Schwimmbad 8, 53179 Bonn, 0228/7760840, www.bonn.de

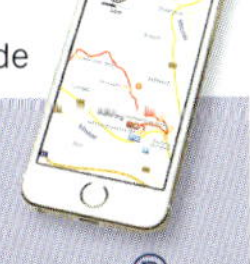

Tour Download: **BRLS13X3** (für GPS-Geräte)

Startpunkte finden mit scan to go®

14 Im Siebengebirge

Nach Lust, Laune und Kondition können wir zwischen drei Streckenlängen wählen. Hoch hinaus geht es dabei immer. Mit dem Drachenfels lernen wir den bekanntesten Berg des Siebengebirges und den Inbegriff der Rheinromantik kennen.

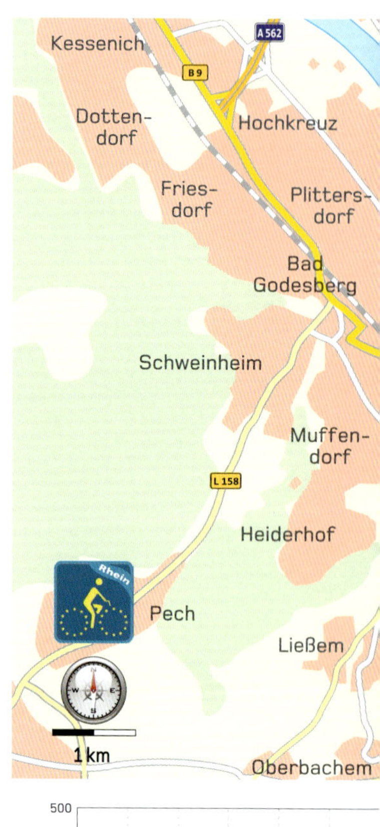

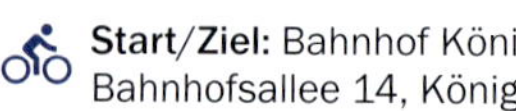

Start/Ziel: Bahnhof Königswinter, Bahnhofsallee 14, Königswinter

N 50° 40' 43.3" • E 7° 11' 34.9"

Anfahrt: A 59/B 42 bis Ausfahrt Königswinter/Oberpleis/Ittenbach, auf L 331-Brücke Beschilderung Lemmerzbad/Sea Life Center/Drachenfels folgen, rechts in die Bahnhofstraße abbiegen, (P7 vor Bahnübergang rechts)

Parkplatz: P7, Königswinter
N 50° 40' 42.6" • E 7° 11' 40.4"

Zug: RE 8 und RB 27 bis Bhf Königswinter

Knotenpunkte: 5 - 4 - 10 - 9

Variante mittel:
33.8 km · 2h 50min · 1055 ↑ ↓ 1055

Variante kurz:
21.0 km · 1h 45min · 720 ↑ ↓ 720

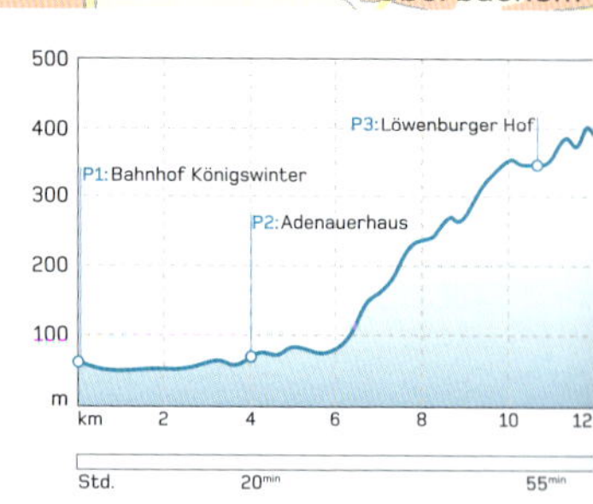

39.4	3h 15min	1215	1215	
km	(Zeit)	↑	↓	Anspruch

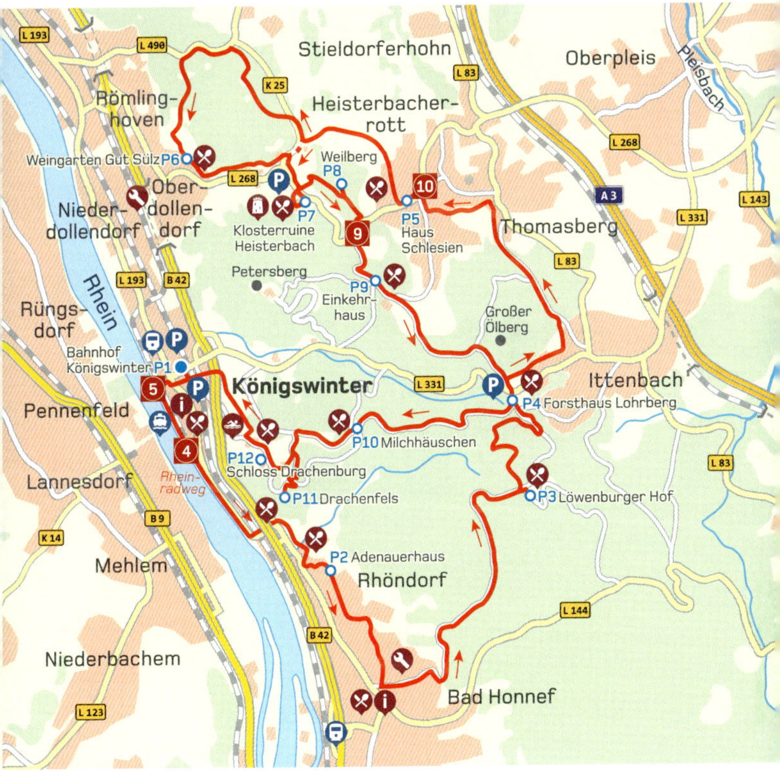

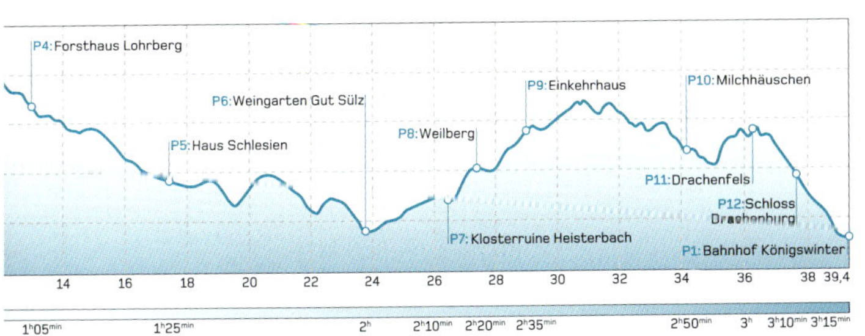

Sagenhaftes Drachenland

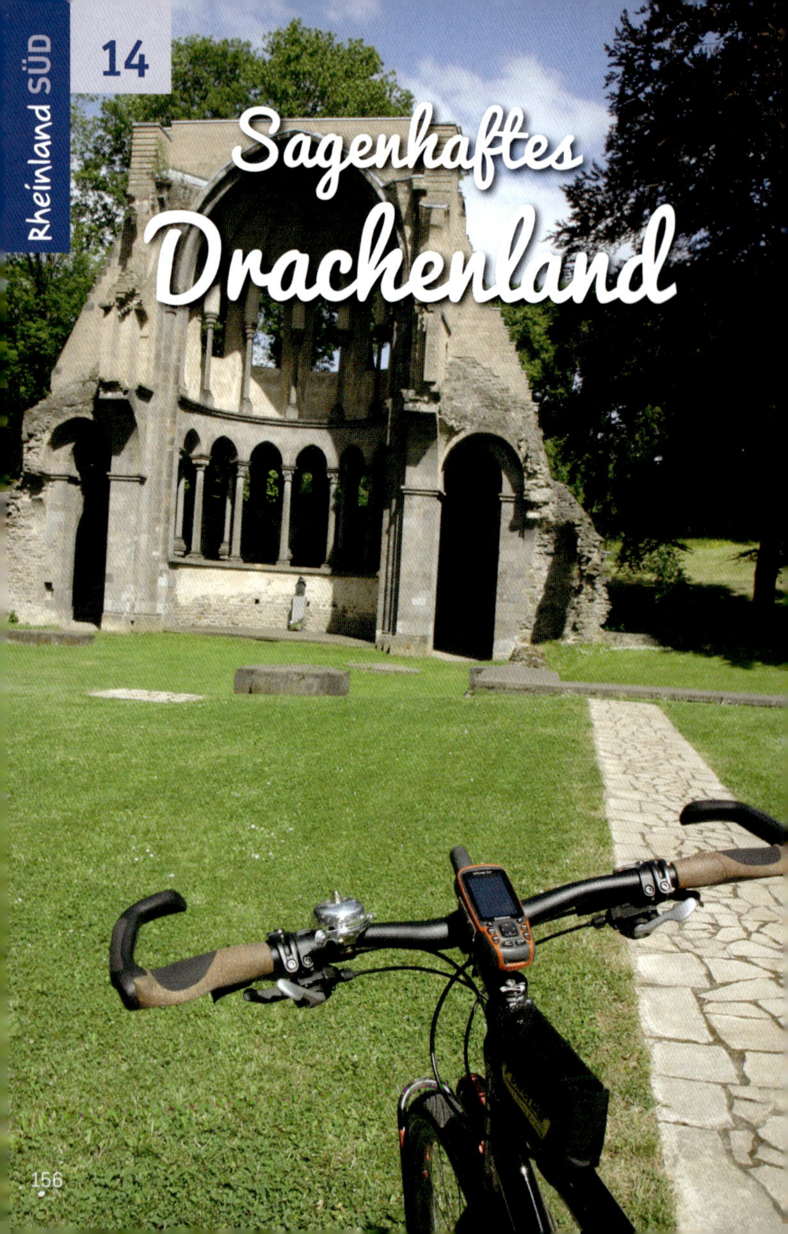

P1
Start

Los geht es vom **Bahnhof Königswinter (P 1)** zum Rheinufer, wo wir beim Knotenpunkt 5 der RadRegionRheinland vorsichtig die Straßenbahnschienen überqueren. Wir haben den Rheinradweg erreicht und kommen entlang der Promenade am Sea Life Aquarium und dem Knotenpunkt 4 beim Fähranleger vorbei. Der Radweg entlang dem Rheinufer ist zum Einrollen ideal.

Am Ortseingang von Rhöndorf verlassen wir den Rheinradweg und queren mit einer 180-Grad-Kehre die Straßenbahnlinie. Anschließend kreuzen wir im Rechts-links-Schwenk die L 193 und orientieren uns bei der Auffahrt zur B 42 in Richtung des Weinhauses Domstein. Es liegt malerisch in den Weinbergen und wird von Drachenfels und Siegfriedfelsen überragt.

Vor dem Weinhaus halten wir uns rechts und blicken Richtung „Duffes“, einem turmartigen Wachhäuschen im steilen Weinberghang. Früher bewachten die Winzer vom Duffes aus ihre Trauben aus Furcht vor Wild, Vögeln und Dieben. Wir folgen anschließend der Drachenfelsstraße, an schicken Wohnhäusern vorbei zum Ziepchenplatz, dem Zentrum Rhöndorfs. Auf der rechten Seite lockt das Café Profittlich, eine Rhöndorfer Caféhaus-Institution. Das Angebot umfasst auch leckere Teilchen zum Mitnehmen. Am Kuchenpräsenter bedienen Damen mit weißer Schürze und Häubchen im Haar. Als besondere Spezialität gilt die Herren- und Pralinentorte.

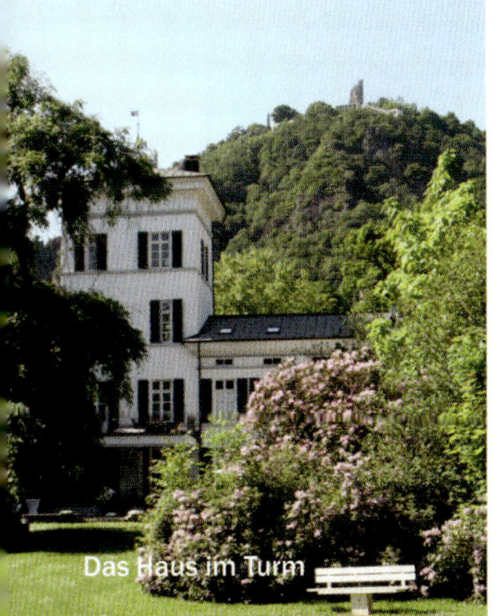
Das Haus im Turm

Auf der Drachenfelsstraße kommen wir am Haus im Turm vorbei und erreichen den kleinen Barockbau der Marienkapelle, an der die Durchgangsstraße rechts und links vorbeigeführt wird. Von der Parkanlage des Hauses im Turm hat man einen herrlichen Blick auf den Drachenfels. Wir biegen links ab und folgen der Ausschilderung zum **Adenauerhaus (P 2)**. Nach dem Tod des ersten Bundeskanzlers

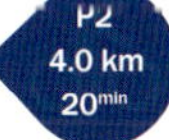

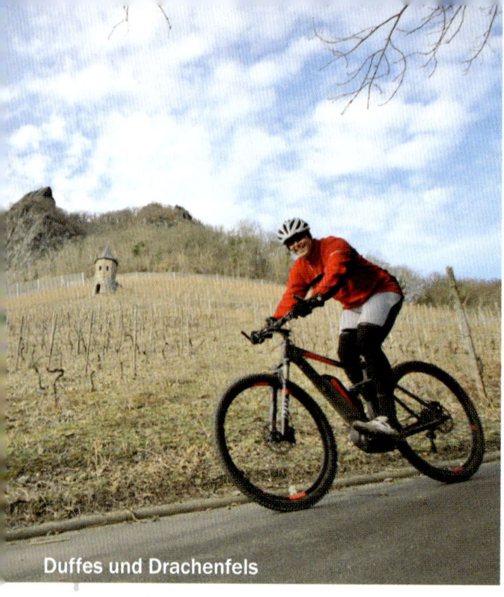
Duffes und Drachenfels

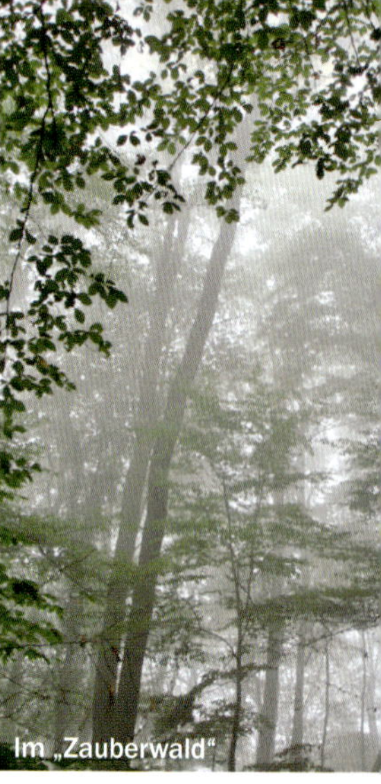
Im „Zauberwald“

übernahm die Bundesrepublik 1967 dessen Wohnhaus, und Besucher können im Rahmen einer Führung in Adenauers Wohnzimmer den „Hauch der Geschichte“ dieses Ortes spüren.

Vom Frankenweg biegen wir anschließend links in die Schaaffhausenstraße ab und erleben bei unserem Abstecher durch Rommersdorf ein pittoreskes Weindorf mit sehenswerten Fachwerkhäusern, der Annakapelle, der Villa Schaaffhausen und dem Weinhaus Steinbach als Einkehrmöglichkeit. Die Fahrt entgegen der Einbahnstraße auf der Rommersdorfer Straße nach Bad Honnef ist für Radfahrer frei. Man tut aber gut daran, besonders achtsam zu fahren. Beim Kirchplatz von Bad Honnef (▶ **Tour 15**) folgen wir der nach links abknickenden Straße. Wer sich die Zeit nimmt, kann im „rheinischen Nizza“ einen Stopp einlegen und über den Marktplatz und durch die angrenzende Fußgängerzone bummeln.

Von Bad Honnef aus beginnt der Anstieg im Naturschutzgebiet Siebengebirge. Wir fahren die Bergstraße hinauf, die ihrem Namen alle Ehre macht. Zugegeben ein „giftiger“ Anstieg! Als Radler ohne Antriebsunterstützung ertappt man sich beim neidischen Blick auf E-Biker. Die schöne Teerstraße endet

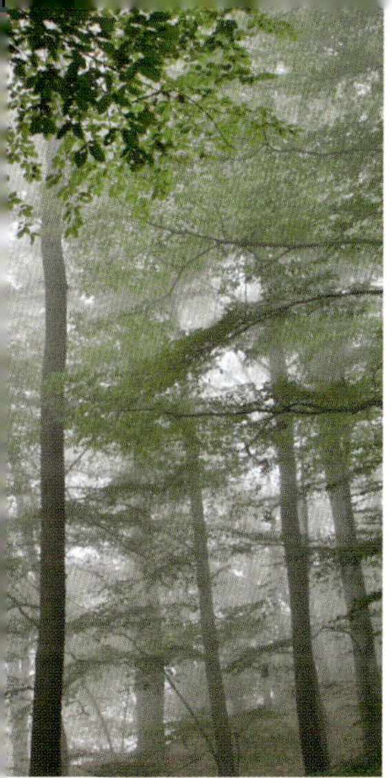

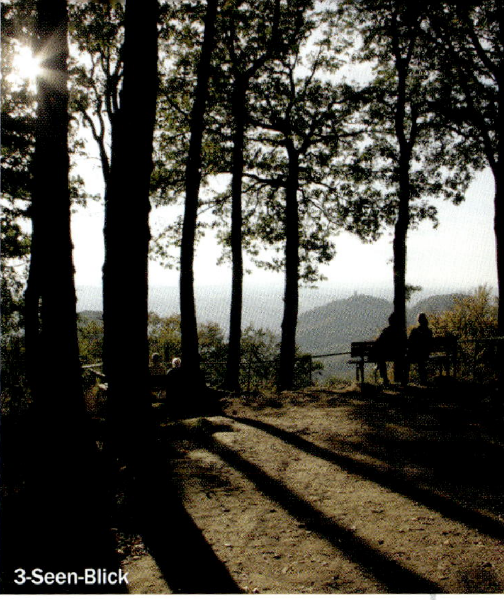

3-Seen-Blick

nach der Abzweigung zur Hohenhonnef GmbH, und es geht auf befestigten Forstwegen weiter. Wir folgen dem mit einem „R“ markierten Rheinhöhenweg durch das älteste Naturschutzgebiet Deutschlands. Das Siebengebirge wurde bereits 1922 unter Schutz gestellt.

Höhenmeter um Höhenmeter strampeln wir hinauf bis zur Hochfläche unterhalb der Löwenburg. Das Siebengebirge ist reich an vorzüglichen Einkehrmöglichkeiten und mit Blick auf den **Löwenburger Hof (P 3)** haben wir die Qual der Wahl, ob wir uns jetzt oder später für eine Einkehr entscheiden. Anschließend fahren wir links um den Lohrberg herum in Richtung Margarethenhöhe. Beim Aussichtspunkt 3-Seen-Blick unterhalb des Lohrbergs sollte man unbedingt einen kurzen, aber lohnenswerten Stopp einlegen.

P3
10.6 km
55min

Nach einer Schleife kommen wir auf den asphaltierten Weg, der den Hang zum **Forsthaus Lohrberg (P 4)** hinunterführt. Mit der Margarethenhöhe an der L 331 haben wir einen Top Spot des Siebengebirges mit mehreren Ausflugslokalen wie dem Margarethenkreuz erreicht. Speziell an sonnigen Wochenenden „steppt hier der Bär“. Also schnell weiter!

P4
13.0 km
1h 05min

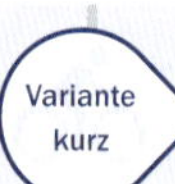

Wer sich für die **kurze Siebengebirgstour** *entscheidet, biegt nach dem Forsthaus Lohrberg links ab und fährt am Hang entlang zum* **Milchhäuschen (P10).**

Die **Mittel-** und **Langstrecke** überqueren die L 331 und führen rechts um den Großen Ölberg herum. Wir genießen die herrliche Abfahrt am Ortsrand von Ittenbach entlang nach Thomasberg. Im Links-rechts-Schwenk geht es weiter nach Heisterbacherrott, wo wir den Knotenpunkt 10 an der Kreuzung zur L 268 erreichen. Zu unserer Rechten blicken wir auf die Wallfahrtskirche St. Judas Thaddäus.

P5
17.5 km
1h 25min

Wir biegen links ab und stehen nach 150 Metern vor dem **Haus Schlesien (P 5)**. Es blickt auf eine 800-jährige Geschichte zurück. 1978 erwarb die Landsmannschaft Schlesien den ehemaligen Fronhof und richtete das Museum für schlesische Landeskunde ein. Neben dem Haus befindet sich die sehenswerte Nikolauskapelle aus dem Jahr 1150. Nachdem wir auf der Weilbergstraße den Ort verlassen haben, können wir vom

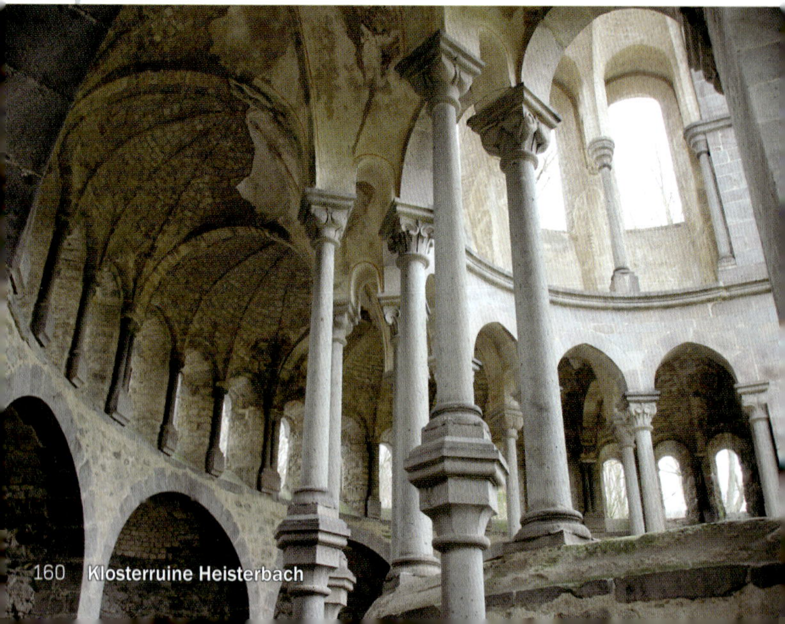

Klosterruine Heisterbach

Rastplatz Heimatblick den Blick zurück auf den Großen Ölberg genießen. Anschließend gelangen wir über den Ausläufer des Weilbergs hinweg zur K 25.

Die **mittlere Streckenvariante** *führt uns auf der K 25 und L 268 zur nahen* **Klosterruine Heisterbach (P 7)**.

Variante mittel

Auf der **Langstrecke** setzt sich das Auf und Ab mit dem Anstieg an der Bergkuppe der Dollendorfer Hardt fort. Zum Ausgleich sausen wir danach auf der gut ausgebauten L 490 ein Stück den Hang hinunter. Nach zwei Serpentinen müssen wir aufpassen, dass wir nach dem kleinen Wasserwerk den Abzweig nach links in den Laubwald hinein nicht verpassen.

Ein Waldweg führt uns zum nächsten Fotomotiv an der Hangkante zum Rhein mit Blick auf den Fluss, die Weinberge und auf Oberdollendorf mit der markanten Kirche St. Laurentius. Wir cruisen durch die Weinberge zur Ortschaft hinunter und kommen beim Garten des **Weinhauses Gut Sülz (P 6)** am Eingang des Mühlentals heraus. Hier können wir den hervorragenden Riesling probieren und ein wenig verschnaufen.

P6 23.8 km 2h

Das Mühlental zieht sich am Oberdollendorfer Mühlenbach entlang und verbindet Oberdollendorf mit Heisterbacherrott auf der anderen Siebengebirgsseite. Früher waren im Tal achtzehn Mühlen in Betrieb und man kann sich das damalige Leben an dem plätschernden Mühlenbach gut vorstellen. Schließlich erreichen wir die L 268 und blicken auf die von Wiesen und Feldern umgebene Abtei Heisterbach. Das Heisterbacher Tal ist eine Talaue zwischen Petersberg und Weilberg. Der Anziehungspunkt ist die **Klosterruine Heisterbach (P 7)**.

P7 26.3 km 2h 15min

1237 begann der Bau der Kirche durch die Zisterzienser. Mit einer Länge von 88 Metern und einer Breite von 44 Metern wurde sie in der Region nur vom Kölner Dom übertroffen. Während der französischen Herrschaft wurde die Abtei 1803 aufgehoben und auf Abbruch verkauft. Es blieb eine Ruinenlandschaft mit dem imposanten Chor der Abtei zurück. Der Grundriss der Klosteranlagen ist gut sichtbar und verdeutlicht noch heute die gewaltige Dimension des Bauwerks.

Gipfelstation Drachenfelsbahn

P8
27.3 km
2h 20min

Zur Stärkung bietet sich die Klosterstube an. Wir queren die L 268 und haben den Steilanstieg zum Aussichtspunkt am **Weilberg (P 8)** vor uns, wo wir den Blick auf den Kratersee und die imposante Steinwand genießen. Der Steinbruch am Weilberg wurde als einer der letzten Steinbrüche im Siebengebirge geschlossen. Die Felswand wird übrigens von Familie Uhu bewohnt. Die Uhus beginnen im März zu brüten. Gut einen Monat später schlüpfen die Jungen.

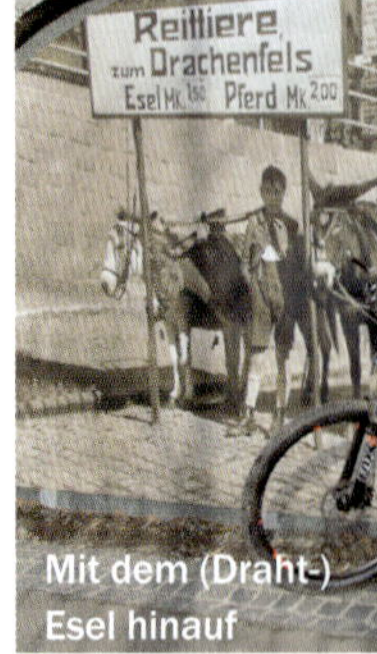

Mit dem (Draht-) Esel hinauf

P9
29 km
2h 35min

Beim Knotenpunkt 9 queren wir die L 268 und kurbeln am Hang des Nonnenstrombergs zum **Einkehrhaus Waidmannsruh (P 9)** hinauf. Hier oder beim Milchhäuschen haben wir uns die nächste Pause redlich verdient. Vom folgenden Hang der Burgruine Rosenau haben wir einen herrlichen Blick auf den Großen Ölberg. Wir erreichen erneut die Margarethenhöhe und queren die L 331. Vor dem Forsthaus Lohrberg biegen wir rechts ab und können uns auf eine herrliche Waldabfahrt freuen.

P10
34.1 km
2h 50min

Uns erwartet beim **Milchhäuschen (P 10)** die nächste Einkehrstation u. a. mit Pfannkuchen, Reibekuchen und leckeren Waffeln. Auf dem Weg zum Drachenfels folgt ein spektakulärer Aussichtspunkt dem nächsten. Nach dem Blick auf den Petersberg mit der wehenden Deutschlandfahne haben wir das Postkartenmotiv von Schloss Drachenburg mit der Zahnradbahn und den Blick auf den steil aufragen-

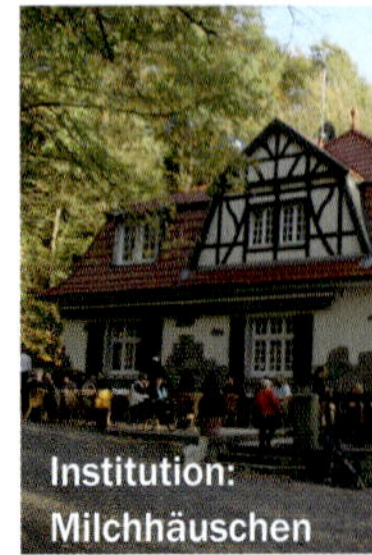
Institution: Milchhäuschen

Blick vom Drachenfels

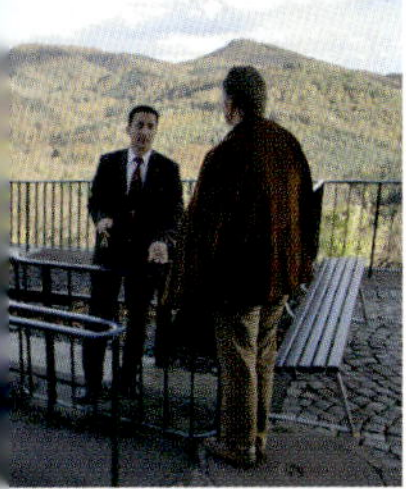

den Drachenfels vor uns. Bei der Abzweigung zum ehemaligen Burghof müssen wir uns entscheiden, ob die Kraft bzw. die Akkuladung für den Abstecher zum Drachenfels ausreicht.

P11
36.2 km
3h

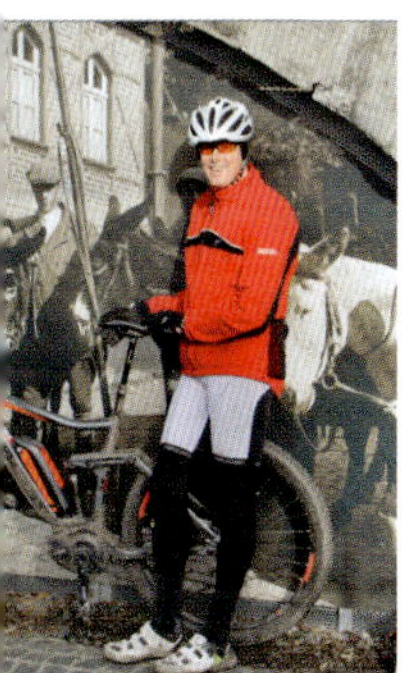

Der **Drachenfels (P 11)** ist der bekannteste Siebengebirgsgipfel und der Inbegriff der Rheinromantik. Angeblich soll er auch der meistbestiegene Berg Europas sein. Die Touristen kommen mit der Drachenfelsbahn, zu Fuß oder – als Attraktion für Kinder – auf dem Rücken eines Esels zum neu gestalteten Aussichtsplateau. Wenn man den Rummel ausblendet, kann man den herrlichen Rundumblick genießen.

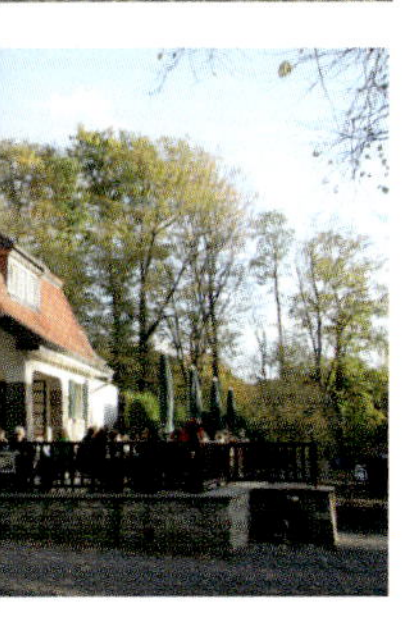

Die Ruine des Bergfrieds ist das Wahrzeichen des Siebengebirges. Die Burg aus dem 12. Jh. wurde während des Dreißigjährigen Krieges zerstört. Schon die Römer bauten am Drachenfels Trachyt ab, später dienten die Steine dem Bau des Kölner Doms. Nach dem Erwerb durch die preußische Regierung wurde der Steinbruch 1836 stillgelegt und so die Silhouette des Berges erhalten. Auf dem Drachenfels befinden wir uns im Herzen des Drachenlands. Das Nibelungenlied besagt, dass Siegfried von Xanten hier einen Drachen erstochen und in dessen Blut gebadet hat, was seine Haut unverwundbar machte. Beim Bad legte sich jedoch ein Lindenblatt zwischen seine Schultern, was Siegfried später zum Verhängnis wurde.

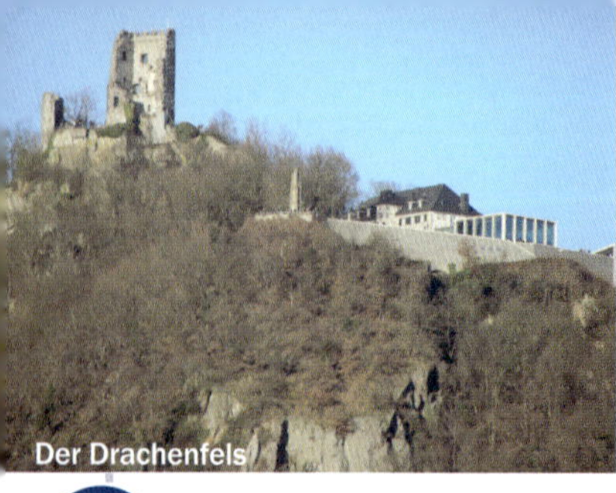

Der Drachenfels

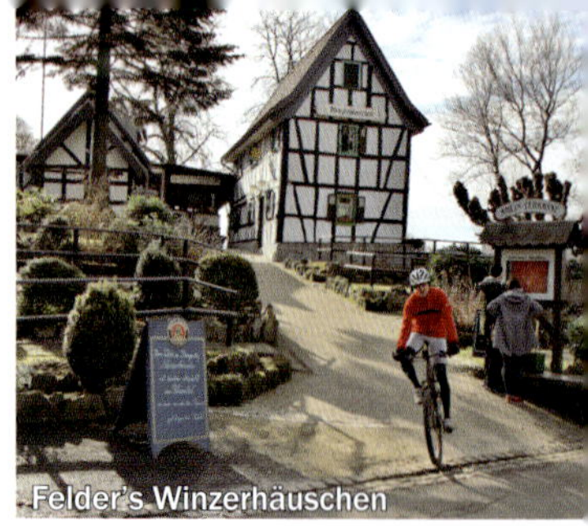

Felder's Winzerhäuschen

P12
37.6 km
3h 10min

Vorbei an **Schloss Drachenburg (P 12)**, der Gaststätte Felder's am Winzerhäuschen und der Nibelungenhalle mit dem Reptilienzoo geht es steil bergab ins Rheintal. Schloss Drachenburg ist das Neuschwanstein am Rhein. Es wurde 1882-1884 als Luxusresidenz für Stephan Sarter, einen Berater der Rothschilds, erbaut. Das Juwel der Rheinromantik gilt als Musterbeispiel für die Bauweise des Historismus.

Die Nibelungenhalle dagegen wirkt wie ein Relikt aus vergangenen Tagen. Sie wurde 1913 zum 100. Geburtstag Richard Wagners eröffnet und zeigt eine Gemäldesammlung zum Opernzyklus „Der Ring der Nibelungen". Zum Klang der Musik Wagners taucht der Besucher in die Sagenwelt ein, und am Ausgang der Drachenhöhle treibt ein 13 Meter langer Steindrache an einem kleinen Weiher sein Unwesen.

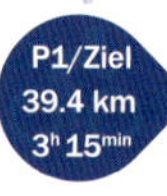

Wir biegen nach der Nibelungenhalle rechts ab und kommen am Lemmerzbad vorbei in Königswinter direkt am Bahnhof **Königswinter (P 1)** heraus. In der Innenstadt gibt es genug Lokalitäten für einen stimmungsvollen Tourenausklang. Meine Empfehlung ist bei Sonnenschein die Außenterrasse einer Weinstube an der Rheinpromenade oder das Kontor & Kaffeehaus Königswinter in der Hauptstraße 424.

Fazit

Eine Tour im traumhaft schönen Siebengebirge. Wegen der Anstiege prädestiniert für das E-Bike. Zur sicheren Orientierung ein Bike-Navi oder App verwenden. Viele Streckenpassagen führen auf losem Untergrund über Feld- und Waldwege, deshalb eine Schönwetter-Tour.

TourTipps

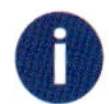

- Tourismus Siebengebirge GmbH, Drachenfelsstraße 51, 53639 Königswinter ✆ 02223/917711 ⓘ www.siebengebirge.com

- Kontor & Kaffeehaus Königswinter, Hauptstraße 424, 53639 Königswinter ✆ 02223/9060980 ⓘ www.kontor-kaffeehaus.de
- Altes Fährhaus, Rheinallee 4, 53639 Königswinter ✆ 02223/24868 ⓘ www.altes-faehrhaus.net
- Café Profittlich, Drachenfelsstraße 21, 53604 Rhöndorf ✆ 02224/2796 ⓘ www.cafe-profittlich.de
- Rhoendorfer Gasthaus im Haus im Turm, Drachenfelsstraße 4-7, 53604 Rhöndorf ✆ 02224/7799911 ⓘ www.rhoendorfer-gasthaus.de
- P3 Löwenburger Hof, Löwenburger Straße 30, 53639 Königswinter ✆ 02223/24446 ⓘ www.loewenburger-hof.de
- P5 Haus Schlesien mit Restaurant Rübezahlstube, Dollendorfer Straße 412, 53639 Heisterbacherrott ✆ 02244/8860 ⓘ www.hausschlesien.de
- P6 Weingarten Gut Sülz, Bachstraße 157, 53639 Königswinter-Oberdollendorf ✆ 02223/7878743 ⓘ www.gut-suelz.de
- Bungertshof, Heisterbacher Straße 149,53639 Königswinter-Oberdollendorf ✆ 02223/3010 ⓘ www.bungertshof.com
- P7 Klosterstube Heisterbach, Heisterbacher Straße, 53639 Königswinter ✆ 02223/702175 ⓘ www.klosterstube-heisterbach.de
- P9 Einkehrhaus Waidmannsruh, Rosenau 13, 53639 Königswinter ✆ 02223/24520 ⓘ www.einkehrhaus-waidmannsruh.com
- P10 Milchhäuschen, Elsigerfeld 1, 53639 Königswinter
- P11 Der Drachenfels, Auf dem Drachenfels, 53639 Königswinter ✆ 02223/29699-0 ⓘ www.der-drachenfels.de
- Felder's am Winzerhäuschen, Drachenfelsstraße 100, 53639 Königswinter ✆ 02223/21469 ⓘ www.winzerhaeuschen.de

- il Diavolo, Bergstraße 29, 53604 Bad Honnef ✆ 02224/900190 ⓘ www.ildiavolo.de
- Bikeshop Vogt, Heisterbacher Straße 43, 53639 Königswinter-Oberdollendorf ✆ 02223/909978 ⓘ www.bike-vogt.com

- Lemmerzbad, Oberweingartenweg, 53639 Königswinter ⓘ www.schwimmtreff-koenigswinter.de ✆ 02223/21296

Tour Download: **BRLS14X2** (für GPS-Geräte)

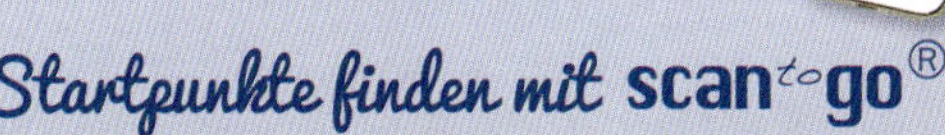

15 Rheinische Riviera

Auf der Tour erleben wir Rheintal und Siebengebirge zwischen Bad Honnef und Remagen. Von der Insel Grafenwerth „strampeln" wir über den Himmerich zum Aussichtspunkt Erpeler Ley. Die Nixe bringt uns über den Rhein nach Remagen, wo wir die Tour linksrheinisch bis zum Arp Museum fortsetzen.

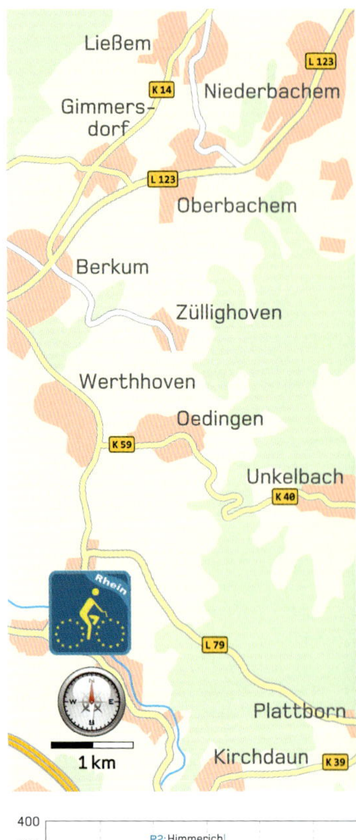

Start/Ziel: Biergarten Grafenwerth, Insel Grafenwerth, 53604 Bad Honnef

N 50° 38‘ 32.6“ • E 7° 12‘ 51.6‘,

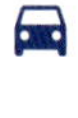

Anfahrt: B 42 bis Ausfahrt Grafenwerth bzw. Asbach/Bad Honnef, der Ausschilderung Grafenwerth folgen, auf der Brücke rechts in die Lohfelder Straße zum Parkplatz Grafenwerth abbiegen

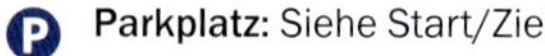

Parkplatz: Siehe Start/Ziel

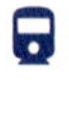

Zug: RE 8 und RB 27 bis Bahnhof Bad Honnef, vom Bahnhof im Links-rechts-Schwenk über die Brücke zum Start auf der Insel Grafenwerth.

Knotenpunkte: 11 - 6

400
350
300
250
200
150
100
50
m
P1: Biergarten Grafenwerth
P2: Himmerich
P3: Auge Gottes
km 2 4 6 8 10
Std. 35min 1h

37.9 km | 3h 10min | 510 ↑ | 510 ↓

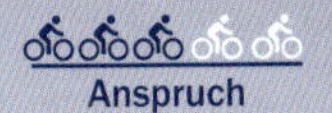

Bad Honnef
Himberg
Rottbitze
Himmerich P2
Bf Bad Honnef
P1 Biergarten Grafenwerth
Rolandsbogen
Solhof
Rederscheid
P10 Arp Museum Bahnhof Rolandseck
Schweifeld
Auge Gottes P3
Rheinbreitbach
Rhein-radweg
Kalenborn
Oberwinter
Kretzhaus
Scheuren
Laurentius Hütte P4
Bahnhof Unkel
P6 Beim kleen Martosen
Bruchhausen
Unkel
Schloss Marienfels
Ohlenberg
Erpel
Kasbach
P5 Erpeler Ley
Rhein
Rheinpromenade P9
P7 Fähre Nixe
Ockenfels
Apollinariskirche
P8 Brücke von Remagen
Remagen
Linz
B 9, L 193, L 144, L 143, K 6, A 3, L 247, K 26, B 42, K 24, K 23, L 253, L 252, K 41, L 254, K 22, K 21, L 251

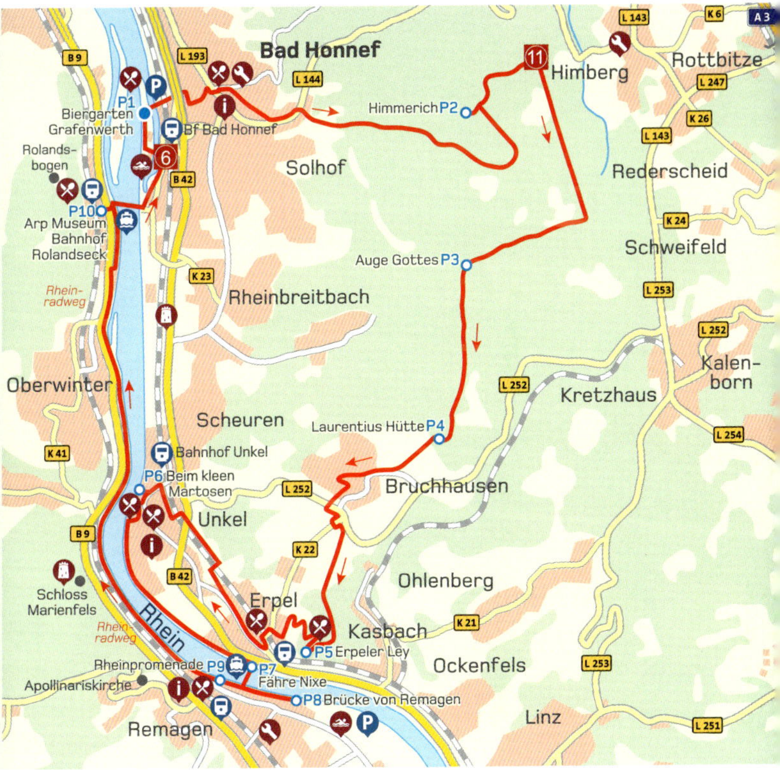

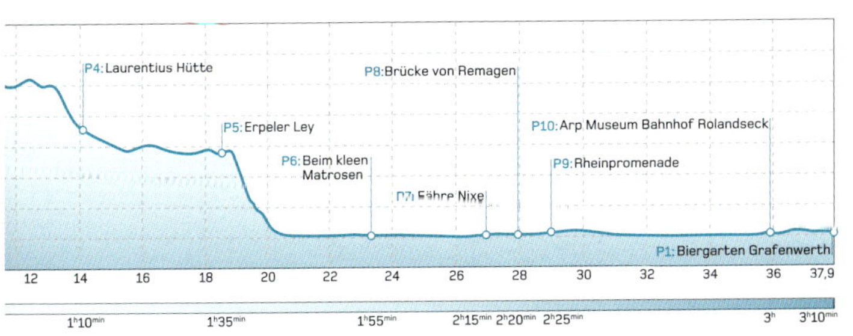

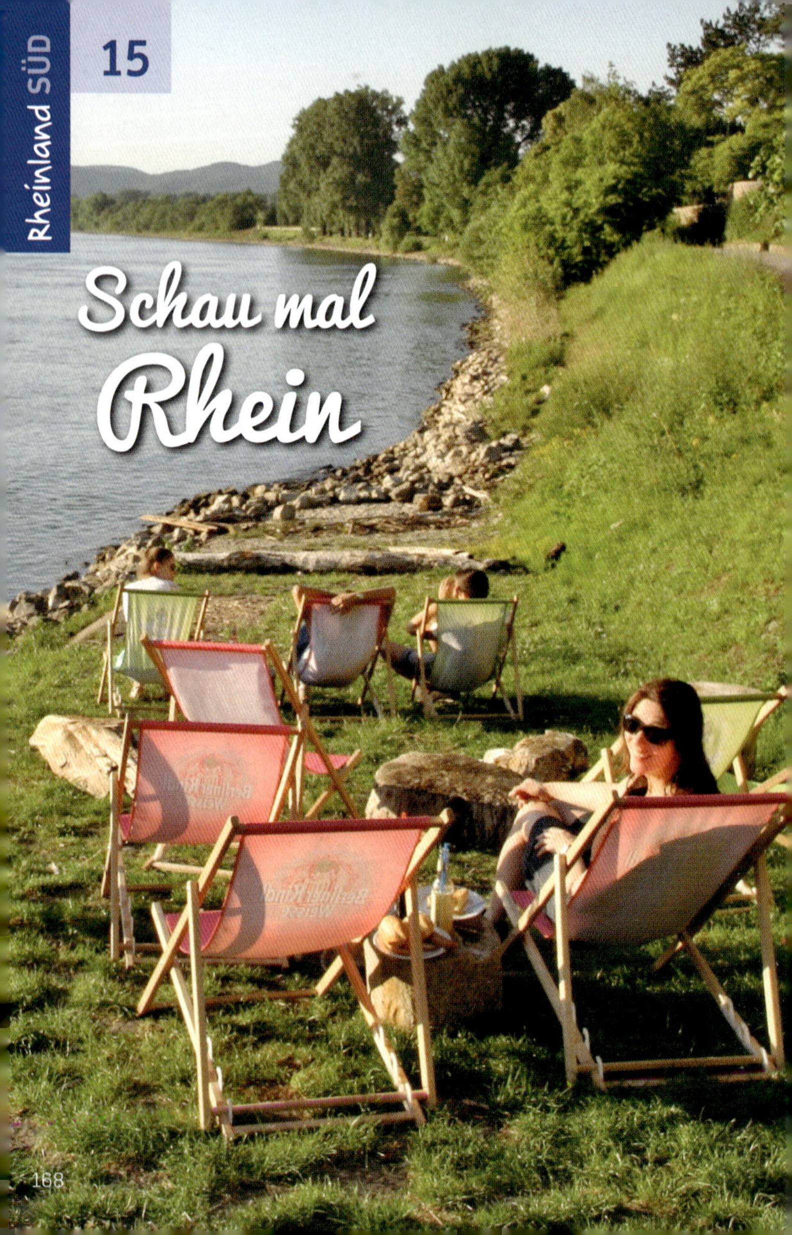

Schau mal Rhein

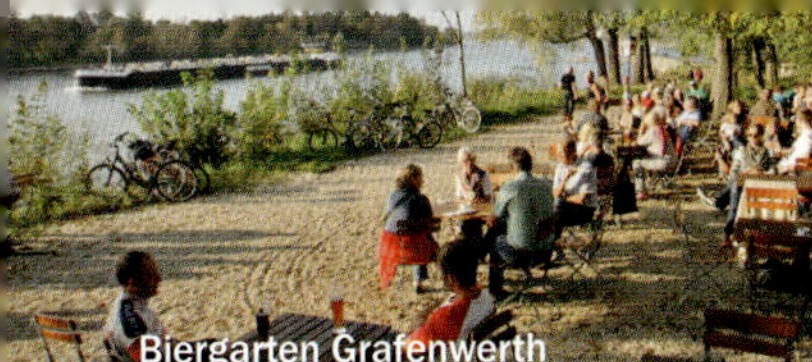
Biergarten Grafenwerth

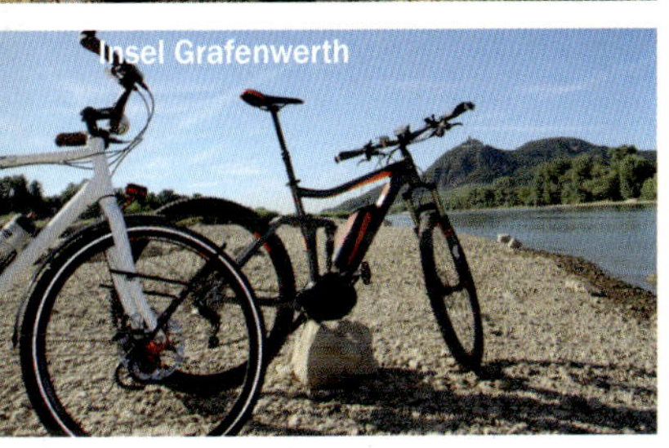
Insel Grafenwerth

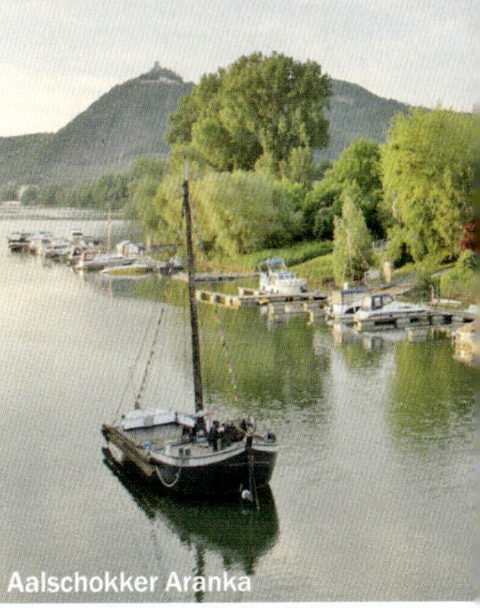
Aalschokker Aranka

Die Runde führt über viele lokale Radwege. Daher zur sicheren Orientierung ein Bike-Navi oder eine Navigations-App nutzen. Teilweise geht es über geschotterte, holprige Forstwege, weshalb man die Tour bei gutem Wetter fahren sollte.

Achtung!

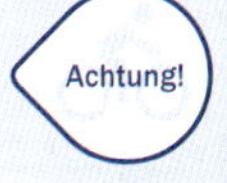

Wir beginnen am **Biergarten Grafenwerth (P 1)** unweit des Bahnhofs Bad Honnef und des Parkplatzes Grafenwerth. Zwei Brücken verbinden die Insel Grafenwerth mit dem Festland. Von der nördlichen Brücke hat man einen Postkartenblick auf den Drachenfels und das Wahrzeichen von Bad Honnef, den im Rhein vertäuten Aalschokker Aranka.

Das Aalfangschiff wurde 1917 in den Niederlanden gebaut und ist das letzte der Fischereisegelschiffe, die im Rhein bei Bad Honnef bis 1990 im Einsatz waren. Für den guten Zweck und um das schwimmende Denkmal zu erhalten, findet jedes Jahr das Aalkönigsfest statt, auf dem eine verdiente Person des öffentlichen Lebens zur Aalkönigin bzw. zum Aalkönig ernannt wird.

Willkommen im „rheinischen Nizza"! Alexander von Humboldt zog den Vergleich im 19. Jahrhundert. Die Ähnlichkeiten von Bad Honnef und Nizza sind heute nicht so leicht auszumachen. In Bad Honnef geht es gediegen und gemütlich zu. Vom Marktplatz (▶ **Tour 14**) mit der katholischen Pfarrkirche Sankt Johann Baptist aus sehen wir unser nächstes Ziel: das Sieben-

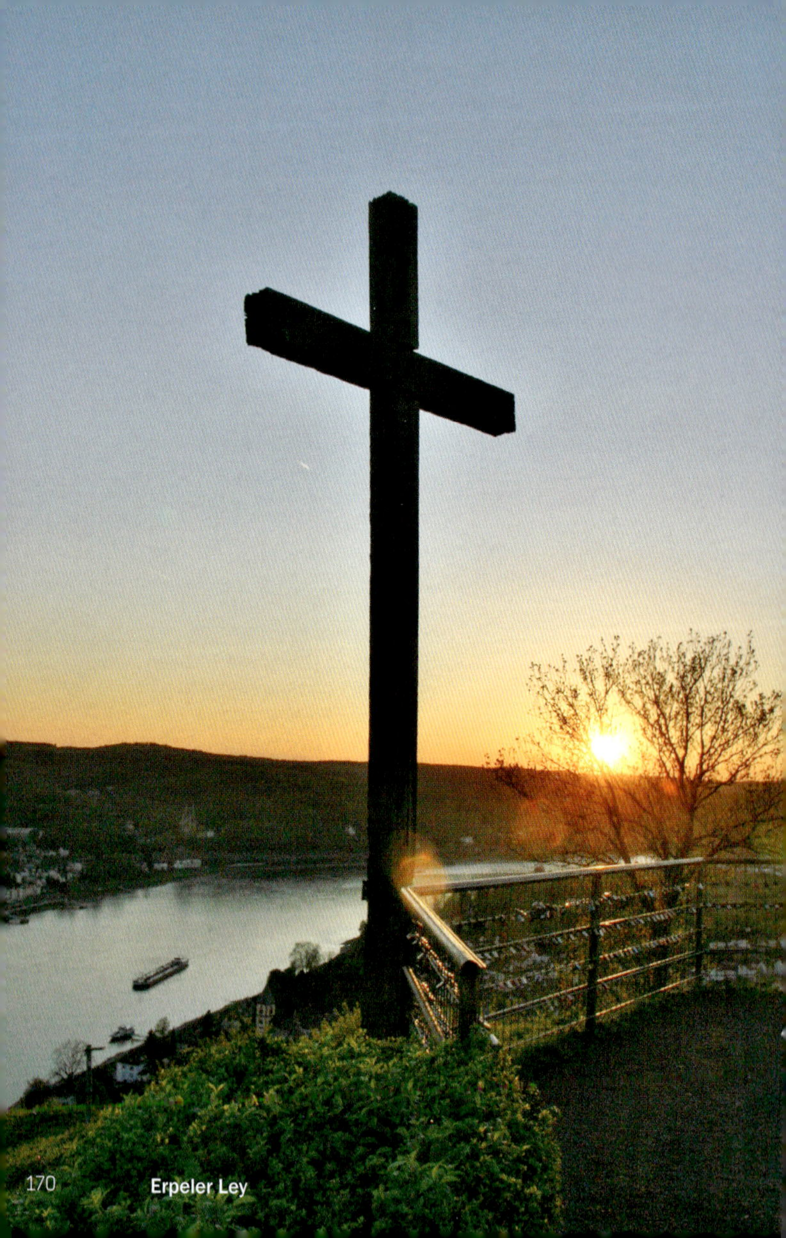

gebirge. Am Ortsende biegen wir rechts bei der Beschilderung „Steinsbüscher Hof“ von der L 144 in das Mucherwiesental ab und kommen in das Naturschutzgebiet Siebengebirge.

Nach moderatem Beginn müssen wir einige steilere Passagen auf unserem Weg zum „Hausberg“ Bad Honnefs überwinden. Als E-Biker erhöht man die Unterstützungsstufe. Zum Glück führt der Weg im schattigen Wald und nicht in der prallen Sonne hinauf. Wir kurbeln an der Mäcki-Hütte vorbei und erreichen den Westsattel des **Himmerich (P 2)**, im Volksmund „Riesenschiss“ genannt. Das Rheintal liegt uns zu Füßen, und wir können von einer Aussichtsbank den Blick auskosten.

P2
6.5km
35min

Zu Fuß kann man auf einem steilen Pfad auf den 366 Meter hohen Himmerich hinaufsteigen oder auf einem Rundweg um die Bergkuppe herumgehen. Am Himmerich wurde Latit abgebaut und über das Mucherwiesental mithilfe von 2 Seilbahnen nach Bad Honnef abtransportiert. An den Floriansteichen vorbei erreichen wir bei einer Wegkreuzung mitten im Nadelwald den Knotenpunkt 11 der RadRegionRheinland. Geradeaus führt der Weg zur Servatius-Kapelle.

Wir biegen jedoch rechts ab und fahren auf einem kerzengeraden, leicht ansteigenden Schotterweg zur Wegkreuzung an der Kreuzeiche und der Walther-Lauff-Hütte. Der höchste Punkt unserer Tour ist hiermit erreicht, es geht nach rechts weiter, und wir können uns auf die Waldabfahrt zum **Auge Gottes (P 3)** freuen. An der Wegkreuzung mit der kleinen Kapelle und dem Rastplatz biegen wir links ab.

P3
11.6 km
1h

Die Kapelle ziert der Spruch „Gottes Auge sieht alles“. Vermutlich verdankt die Kapelle ihre Entstehung der Verschmitztheit des Grundbesitzers Wilhelm Menden. Er wollte mit seinem Appell an die Gottesfürchtigkeit den Holz- und Grasdiebstahl auf seinem Grund und Boden eindämmen. Getreu dem Motto, wenn ich den Diebstahl auch nicht sehe, Gottes Auge sieht alles!

Wir konzentrieren uns auf die Schotterabfahrt (Achtung: Gefahrenstelle) und erreichen bei der **Laurentius Hütte (P 4)** den Waldrand. Vor uns liegt das Bruchhausener Plateau, und

P4
14 km
1h 10min

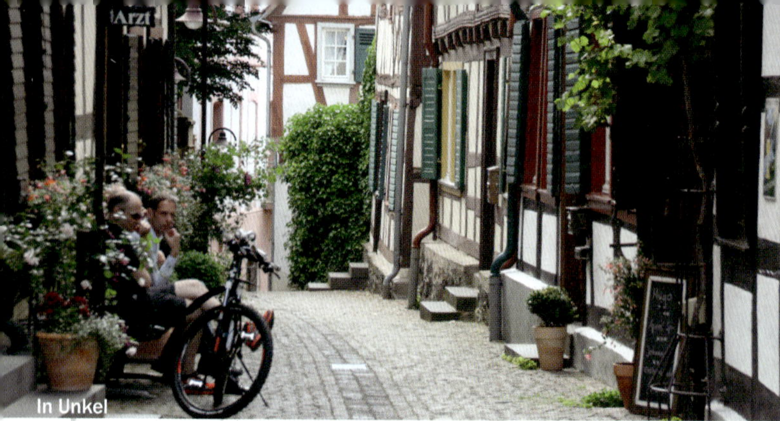

In Unkel

wir genießen den Blick auf die Felder und Wiesen mit der Eifel im Hintergrund. Es folgt der Wallfahrtsort Bruchhausen mit der Marienkirche Sankt Johannes Baptist. Der Brunnenplatz bietet sich zum Durchschnaufen an. Nachdem wir die L 252 und K 22 vorsichtig überquert haben, biegen wir halb rechts auf einen Feldweg ab und nähern uns einem der Höhepunkte.

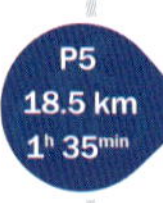

Durch einen Laubwald erreichen wir das **Erpeler-Ley-Plateau (P 5)** mit der Deutschlandfahne und dem Ausflugslokal Bergesruh. Der Blick von der Erpeler Ley ins Rheintal und auf die Landschaft der Osteifel zählt zu den spektakulärsten Aussichten im Mittelrheintal. Der Fels der 191 Meter hohen Erpeler Ley diente schon den Römern als Steinbruch.

Auf einer serpentinenreichen Asphaltstraße kurven wir nach Erpel hinunter. Am Marktplatz mit seinen schmucken Fachwerkhäusern lockt die Gaststätte Om Maat mit leckerem Gaffel-Kölsch. Statt direkt zum Fähranleger weiterzufahren, gönnen wir uns einen Schlenker nach Unkel. An der Bahnlinie entlang – rechter Hand wird am Stuxberg Wein angebaut – rollen wir in den Nachbarort. Vor dem Bahnhof biegen wir links ab und gelangen zur herrlichen Rheinpromenade.

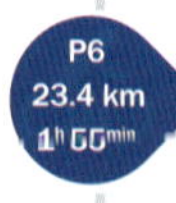

Hier laden bei schönem Wetter die Liegestühle des **Kiosks Beim Kleen Matrosen (P 6)** zu einer Pause ein. Der Blick auf den Rhein mit dem Drachenfels als Hintergrundkulisse ist kaum zu überbieten. Die Uferpromenade ist Fußgängerzone.

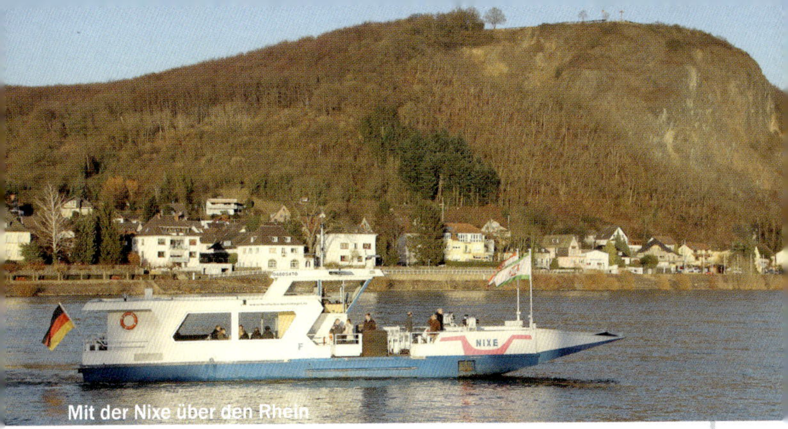

Mit der Nixe über den Rhein

Am besten stellen wir die Fahrräder ab und bummeln zu Fuß durch Unkel. Der Weinort glänzt mit seinen Fachwerkhäusern, dem eigenwilligen Bügeleisenhaus (Frankfurter Str. 19), den pittoresken Gässchen und seiner Gastronomie wie dem Weinhaus Im Lämmlein.Willy Brandt hat die letzten 13 Jahre seines Lebens in Unkel verbracht. Im Willy-Brandt-Forum 8 ist das Arbeitszimmer des Politikers originalgetreu rekonstruiert. Die Ausstellung des Museums dokumentiert wesentliche Stationen seines politischen Lebens und seiner Zeit. Weitere interessante Tipps erhält man in der Tourist-Info im Rathaus.

Auf dem Rheinradweg (www.rhein-radweg-rlp.de, PS: Unter Audiotouren Tour 1: Drachenfelsblick sind 15 interessante Audiobeiträge hinterlegt, die sich mit Sehenswürdigkeiten zwischen

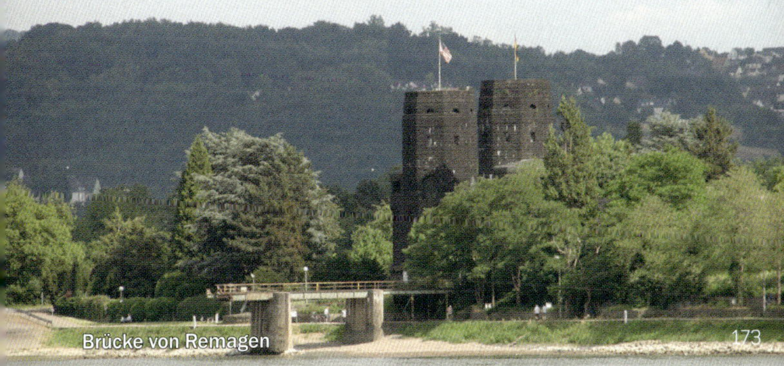

Brücke von Remagen

Königswinter und Linz beschäftigen) rollen wir an einladenden Stränden vorbei zurück nach Erpel. Die letzten 300 Meter müssen wir entweder auf der B 42 oder auf dem Fußgängerweg zurücklegen. Achtung, die Rampe zum Fähranleger ist insbesondere mit einem schweren E-Bike tückisch! Das Fährschiff **„Nixe" (P7)** bringt uns über den Rhein nach Remagen.

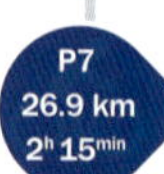

P8
27.9 km
2h 20min

Vom Fähranleger aus biegen wir links ab und unternehmen einen Abstecher zur **Brücke von Remagen (P 8)** . Auf Remagener Seite ist im Brückenkopf das Friedensmuseum Brücke von Remagen errichtet worden. Auf der anderen Uferseite befindet sich im Eingangsbereich des ehemaligen Eisenbahntunnels ein Theater-, Konzert- und Ausstellungsraum. Dort wird jedes Jahr das Stück „Die Brücke" aufgeführt.

P9
29 km
2h 25min

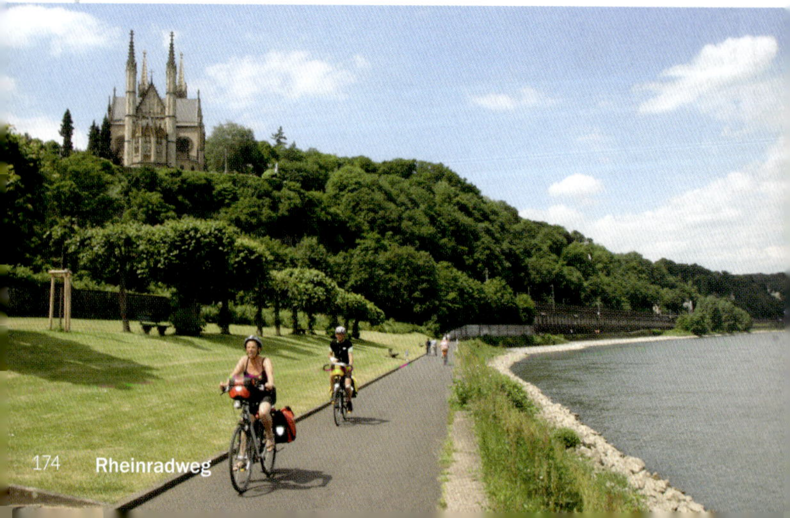

Weiter geht es auf dem Rheinradweg, wobei zunächst die Gastronomie entlang der **Rheinpromenade (P 9)** lockt. Empfehlen kann ich auch einen Abstecher in die Innenstadt und hinauf zum Apollinarisberg mit dem Wahrzeichen der Stadt, der Apollinariskirche. Ein Sohn Remagens ist der Rennfahrer Rudolf Caracciola. Er prägte in den 1930er-Jahren die Legende der Mercedes Silberpfeile. Viele weitere Informationen über Remagen erhält man in der Tourist-Info am Marktplatz. Remagen liegt am Stromkilometer 634. Der Rheinradweg führt stromabwärts direkt am Rheinufer entlang, und wir können unterwegs das Siebengebirgspanorama mit dem Drachenfels und das Platschen des Wassers, wenn ein Schiff vorüberfährt, genießen. Auf unserer Fahrt begegnen wir immer wieder Skulpturen. Insgesamt sind im Bereich der Stadt Remagen 13 Kunstobjekte am Rheinufer ausgestellt. Zu unserer Linken thront Schloss Marienfels auf dem Hang des Rheintals.

Ende 2012 erwarb der Bonner Unternehmer Frank Asbeck das Schloss einschließlich der zugehörigen Ländereien von dem Entertainer Thomas Gottschalk. Da Asbeck auch Eigentümer des benachbarten Schloss Calmuth ist und auf seinen Ländereien am Rhein seinem Jagdhobby nachgeht, wird in Zeitungsartikeln über das „Asbeckistan" am Rhein gefrotzelt.

Anschließend können wir den Blick auf die Rheinfront von Unkel auskosten und erreichen den Yachthafen in Oberwinter. Hier verläuft der Rheinradweg entlang der B 9, bevor wir bei Stromkilometer 640 Rolandseck mit dem imposanten, weißen Neubau des **Arp Museums Bahnhof Rolandseck (P 10)** erreichen. Das architektonische Gesamtkunstwerk besteht aus dem klassizistischen Künstlerbahnhof von 1856 und dem weißen Neubau des New Yorker Stararchitekten Richard Meier. Der Bau wurde 2007 im Beisein von Bundeskanzlerin Angela

P10
35.9 km
3h

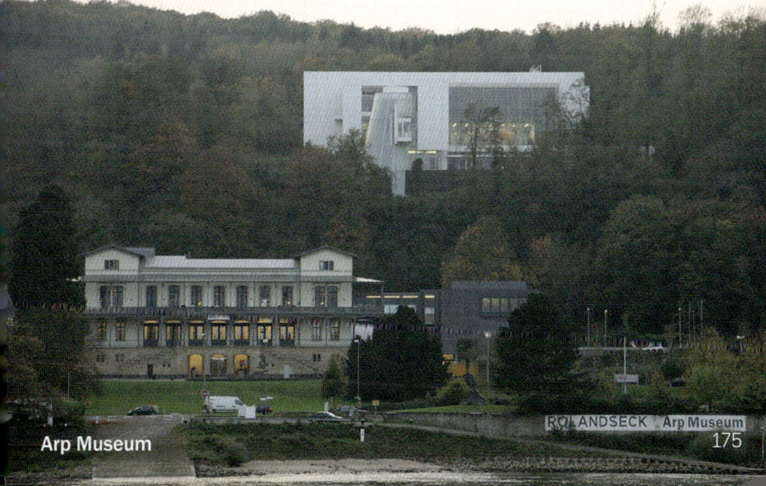

Arp Museum

Merkel eingeweiht. Der Bahnhof war seit seiner Gründung gesellschaftlicher Treffpunkt und sah Persönlichkeiten aus Politik und Kultur wie Königin Victoria von England, Kaiser Wilhelm II., die Gebrüder Grimm und Friedrich Nietzsche. Hier konzertierten Virtuosen wie Johannes Brahms, Franz Liszt und Clara Schumann. In den wilden 60er- und 70er-Jahren wurden im Bahnhof Künstlerfeste gefeiert, bei denen schon einmal ein brennendes Klavier in den Rhein hinunterrollte.

Vom Fähranleger Rolandseck aus haben wir das Postkartenpanorama mit Blick auf den Rolandsbogen, die Insel Nonnenwerth und das Siebengebirge mit dem Drachenfels vor uns. Nach der Überfahrt biegen wir am Fähranleger links ab und fahren entlang des Altrheinarms zum Knotenpunkt 6 vor der Brücke zur Rheininsel Grafenwerth. Am Freizeitbad Insel Grafenwerth vorbei erreichen wir mit dem **Biergarten Grafenwerth (P 1)** unseren Ausgangspunkt und können uns in der Abendsonne entspannen. Einen schönen Picknickplatz bietet die Inselspitze mit Blick auf den Drachenfels.

P1/Ziel
37.9km
3h 10min

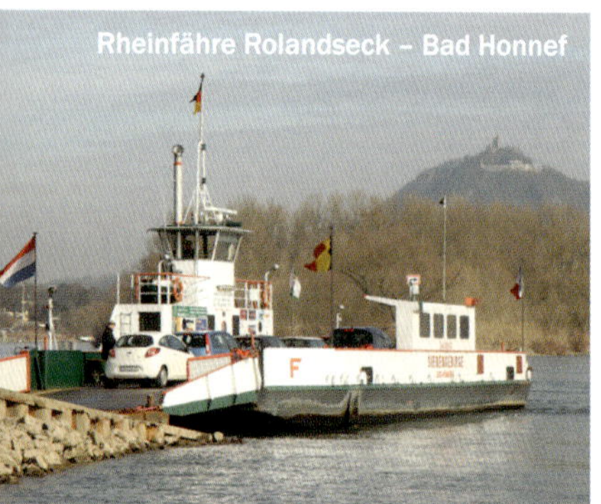

Rheinfähre Rolandseck – Bad Honnef

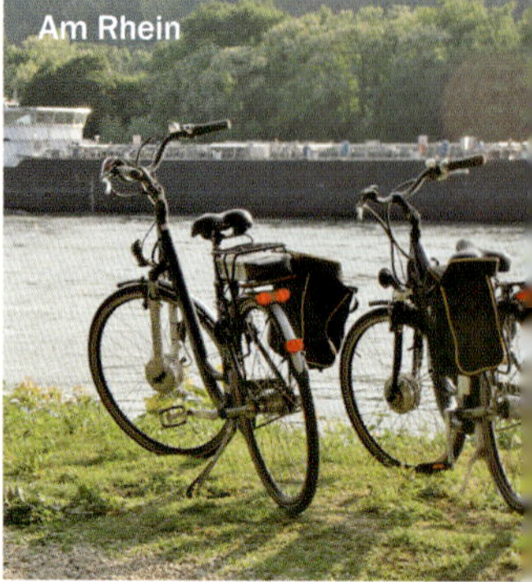

Am Rhein

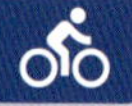

Fazit

Der lange Anstieg zum Himmerich ist das ideale Terrain für ein E-Bike. Die Tour besticht mit herrlichen Panoramablicken, dem Flair der Rheinischen Riviera und vielen kulturellen Höhepunkten. Zur sicheren Orientierung ein Bike-Navi/App mitführen und an Geld für die Fährfahrten denken.

TourTipps

- Tourist-Info Bad Honnef, Rathausplatz 1, 53604 Bad Honnef
  02224/9882746 www.meinbadhonnef.de
- Tourist-Info Unkel, Linzer Straße 2, 53572 Unkel
  02224/3309 www.unkel-kulturstadt.de
- Tourist-Info Remagen, Bachstraße 5, 53424 Remagen
  02642/20187 www.remagen.de

- Biergarten Grafenwerth, Insel Grafenwerth,
  53604 Bad Honnef www.biergarten-grafenwerth.de
- Restaurant Altes Standesamt und Altes Rathaus, Markt 6-7, 53604 Bad Honnef
  02234/71448 www.altes-standesamt.de
- P5 Gaststätte Bergesruh, Erpeler-Ley-Plateau, 53579 Erpel
  02644/3324 www.erpelerley-bergesruh.de
- Om Maat, Marktplatz 6, 53579 Erpel 02644/2495 www.om-maat.de
- P6 Beim kleen Matrosen, Rheinpromenade/ KD-Anleger, 53572 Unkel,
  0151/41954943 www.beimkleen.de
- Weinhaus Im Lämmlein, Pützgasse 6, 53572 Unkel
  02224/3179 www.im-laemmlein.de
- P9 Ristorante da Franco, Rheinpromenade 43, 53424 Remagen
  02642/22422 www.dafrancoremagen.de
- P10 interieur no. 253, Bahnhof Rolandseck, Hans-Arp-Allee 1, 53424 Remagen,
  02228/911111 www.interieur-no253.de

- il Diavolo, Bergstraße 29, 53604 Bad Honnef
  02224/900190 www.ildiavolo.de
- Radsport Borens, Aegidienberger Straße1, 53604 Bad Honnef
  02224/820750 www.radsport-borens.de
- Schauff Bikestore, In der Wässerscheid 56, 53424 Remagen
  02642/22910

- Freizeitbad Remagen, Goethestraße 1, 53424 Remagen
  02642/21601 www.remagen.de
- Freizeitbad Grafenwerth, Insel Grafenwerth, 53604 Bad Honnef
  02224/9013717 www.bad-honnefer-baeder.de

Tour Download: **BRLS15X1** (für GPS-Geräte)

Startpunkte finden mit scan to go®

▶ EINFACH HIMMLISCH GEFÜHRT

Besitzer von GPS-Navigationsgeräten (Outdoor-Geräte oder Smartphones) kommen nie vom Weg ab und wissen immer, wo sie gerade sind: In allen Rad- und Wanderführern des ideemedia-Verlags finden Sie die Rad-, Wander- und Erlebnisrouten für Outdoor-Navigationsgeräte. Die Touren liegen im weit verbreiteten *gpx-Format vor.

Mit dem kostenlosen Programm BaseCamp von Garmin ist es möglich, die Tracks anzusehen, zu bearbeiten und direkt auf Garmin-Geräte zu laden. Dieses Programm kann auch ohne die zusätzlich zu kaufende Karte eingesetzt werden, bietet dann aber nur eine globale Karte ohne Details. BaseCamp läuft zudem auch auf Apple Computern. Alle anderen Hersteller von Outdoor-GPS-Geräten bieten ebenfalls kostenlose Programme an. Allerdings müssen Sie meistens auch eine digitale Karte erwerben, um den Track am PC und auf Outdoor-Geräten auf der Karte zu sehen. Für PC-Nutzer ist zudem die Software MagicMaps Tour Explorer empfehlenswert. In OpenStreetMaps oder Google Maps können die Daten mit Hilfe eines GPX Viewer angezeigt werden. Diese Kartenansicht können Sie für unterwegs zum persönlichen Gebrauch ausdrucken.

▶ DIREKT ZUM PREMIUM-TRACK: SO FUNKTIONIERT ES

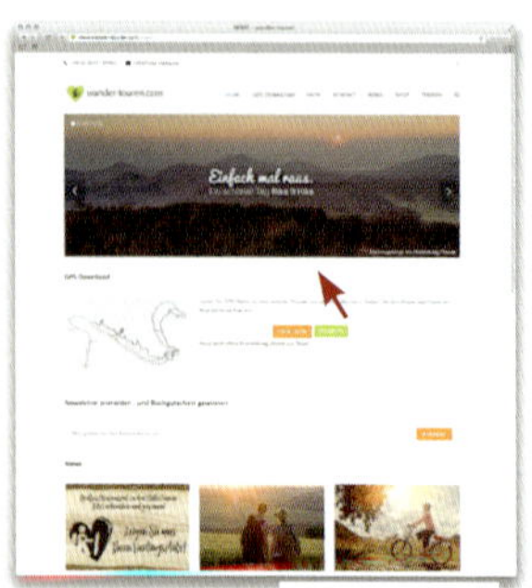

wander-touren.com

Zum Download der Routen benötigen Sie entsprechende Tour-Codes. Diese finden Sie jeweils am Ende der einzelnen Kapitel unter den TourTipps. Auf der Internetseite **www.wander-touren.com** geben Sie den Code ein. Eine gesonderte Anmeldung ist nicht erforderlich. Sie bestätigen mit der Downloadanfrage, dass Sie im Besitz des entsprechenden Buches (Print oder elektronisch) sind. Wenn Sie per Mail über Updates informiert werden möchten, melden Sie sich bitte unter **www.wander-touren.com** zum Newsletter an.

Sollte der eingesetzte Internet-Browser aus Sicherheitsgründen den Datendownload blockieren, lassen sich die Sicherheitseinstellungen vorübergehend verringern. Alternativ klicken Sie mit der rechten Maustaste auf den Button „Tour laden“ bzw. „Datei downloaden“ und öffnen ein neues Fenster (neuer Tab) zum Download.

▶ GPX-DATEN AUF OUTDOOR-NAVIS LADEN

Als Buchbesitzer können Sie die Daten als Datei im weit verbreiteten *gpx-Format als Einzeltour laden und danach auf Ihrem PC ablegen. In einzelnen Fällen können die Daten hinter den Codes auch gebündelt als *.zip-Datei verpackt vorliegen, die Sie vor der weiteren Verwendung entpacken müssen.

Als Nächstes müssen Sie die heruntergelandene Tour auf Ihr Navigationsgerät übertragen. Für die meisten GPS-Outdoor-Geräte ziehen Sie einfach den Track von Ihrem Desktop nach Verbinden des GPS-Geräts mit dem Computer in das GPS-Verzeichnis Ihres Outdoor-Geräts, das Sie als Laufwerk auf dem Desktop sehen. Sollte Ihr GPS-Gerät ein besonderes Format verlangen, können Sie den Track mit der Software RouteConverter in fast jedes Format konvertieren. RouteConverter ist ein kostenloses GPS-Werkzeug, um Routen, Tracks und Wegpunkte anzuzeigen, zu bearbeiten und zu konvertieren. Es läuft sowohl auf PC als auch auf Apple Computern. Zur Übertragung der Tour-Daten können Sie auch die Ihrem Kartenprogramm oder Navigationsgerät beigelegte Software nutzen. Bei Problemen mit der Übertragung der Daten auf Ihr Navigationssystem wenden Sie sich bitte an den Hersteller.

ALLGEMEINE HINWEISE

Alle Daten wurden auf Fehlerfreiheit geprüft und werden bei Änderungen der Wegführung nach Verfügbarkeit aktualisiert. ideemedia übernimmt keine Haftung für mögliche Abweichungen, Vollständigkeit, Verfügbarkeit und Einsatz auf allen Navigations-Modellen. Sollte ein Gerät das Laden von *.gpx-Daten nicht ermöglichen, so wenden Sie sich in diesem Fall bitte an den Hersteller. Die Nutzung der Tour-Downloads ist nur Buchbesitzern zur privaten Verwendung gestattet, eine Weitergabe an Dritte sowie das Vervielfältigen auf Datenträgern jeder Art ist untersagt. Kommerzielle Nutzung ist nur nach schriftlicher Ver

einbarung mit ideemedia gestattet. Idee, Konzeption und Daten sind urheberrechtlich geschützt. Die Daten enthalten einen Sicherheitscode und werden bis zu 36 Monate nach Ausgabetermin des Buches zur Verfügung gestellt. Eine Vervielfältigung zur Verteilung oder Verlinkung ist strikt untersagt und kann bei Missbrauch zu Schadenersatzforderungen führen.

PREMIUM-GPS: WAS IST DAS?

Im Gegensatz zu vielen anderen Anbietern im Print- und Online-Bereich greifen wir nicht auf die Standard-Daten von kostenlosen Internetportalen, privaten oder öffentlichen Anbietern zurück, sondern ermitteln die Daten vor Ort und aktualisieren diese im Regelfall, wenn uns gravierende Änderungen bekannt werden. Die Arbeit ist aufwendig und kostenintensiv, daher bitten wir um Verständnis, dass wir diese aufbereiteten Daten in vollem Umfang nur unseren Kunden zur Verfügung stellen.

GPS-DATEN VERARBEITEN: NICHT OHNE ÜBUNG

Trotz enormer Fortschritte in der Gerätebedienung ist es für Laien nicht völlig unkompliziert, die Daten richtig nutzen zu können. Da es sich bei den *.gpx-Daten um ein kostenfreies Zusatzangebot zu unseren Printprodukten handelt, können wir keine Unterstützung für GPS-Geräte, GPS-Software oder Kartengrundlagen leisten. Bitte wenden Sie sich dazu an Ihren Hersteller oder Lieferanten und arbeiten Sie sich gründlich in die Möglichkeiten der GPS-Nutzung ein. Verlassen Sie sich auch bei Ihren Touren nicht ausschließlich auf Ihr GPS-Gerät, Empfangsprobleme, Batterie- oder Softwareprobleme sind nicht unbekannt. Zudem könnten Sie Ihr Gerät unterwegs verlieren. Wir empfehlen deshalb aus Erfahrung die zusätzliche Mitnahme von Buch und Karten.

GPS FÜR SMARTPHONES

*.gpx-Daten auf ein Smartphone zu laden, funktioniert mit mehreren Apps sowohl für iPhones als auch für Android-Geräte. Unser Tipp: Testen Sie verschiedene Apps und prüfen Sie, mit welcher Software Ihr Gerät fehlerfrei arbeitet. Probleme kann es geben, wenn unterwegs Daten geladen werden müssen. Von Netzproblemen abgesehen, kann das zu hohen Kosten führen.

Eine ausführliche Erklärung zur Verwendung von unseren *.gpx-Daten auf einem Smartphone finden Sie unter: www.wander-touren.com. In der folgenden Kurzanleitung werden der Download und die Verabeitung unserer*.gpx-Daten auf einem iPhone 13 (IOS 16.3.1) unter der Verwendung der kostenlosen App „Komoot“ dargestellt. Andere Geräte, Betriebssysteme oder Apps können davon abweichen, das Prinzip bleibt dabei jedoch ähnlich.

Tourcode auf „www.wander-touren.com“ eingeben und den *.gpx-Track downloaden. Der Code befindet sich am Ende des jeweiligen Kapitels (Schritte 1-4).

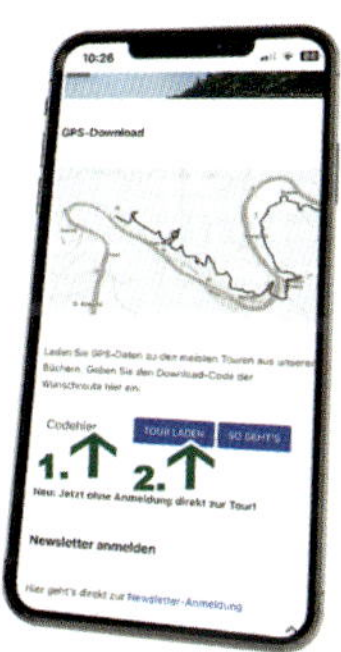

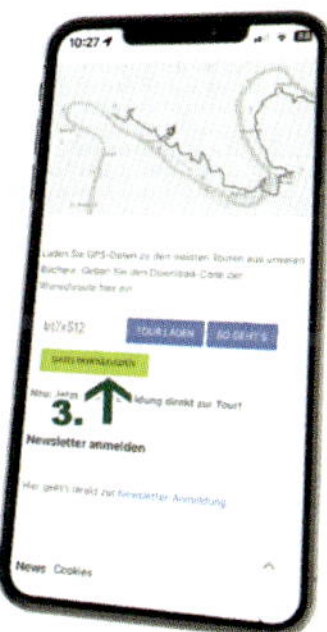

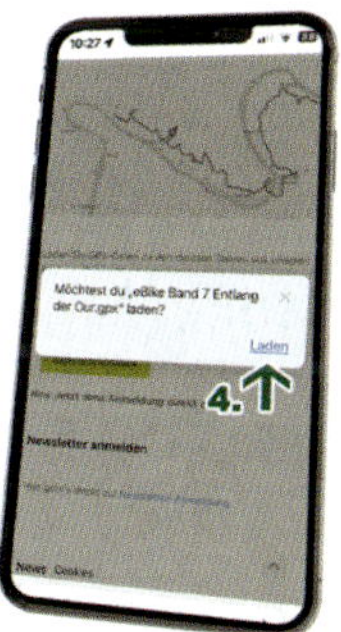

Die Datei wird in der Regel im Download-Ordner abgelegt. Durch Tippen auf den Pfiel in der Brwoser-Leiste dorthin navigieren (Schritt 5-6). Alternativ über das lokale Datenverwaltungssystem (bei iPhones die Apple-eigene App „Dateien“) die Downloads öffnen und die Datei suchen.

Anschließend durch langes Drücken auf das Icon/die Datei das Menü öffnen und die Option Teilen auswählen (Schritt 7-8). Neben den Möglichkeiten „via Mail“ oder „Nachricht“ findet man weiter rechts (über die Symbole wischen) auf dem Gerät installierte Apps, die zum Öffnen kompatibel sind. Durch Tippen auf das Symbol öffnet sich die App und beginnt mit dem Import des Tracks (Schritt 9).

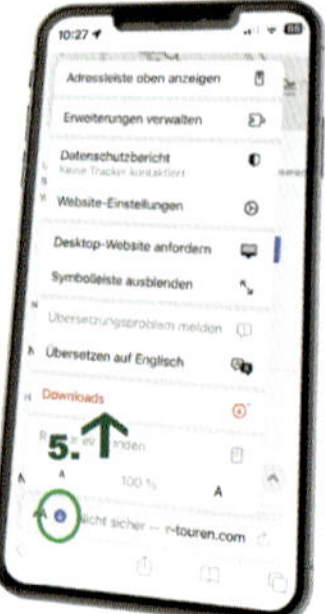

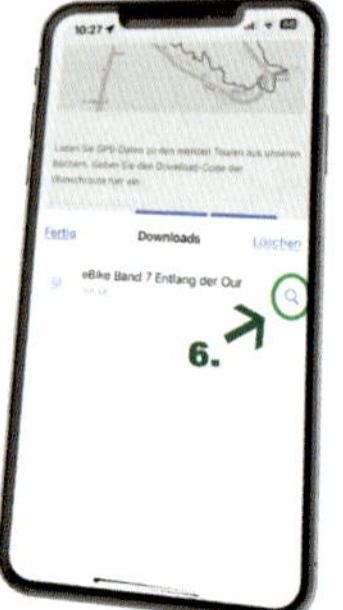

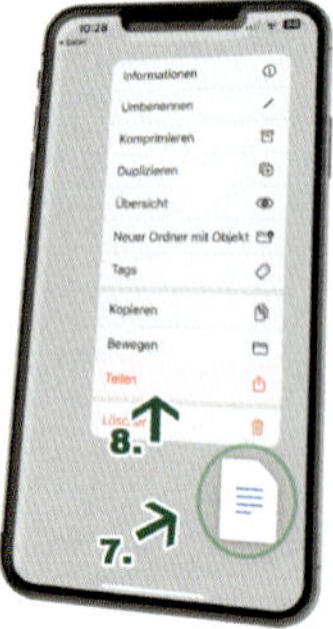

Da unsere Daten viele zusätzliche Punkte und Abstecher haben, muss die korrekte Darstellung ausgewählt werden (Schritt 10). „Komoot" gibt anschließend die Option, den Track an bekannte Wege anzupassen. Da unsere Daten vom Autor erfasst und laufend aktualisiert werden, empfehlen wir den Originalverlauf beizubehalten (Schritt 11). Die Route kann nun als zukünftige Tour gespeichert und anschließend auf der Karte angezeigt werden.

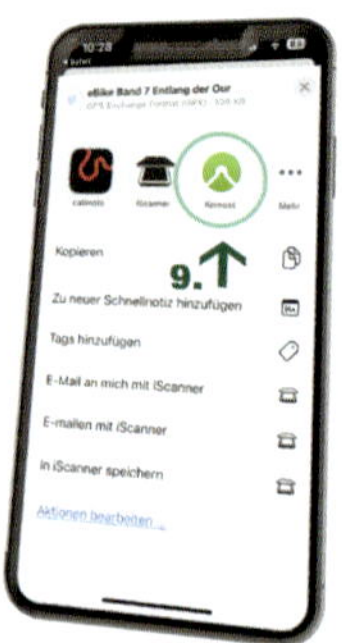

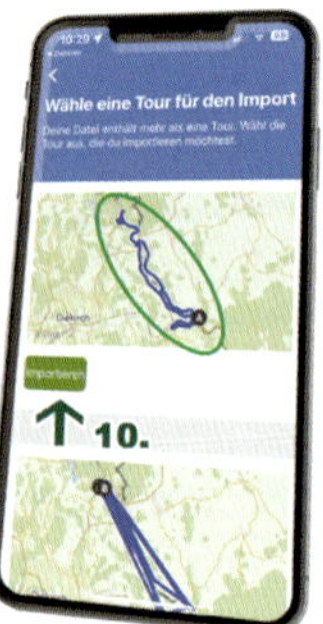

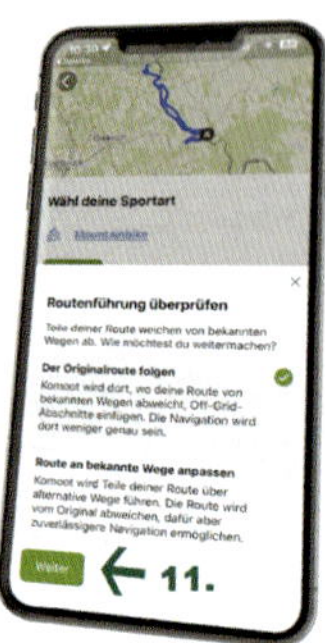

Prüfen Sie vor Antritt der Tour, ob die Daten korrekt angezeigt werden und Sie die Routenführung starten können. Vergleichen sie die Darstellung zur Sicherheit mit der Karte im Buch, um Fehler beim Verarbeiten oder in der App auszuschließen.

F

G

H

I

J

K

S

T

U

V

W

Y

Z

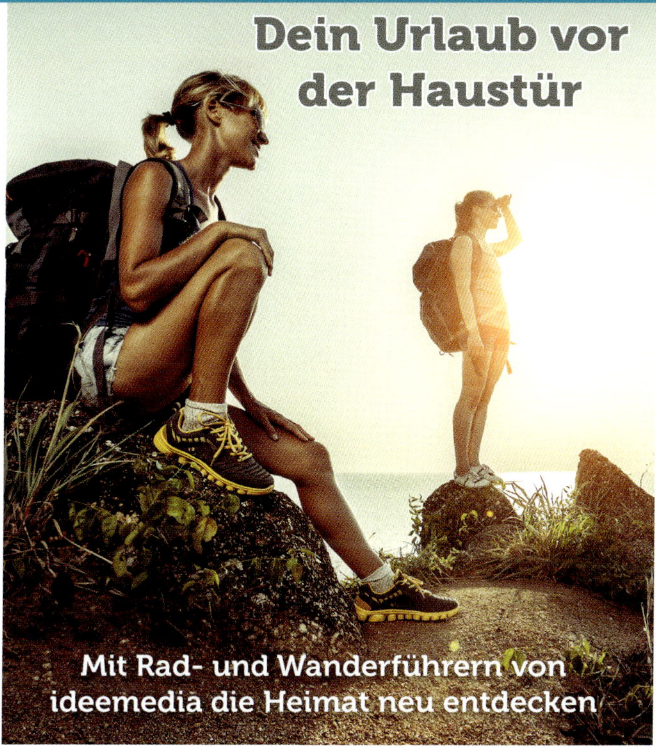

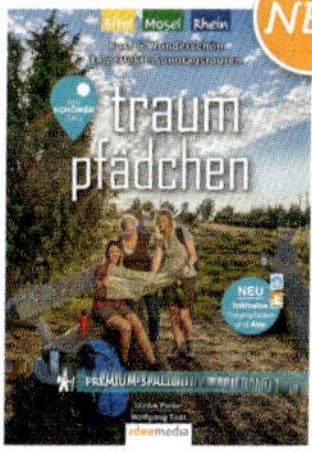

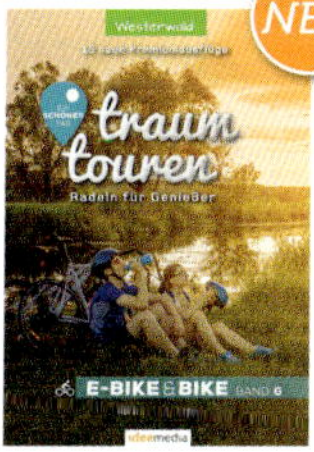

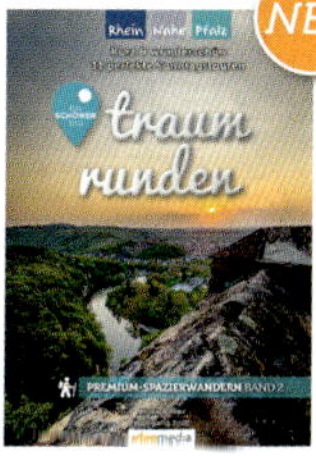

Weitere Traumtouren-Bände

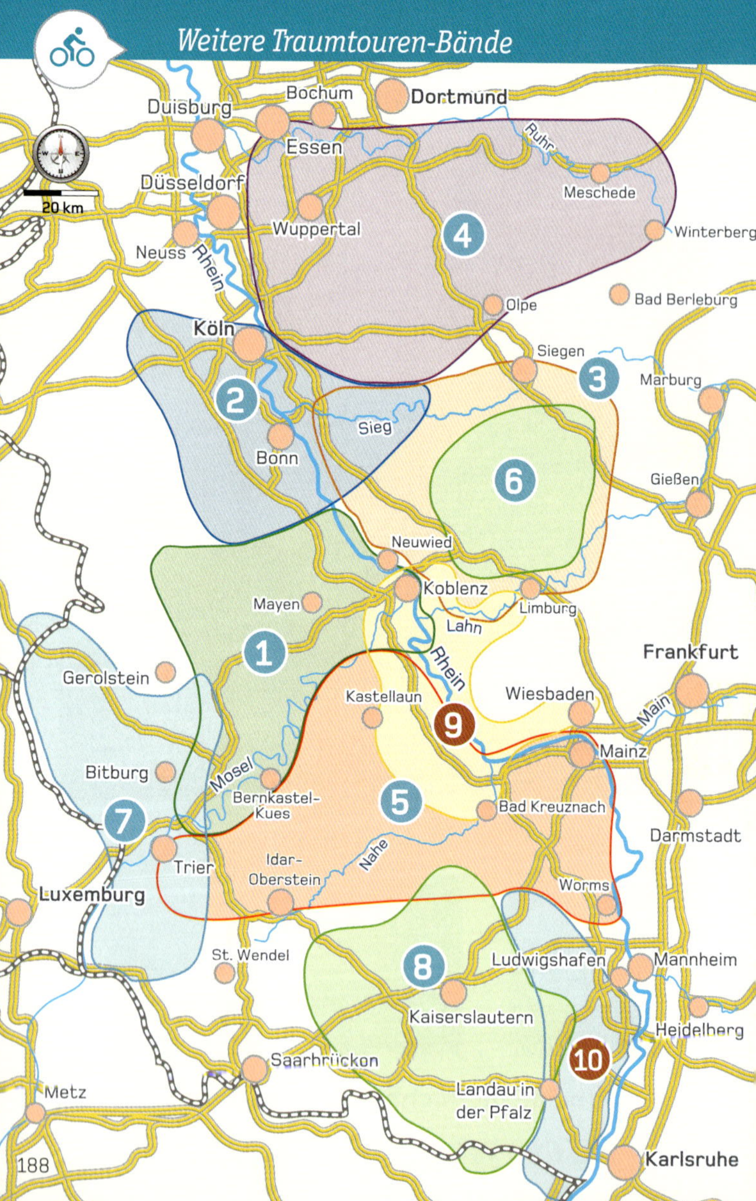

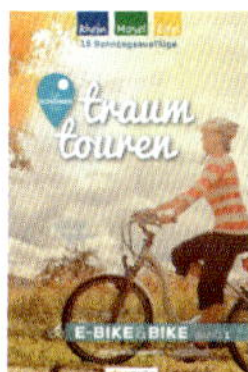

traumtouren 1

Rhein. Mosel. Eifel

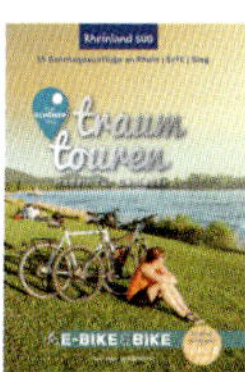

traumtouren 2

Rheinland SÜD

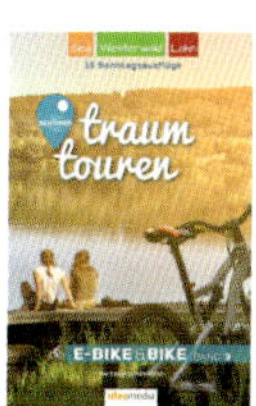

traumtouren 3

Sieg. Westerwald. Lahn

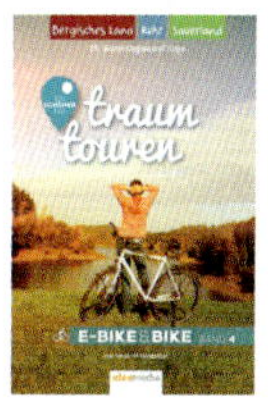

traumtouren 4

Bergisches Land.
Ruhr. Sauerland

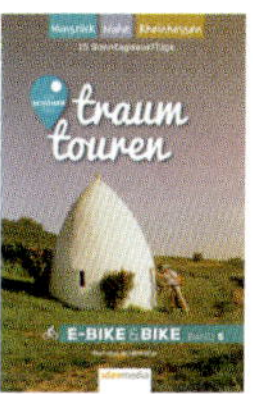

traumtouren 5

Hunsrück. Nahe. Rheinhessen

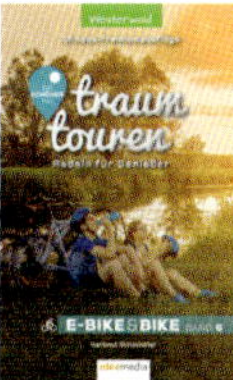

traumtouren 6

Westerwald

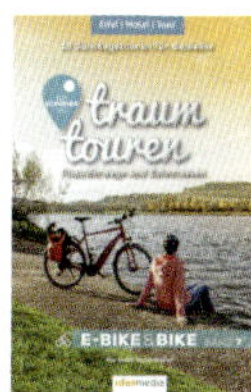

traumtouren 7

Eifel. Mosel. Saar

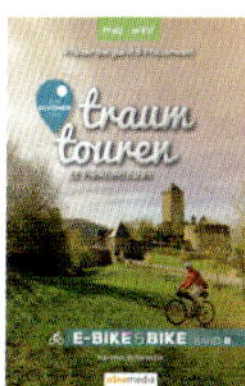

traumtouren 8

Pfalz WEST

2024 Traumtouren 9 Oberes Mittelrheintal/Rheingau

2024 Traumtouren 10 Pfalz OST

Immer auf dem neusten Stand mit unserem Newsletter unter: **www.wander-touren.com**

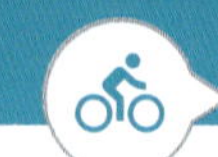

Touren und Varianten

			km
1.	Wassererlebnis Erft	Alles im Fluss	68.8
	Variante kurz		33.9
2.	Erlebnisroute Südwest	Schlösser und Seen	54.4
	Variante kurz		43.2
3.	City Tour Köln	He welle mer blieve ...	38.0
4.	Köln-Bonn-Köln	Fahr Rhein	61.4
	Variante mittel		35.3
	Variante kurz		16.3
5.	Die Flughafenrunde	Wahner Heideträume	34.9
6.	An Sieg und Agger	Sieg Ahoi!	50.0
	Variante mittel		36.3
	Variante kurz		20.2
7.	Radweg Sieg	Ein Tal zum Verlieben	76.4
	Variante kurz		43.6
8.	Rhein-Sieg-Schleife	Das Grüne C	54.1
	Variante kurz		39.1
9.	Bonner Nordschleife	Prächtige Runde	43.7
	Variante kurz		28.3
10.	Apfelroute Nord	Kernige Versuchung	56.8
	Variante kurz		24.1
11.	Im Wasserburgenland	Einmal Schlossherr sein	36.7
12.	Apfelroute Süd	Genussvolle Blicke	49.4
13.	Godesberg Achter	Rhein Romantik	43.7
	Variante kurz		27.5
14.	Im Siebengebirge	Sagenhaftes Drachenland	39.4
	Variante mittel		33.8
	Variante kurz		21.0
15.	Rheinische Riviera	Schau mal Rhein	37.9

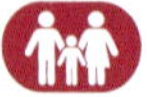

Familienfreundliche Touren werden mit diesem Logo gekennzeichnet

12km/h	Hm	Anspruch	Tipp
[illegible]h 45min	215	🚲🚲🚲	Navi/ App
[illegible]h 50min	120	🚲🚲	Navi/ App
[illegible]h 30min	330	🚲🚲🚲	Navi/ App, Badesachen
[illegible]h 35min	305	🚲🚲🚲	Navi/ App, Badesachen
3h 10min	170	🚲🚲🚲	Navi/ App
5h 05min	245	🚲🚲🚲	Badesachen
2h 55min	135	🚲🚲	Badesachen
1h 20min	70	🚲	Badesachen
2h 55min	270	🚲🚲🚲	Navi/ App
4h 10min	380	🚲🚲🚲	Navi/ App, E-Bike, Badesachen
3h	190	🚲🚲	Navi/ App, Badesachen
1h 40min	100	🚲	Navi/ App, Badesachen
6h 20min	1170	🚲🚲🚲🚲🚲	Navi/ App, E-Bike
3h 40min	545/610	🚲🚲🚲	Navi/ App, E-Bike
4h 30min	390	🚲🚲🚲🚲	Navi/ App, E-Bike
3h 10min	310	🚲🚲🚲	Navi/ App, E-Bike
3h 40min	285	🚲🚲🚲	Navi/ App, E-Bike
2h 20min	120	🚲🚲	Navi/ App
4h 45min	460	🚲🚲🚲	Navi/ App, E-Bike
2h	80	🚲	Navi/ App
3h 05min	520	🚲🚲🚲	Navi/ App, E-Bike
4h 05min	465	🚲🚲🚲	Navi/ App, E-Bike
3h 40min	460	🚲🚲🚲	Navi/ App, E-Bike
2h 20min	410	🚲🚲🚲	Navi/ App, E-Bike
3h 15min	1215	🚲🚲🚲🚲🚲	Navi/ App, E-Bike
2h 50min	1055	🚲🚲🚲🚲	Navi/ App, E-Bike
1h 45min	720	🚲🚲🚲	Navi/ App, E-Bike
3h 10min	510	🚲🚲🚲	Navi/ App, E-Bike

Impressum

Herausgeber: Uwe Schöllkopf (ideemedia GmbH)
Autor: Hartmut Schönhöfer
Konzept & Redaktion: Uwe Schöllkopf
Redaktionelle Mitarbeit: Anna Ley
Grafik/DTP/Produktion: Dominik Molz
Karten & Höhenprofile: KGS Kartografie Schlaich | Kartengrafik | ideemedia GmbH

Verlag: ideemedia GmbH, Im Aubisch 1b, D-56567 Neuwied
Telefon: 02631/9996-0 • Telefax: 02631/9996-55 • E-Mail: info@idee-media.de
Internet: www.ideemediashop.de • www.wander-touren.com

Alle Angaben wurden nach bestem Wissen recherchiert und sorgfältig überprüft. Sollten sich dennoch Fehler eingeschlichen haben, bitten wir um Entschuldigung und Benachrichtigung. Für Fehler übernimmt der Verlag keine Haftung. Aktuelle Änderungen, Downloads und Updates zum Buch finden Sie unter www.wander-touren.com.

Die Deutsche Bibliothek – CIP – Einheitsaufnahme: ISBN 978-3-942779-55-5

Titelbild: Hartmut Schönhöfer
Fotos: Hartmut Schönhöfer

Autor

Hartmut Schönhöfer, Jahrgang 1964, ist in Coburg (Oberfranken) geboren und aufgewachsen. Berufliche Stationen als Marketing- und Handelsmanager führten den Diplom-Kaufmann schließlich ins Rheinland und nach Rheinland-Pfalz. Als begeisterter Radfahrer mit Wohnsitz Bad Neuenahr-Ahrweiler hat er dieses „Revier" in den letzten 15 Jahren ausgiebig auf zwei Rädern entdeckt und verbindet mit dem Schreiben von Fahrradführern seine Leidenschaften für das Radfahren, Fotografieren und Reisen.

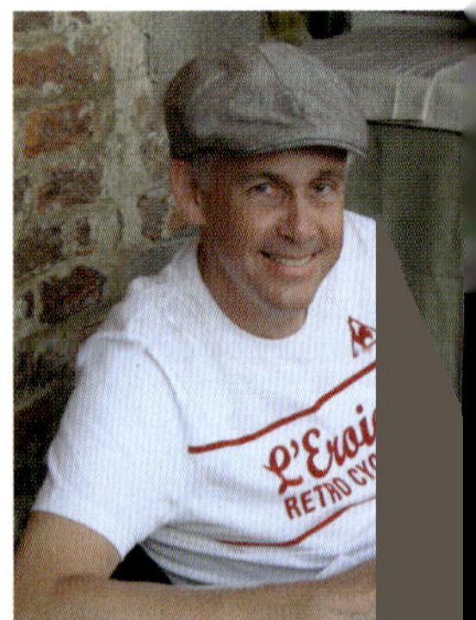